Maria

365 Reflexões Inspiradas na Vida e na Sabedoria da Mãe de Jesus

Woodeene Koenig-Bricker

Maria

365 Reflexões Inspiradas na Vida e na Sabedoria da Mãe de Jesus

Tradução
ANÍBAL MARI

EDITORA CULTRIX
São Paulo

Título do original:
365 Mary

Publicado mediante acordo com a HarperSanFrancisco, uma divisão da HarperCollins Publishers, Inc.

Edição	Ano
1-2-3-4-5-6-7-8-9	99-00-01-02-03

Direitos de tradução para o Brasil
adquiridos com exclusividade pela
EDITORA CULTRIX LTDA.
Rua Dr. Mário Vicente, 374 – 04270-000 – São Paulo, SP
Fone: 272-1399 – Fax: 272-4770
E-mail: pensamento@snet.com.br
http://www.pensamento-cultrix.com.br
que se reserva a propriedade literária desta tradução.

Impresso em nossas oficinas gráficas.

AGRADECIMENTOS

Para Kris. Devo a você *todo* o meu sucesso.

Para os amigos que participaram da corrente de cartas.

Obrigada pelas orações — e pelas críticas.

Para Jii. *Merci beaucoup* por me trazer um café expresso com cobertura de chocolate quando eu mais precisava disso.

Para minha mãe. Sem todos os seus Rosários, este livro nunca teria sido concluído.

Quando freqüentei a escola primária católica e o colégio católico nas décadas de 1950 e 1960, Maria era parte essencial da Igreja e da vida escolar. Do ângelus ao meio-dia aos altares consagrados a Maria e aos ramalhetes espirituais repletos de rosários, Maria e a devoção mariana nos impregnavam a visão espiritual. As freiras que me davam aulas encorajavam todas as moças a se tornarem "iguais a Maria", especialmente no tocante ao trajar-se. "Perguntem-se se Maria usaria um enfeite antes de o portarem", elas nos advertiam.

Acho que essa foi a primeira vez que comecei a ficar um pouco perturbada com Maria. As únicas imagens que eu vira dela mostravam-na usando vestido e manto longos. Por mais que eu tentasse, não conseguia imaginar Maria usando a saia enxadrezada e as meias brancas três-quartos que compunham o nosso uniforme escolar, e certamente não conseguia imaginá-la usando maiô (por mais recatado que fosse) ou *jeans* Levi's 501.

Desse momento em diante, Maria começou a parecer menos importante para a minha vida. Pouco a pouco, fui deixando-a de lado, em algum recesso da minha mente, de onde a retirava no Natal e nos dias santos. Não que eu efetivamente desgostasse dela. Só que a maior parte das imagens, preces e histórias que as freiras nos contavam faziam-na parecer com um misto de estátua de gesso, Poliana e Miss América. (Sem mencionar que ela só usava um longo vestido azul salpicado de estrelas!)

Depois que fiquei adulta, prestei a Maria um reconhecimento superficial como a mãe de Jesus, mas ela nunca foi fundamental para a minha fé. Ora, se eu não era louca por Maria, por que motivo quis escrever um livro sobre ela?

Um dos primeiros motivos foi a minha mãe. Ela sempre tivera profunda devoção a Nossa Senhora. Desde quando eu era uma menina, ela costumava me dizer que era capaz de imaginar-se na companhia de Jesus e Maria, enquanto rezava o rosário. Eu queria entender Maria um pouco mais para que também pudesse vir a conhecer mais a minha mãe. Além do mais, eu queria escrever um livro que expressasse a minha gratidão à minha mãe por ter transmitido a mim parte de sua fé profunda e permanente; que melhor maneira de fazer isso do que escrevendo um livro em louvor à Mãe de Deus? Por fim, confesso que a jornalista/repórter em mim queria saber o que havia em Maria que a tornava tão atraente através dos séculos. Pesquisando o que outros haviam escrito e dito sobre a Virgem Santa, eu tinha esperança de que pudesse entender o que tem inspirado tão irresistível devoção.

Assim, comecei a ler o que havia sido escrito sobre Maria e investigar a teologia que está por trás da devoção mariana. Munida dessas informações, pus-me a escrever o que eu achava *deve* ser um livro sobre Maria. No primeiro rascunho, Maria era total, completa e absolutamente santa. Era também deslumbrante, imperturbável e perfeita em todos os aspectos.

Toda imagem estereotipada de Maria Santíssima que eu criara na minha mente veio à tona, e eu me senti forçada a converter essas imagens em alguma coisa que eu pessoalmente considerasse positiva e animadora. Ironicamente, quanto mais eu escrevia sobre Maria, mais eu me desgostava dela. E quanto mais me desgostava dela, mais culpada eu me sentia, mais esforço eu fazia para gostar dela.

Isso não funcionou. Mais ou menos no meio do trabalho, desisti. Eu dissera tudo o que podia sobre aquela Maria doce demais, e não estava mais perto de compreender por que minha mãe e tantos milhões de pessoas eram tão apaixonados por ela. Na verdade, eu gostava ainda menos de Maria do que quando começara!

Então, pus de lado todos os livros que selecionara, assim como a teologia que estivera lendo, e comecei a concentrar-me em Maria da forma como a encontrei nas Escrituras. Li e reli todas as passagens do Novo Testamento que falavam sobre a Anunciação, a Visitação e a Natividade até que praticamente as tivesse memorizado. Descartei todos os retratos da Virgem como uma criança desamparada de cabelos louros e olhei as fotos de mulheres do Oriente Médio na revista *National Geographic*. Pus de lado o grande número de orações que recolhera e, em vez disso, pedi a Maria que me ajudasse a descobrir quem era ela realmente, e não o que eu – ou alguém mais – achava que ela devia ser, mas quem Maria de Nazaré, uma mulher de Israel do primeiro século, era de fato.

Assim, comecei a escrever: não o que *achava* que deveria escrever, mas o que eu *tinha* de escrever. Pouco a pouco, uma Maria muito diferente daquele ícone que a princípio eu vislumbrara começou a aflorar. Dei-me conta de que eu já havia sutilmente (e nem tão sutilmente) colocado Maria na posição de uma semideusa. Eu estivera tentando transformá-la em alguém ou algo que ela nunca havia sido e nunca poderia ser. Quando deixei que viesse à luz a Maria das Escrituras, encontrei uma mulher de carne e osso que ria e chorava, comia, bebia, falava e amava. Encontrei uma mulher que era realmente digna de tornar-se a Mãe de Deus.

Não tenho a pretensão de fazer nenhuma revelação especial sobre a Virgem Santa. Ela não apareceu para mim (e eu provavelmente morreria de parada cardíaca se ela aparecesse!). Ela não falou diretamente comigo nem me enviou mensagens celestiais, de modo que eu não tenho certeza de que a Maria que descobri está à altura das exigências teológicas em todas as áreas.

A certeza que tenho, porém, é a de que descobri uma mulher cuja vida pode inspirar a minha própria vida e uma mãe cujo amor é tão grande, que transcende o tempo e o espaço.

Quer você tenha-se dedicado a Maria durante a sua vida inteira, quer, como eu, tenha vindo a conhecê-la e a apreciá-la um pouco mais tarde, espero que estas reflexões o ajudem a ter mais compreensão e afeto por essa mulher incrível, extraordinária e única, que foi escolhida por Deus para ser uma figura central na história da salvação da humanidade. Espero que você descubra, como eu descobri, que Maria não é apenas a *Theotokos*, a Virgem, a Mãe de Deus, mas também é Maria, nossa companheira, nossa amiga e mãe.

(E talvez você possa até concluir, como eu finalmente concluí, que, se ela estivesse vivendo na terra hoje, poderia muito bem usar uma Levi's de vez em quando, em vez de usar invariavelmente um longo vestido azul!)

Woodeene Koenig-Bricker
Maio, 1997

A Festa de Maria

Maria é reverenciada por muitos títulos e muitos nomes, mas seu lugar na história está assegurado por um único fato: ela concordou em tornar-se a mãe do Messias. Em essência, todo o renome de Maria repousa na sua maternidade.

Maria, porém, não é apenas a mãe de Jesus. Ela é também a mãe espiritual de todos os que seguem o caminho de seu filho. O Papa João Paulo II, que dedicou seu sacerdócio a Maria, declarou em sua encíclica *Redemptoris Mater* que "a mãe de Cristo, que se encontra no verdadeiro âmago do mistério – um mistério que abarca cada indivíduo e toda a humanidade –, é dada como mãe a todos os indivíduos e a todo o gênero humano... [Maria] é claramente a mãe dos membros de Cristo... visto que ela colaborou por amor para que o fiel pudesse nascer para a Igreja".

À medida que iniciamos um novo ano, convém que consideremos Maria um exemplo para a humanidade da importância de ser mãe. Quase sempre, nós nos esquecemos de que ser mãe, no sentido mais pleno e verdadeiro da palavra, é essencial para a continuação da raça humana.

Embora nem toda pessoa seja chamada para ser mãe no sentido biológico, todos nós somos chamados para dar vida e dar amor. E não é realmente isso o que uma mãe é – uma pessoa disposta a criar vida e amor? Não é disso que o mundo realmente precisa?

De que maneiras posso emular o dom de Maria de dar e criar vida? Como posso modelar minha vida na de Maria?

CELEBRO E ME ALEGRO COM A VIDA. USO MEUS TALENTOS PARA CONSTRUIR, EM VEZ DE DEMOLIR, PARA CRIAR, EM VEZ DE DESTRUIR, PARA AMAR, EM VEZ DE ODIAR.

2 DE JANEIRO

A Vida Abundante

Abundância: uma quantidade mais do que suficiente; fartura.

OXFORD AMERICAN DICTIONARY

Apressamo-nos a dizer que vivemos numa terra de abundância; mas quantos de nós realmente acreditam que temos "mais do que o suficiente"? A indústria da propaganda está baseada no princípio de que não temos tudo de que precisamos, que há sempre espaço para mais.

Mas, de quanto precisamos realmente?, e, o mais importante: do que precisamos realmente?

Ninguém diria que Maria viveu uma vida de fartura, mas sem dúvida ela viveu uma vida abundante. Aceitou tanto a alegria como a tristeza, concentrando-se não no que poderia ter, mas no que poderia tornar-se. Sua vida inteira foi um constante sim à graça e às dádivas que Deus lhe queria dar – a mesma graça e as mesmas dádivas que Deus quer dar a cada um de nós.

No entanto, para que possamos aceitar no nosso coração as dádivas de Deus, devemos tomar a decisão importante de nos desprendermos do desejo de posses. Devemos despertar do domínio entorpecedor que é a doença da posse para sentir a liberdade do amor. Assim que o fizermos, descobriremos que não sentimos mais a necessidade de dar valor a uma tevê de tela grande que é a última moda, ou a um carro novo extravagante. Em vez disso, descobriremos a totalidade que fomos criados para vivenciar em relações profundas e autênticas com outras pessoas.

Afinal de contas, só criando relações autênticas baseadas no amor é que poderemos descobrir o que verdadeiramente significa viver uma vida de abundância.

Busco a realização numa abundância de posses ou numa abundância de amor? A que bens materiais posso renunciar hoje, a fim de criar condições para o desenvolvimento espiritual?

HOJE, EU ME DESPRENDO DAS POSSES QUE ESTÃO ME IMPEDINDO DE VIVER A VIDA EM SUA PLENITUDE.

Uma Mudança de Planos

Imagine só a cena. José acorda no meio da noite, depois de ter um sonho no qual um anjo lhe diz para partir imediatamente para o Egito. Ele se vira para o lado, acorda Maria e anuncia: "Temos que partir. Arrume o bebê e vamos sair daqui!"

Maria com certeza teve algumas perguntas bem incisivas nesse momento. Parece provável que ela teria perguntado por que eles estavam com tanta pressa. Ela poderia ter indagado se o sonho dele fora de fato a visita de um anjo ou se era meramente o resultado de uma quantidade excessiva de alho no pão que haviam comido na noite anterior. E mesmo depois que ficou convencida de que José tivera uma visão, ela poderia ter perguntado sobre os preparativos da viagem. ("Você já pensou onde é que vamos achar um jumento a esta hora da noite?")

Se Maria de fato questionou José, isso não a torna menos santa do que se ela tivesse posto Jesus meigamente a tiracolo e rumado para o deserto. Afinal de contas, ela realmente conversou francamente com um anjo, que por sua vez lhe disse que ela iria ter um bebê, apesar de ser uma virgem. Parece absurdo pensar que ela não tivesse feito ao esposo algumas perguntas sobre a súbita e urgente necessidade de eles seguirem para o deserto.

Mas, não obstante as especulações em torno da sua reação, resta o fato de que Maria estava disposta a mudar seus planos — o que provavelmente incluía uma visita a seus pais para mostrar o bebê — a fim de ajustar-se à necessidade de seguir as instruções do anjo. Ela compreendeu que a capacidade de adaptar-se no último momento às vezes é a única maneira de salvar a própria vida.

Como reajo quando me defronto com uma súbita e urgente mudança de planos? Sou flexível o bastante para aceitar de vez em quando as ordens de uma outra pessoa?

HOJE SEREI FLEXÍVEL E ESTAREI DISPOSTO A MUDAR MEUS PLANOS.

Leis da Criação

Muitas pinturas clássicas de Maria e do menino Jesus retratam momentos tranqüilos de terna afeição entre mãe e filho. Maria fita amorosamente seu filho, que lhe retribui amorosamente o olhar.

Uma das razões por que essas pinturas têm um encanto tão duradouro é que elas exploram nosso desejo universal de afeto. Não basta sermos amados fisicamente; precisamos também ser amados emocionalmente. Precisamos sentir que somos amados. Nem mesmo Jesus e Maria estavam acima dessa necessidade fundamental.

Mas o que fazer para satisfazer essa necessidade?

Uma das leis universais — e aparentemente contraditórias — da criação é que, para receber, temos de dar. De fato, a lei é diretamente recíproca: nós recebemos aquilo que damos.

Esse princípio faz parte de nossa sabedoria coletiva, na forma do provérbio "Colhemos aquilo que semeamos". Portanto, se você está procurando amor e afeto em sua vida, comece a amar os outros. Se você quer ser estimado, comece a estimar os outros. Se quer ser valorizado, comece a valorizar os outros.

Uma oração atribuída a São Francisco expressa eloqüentemente esta verdade:

... pois é dando que se recebe,
é perdoando que se é perdoado,
e é morrendo que se vive para a vida eterna.

O que queremos da vida? Como estou dando essas coisas para os outros atualmente?

HOJE EU SEMEAREI O QUE EU QUERO COLHER AMANHÃ.

Admiração

Quando um anjo aparece nas Escrituras, as primeiras palavras que ele diz em geral são alguma variação da frase "Não tenha medo!". A única exceção é a saudação dirigida a Maria. Quando o anjo Gabriel aparece para ela, para lhe pedir que colabore no nascimento do filho de Deus, as primeiras palavras dele são: "Salve, cheia da graça! O Senhor é contigo!" Na verdade, a palavra *salve* poderia ser mais bem traduzida por "Alegra-te!"

Sendo tão intrigante quanto a saudação do anjo, a reação de Maria é ainda mais fascinante. Ela não é de regozijo, mas também não é de medo. Somos informados de que ela "perturbou-se muito e pôs-se a pensar no que significaria esta saudação". Maria parece ficar admirada não tanto com o mensageiro, porém sobretudo com a mensagem. É como se ela achasse natural a presença do anjo, embora ficasse confusa com as palavras que ele proferiu.

As palavras seguintes de Gabriel parecem quase supérfluas, já que elas são a locução comum "Não temas". Podemos imaginar Maria franzir levemente a testa e dizer: "Não estou com medo. Eu só gostaria de saber o que você está fazendo aqui."

Freqüentemente, dizemos que estamos admirados quando na verdade estamos apenas chocados e assustados. O que distingue a admiração da mera surpresa é o fato de que a admiração resulta em ação. A reação de Maria ao anjo é um perfeito exemplo de verdadeira admiração. Depois de uma sensação inicial de surpresa, associada à curiosidade e ao espanto, ela não fica de "queixo caído", olhando fixamente para Gabriel; ela ouve a mensagem, considerando o pedido que ele faz, e depois toma uma decisão.

Da próxima vez que você estiver se sentindo chocado e assustado, não fique aí, parado; pergunte a si mesmo o que vai fazer com sua reação, como pode transformá-la em admiração voltada para a ação. Você talvez fique "admirado" ao descobrir o que Deus tem reservado para você!

Quando foi a última vez que você ficou admirado?
O que você fez a respeito disso?

QUANDO ESTOU ADMIRADO, USO A MINHA SURPRESA E CURIOSIDADE EM BENEFÍCIO DO MEU DESENVOLVIMENTO ESPIRITUAL, CONVERTENDO-AS EM AÇÃO PRÁTICA.

Epifania

Na festa da Epifania, que celebramos hoje, a Igreja cristã tradicionalmente comemora a visita dos Sábios do Oriente à Sagrada Família. Esses Sábios – ou Magos, como eles por vezes são chamados – vieram do Oriente, seguindo uma estrela que significava o nascimento de um rei. Eles levaram três presentes – ouro, incenso e mirra – e é por isso que tradicionalmente acreditamos (apesar de o relato do Evangelho não mencionar nenhum número específico) que eles eram três, cada qual carregando um presente. Embora os presentes que eles transportavam fossem dignos de um rei, os próprios Sábios não eram reis.

Ora, por que essa festa é chamada *Epifania*? Esta palavra, na sua conotação religiosa, quer dizer "o aparecimento de um ser sobre-humano". Dada essa definição, parece que o Natal seria uma ocasião mais propícia para celebrar. Mas a palavra *epifania* também pode significar "uma revelação, uma percepção", e é exatamente isso que recordamos neste dia. Nesta festa, a importância do filho de Maria foi revelada a todas as pessoas – não só pastores e anjos, mas igualmente judeus e não-judeus. Para os Magos, este dia foi verdadeiramente uma epifania. Eles seguiram uma estrela, sem saber o que esperar, e ela os levou ao desejo do seu coração.

Nós também somos chamados para ter epifanias em nossa vida – momentos em que, por um brevíssimo segundo, tudo parece fazer sentido; quando temos um vislumbre do motivo pelo qual estamos aqui e percebemos a razão que está por trás dos desígnios do universo.

A exemplo desses Sábios, somos chamados para seguir a nossa estrela, mesmo quando não temos idéia nenhuma do lugar para onde ela levará; pois só seguindo a nossa estrela é que nos abrimos para o poder divino de mudar a nossa vida.

Já tive alguma epifania?
Algum acontecimento mudou completamente a minha visão de vida?

EU SIGO A MINHA ESTRELA AONDE QUER QUE ELA ME LEVE.

Animais de Estimação

Não existe nenhum registro comprovável de animais de estimação que a Sagrada Família pudesse ter tido. Em Israel, naquela época, geralmente só os ricos podiam se dar ao luxo de ter um animal que não trabalhasse para ganhar o próprio sustento. Contudo, agrada imaginar que, quando a Sagrada Família vivia no Egito, Maria teve o conforto e a companhia de um gato.

Gatos domésticos têm feito parte dos lares egípcios quase desde o início de sua civilização. Durante a época em que Maria, José e Jesus lá viveram, os gatos teriam sido comuns, insinuando-se em meio a pernas conhecidas, miando por leite enquanto andam para trás, enrodilhando-se confortavelmente sobre pilhas de roupas lavadas que se acabou de dobrar – em suma, fazendo exatamente o que os gatos fazem hoje.

Embora o gato não seja o animal favorito de estimação de todo mundo, a companhia de animais tem feito parte da humanidade desde que os primeiros seres humanos pisaram na savana. E com justiça. As lições de amor incondicional e de dependência mútua que aprendemos com nossos animais de estimação ajudam-nos a vislumbrar o funcionamento do universo.

Como disse Irving Townsend em *The Once Again Prince*:

Nós, que escolhemos nos cercar de vidas mais efêmeras do que as nossas, vivemos dentro de um frágil círculo que fácil e freqüentemente se rompe. Incapazes de aceitar essas terríveis rupturas, ainda assim não saberíamos viver de modo diferente. Estimamos a memória como a única forma certa de imortalidade, jamais compreendendo por completo a essência do plano.

Têm os animais alguma lição a me ensinar?
O que tenho aprendido com eles?

EU ME ALEGRO E CELEBRO A VIDA – HUMANA E ANIMAL.

Raiva

Você é capaz de imaginar Maria realmente perturbada – totalmente zangada – com alguém ou com alguma coisa? Muito provavelmente não. Tradicionalmente nós a imaginamos como sendo paciente, meiga, piedosa e feliz com tudo o que lhe acontecesse.

Porém, prestamos um desserviço a Maria se nunca a supomos zangada. A raiva em si não é pecado. Os Salmos estão cheios de referências à justa ira de Deus. O próprio Jesus estava cheio de raiva quando expulsou os cambistas do Templo.

Ora, por que supomos que Maria nunca se zangasse? Talvez seja porque fazemos uma transposição ilógica. Vamos dar uma olhadela nesse raciocínio falho:

A. As pessoas em geral ficam zangadas porque alguém faz algo que elas percebem como errado.

B. Jesus, o filho de Maria, era Deus.

C. Deus não pode pecar.

D. Portanto, Jesus não poderia fazer nada errado.

E. Dado que Deus não poderia fazer nada de errado, sua mãe não tinha nada com que se zangar.

Essa argumentação apresenta duas grandes imperfeições. A primeira é que ela supõe que a única pessoa com que Maria tratasse fosse Jesus; a segunda é que ela supõe que toda coisa errada fosse pecaminosa. Ambas as suposições são falsas. Quando um dos companheiros de infância de Jesus deixava um rastro de estrume de carneiro no piso que Maria havia limpado, provavelmente ela não era a mãe mais animada da aldeia. Ela talvez erguesse a voz. Poderia ter até – puxa! – ficado bastante irritada. O que a diferencia, porém, é o fato de que, mesmo quando sentia raiva, jamais deixava que a raiva a fizesse pecar.

O sentimento de raiva é apenas isso – um sentimento. O que fazemos com a nossa raiva é que a torna nociva para nós mesmos ou para os outros.

Sempre perco a calma?
Já deixei que minha raiva me fizesse ferir alguém verbal ou fisicamente?

QUANDO ESTOU COM RAIVA, RECONHEÇO O SENTIMENTO MAS NÃO DEIXO QUE ELE ME DOMINE.

Retratar a Realidade

Foi bom a máquina fotográfica não ter sido inventada quando Maria vivia. Se tivéssemos uma fotografia dela, com certeza ficaríamos desapontados. Ela seria muito magra ou muito gorda. Suas feições seriam belíssimas ou não seriam belas o bastante. Ela seria alta ou baixa demais, velha ou jovem demais, morena ou loira demais. Fosse qual fosse a sua aparência, jamais poderia combinar com a nossa imagem mental.

Durante séculos, muitos artistas procuraram dar vida à visão que tinham de Maria. Apesar de ela ter sido representada de inúmeras maneiras pelos artistas, a maioria dos retratos apresenta uma donzela dócil e delicada (muitas vezes com traços nórdicos) que parece frágil demais para que a deixem exposta a um vento forte.

Essa descrição é diferente da realidade. Visto que Maria era semita, ela teria tido os traços e a tez de uma mulher do Oriente Médio. Visto que passou a maior parte da vida ao ar livre, deveria estar exposta à ação dos elementos naturais e ter a pele bronzeada. E visto que era uma mulher da classe trabalhadora, é bem possível que ela fosse forte e robusta – capaz tanto de lavrar a terra como de fazer uma boa costura.

Então, por que nossas pinturas de Maria fazem-na parecer tão sem graça e evanescente?

Talvez seja porque não queremos que Maria pareça uma pessoa real. Talvez queiramos que pareça uma estátua esculpida, pois que assim não teríamos de imitá-la. Quem, afinal de contas, consegue imitar uma estátua? Maria, porém, não é uma estátua. É uma mulher inteligente, franca, marcada pela determinação e pela santidade. São essas qualidades que podemos e devemos imitar.

Como imagino Maria? Vejo-a como uma pessoa real ou como uma estátua de mármore? O que aconteceria com o conceito que faço de Maria se eu visse como ela realmente é?

NÃO JULGO PELA APARÊNCIA EXTERIOR. ESFORÇO-ME PARA VER O QUE HÁ SOB A SUPERFÍCIE.

A Arca da Aliança

Uma das denominações tradicionais de Maria é Arca da Aliança. Já que a Arca da Aliança era a caixa dos hebreus que guardava as Tábuas de Lei que Moisés trouxe do Monte Sinai, chamar Maria de Arca da Aliança pode nos parecer um pouco esquisito. A denominação parece implicar que ela se assemelha a uma caixa dourada com uma pedra dentro. Essa não é uma imagem muito atraente até que compreendamos o que a denominação realmente indica.

A Arca da Aliança era o santuário para o símbolo material da aliança de Deus com os hebreus. Por causa da sua estreita ligação com as Tábuas da Lei, a própria Arca foi transformada em um objeto sagrado.

Na tradicional crença cristã, o ventre de Maria tornou-se o santuário para Jesus, que foi o símbolo material da nova aliança de Deus com todas as pessoas. Como a arca original, Maria se transformou em santidade através de seu contato com Jesus. Nós também, através de nosso contato com Maria e seu filho, podemos ser transformados em santos.

Conforme disse o Papa João Paulo II em um discurso proferido em 30 de novembro de 1980: "Alguma vez o homem foi capaz de lograr algo tão sublime? Alguma vez foi capaz de qualquer realização como ser humano – através de seu intelecto, da grandeza de sua mente, ou através de seus feitos heróicos – de alçar-se a um estado mais elevado do que lhe é concedido como 'fruto do ventre' de Maria...?"

Como fazer para que o exemplo de Maria me transforme? De que maneiras posso me tornar uma arca de santidade para os que estão ao meu redor?

EU SEI QUE ESTOU REPLETO DA SANTIDADE DE DEUS.

À Espera de um Milagre

Você já deve ter visto um adesivo de pára-choque com a frase: "Eu espero um milagre!"

Quando você reza, realmente espera que Deus responda? Realmente espera que, se pedir um milagre, o conseguirá?

Se fôssemos honestos, a maioria de nós teria de confessar que tem algumas dúvidas – e não sem uma boa razão. Todos nós podemos citar exemplos de rezas "sem sucesso": pessoas que abriram o coração e a alma para Deus e, mesmo assim, o filho morreu, mesmo assim o negócio faliu, mesmo assim o casamento fracassou. Nesses casos, muita gente bem-intencionada sai com chavões piegas como "Deve ter sido a vontade de Deus" ou "Tenho a certeza de que Deus reserva alguma coisa muito melhor para você".

É de perguntar se essas pessoas diriam coisas semelhantes a Maria quando o filho dela foi condenado como criminoso e crucificado. Sem dúvida ela orou para que Deus de alguma forma lhe poupasse o filho, no entanto, naquela tarde de Sexta-feira, ele foi pregado na cruz, e o deixaram morrer como um traidor.

O que Maria deve ter sentido naquele momento? Ela recebera a promessa, trinta e três anos antes, de que seu filho seria o Messias, mas não lhe foram dados detalhes. Assim como nós, ela teve de oferecer suas preces sem saber qual seria o resultado, confiando em que Deus a ouviria e lhe responderia. Em meio ao seu sofrimento na Crucificação, é provável (sendo a natureza humana o que é) que alguém procurasse consolá-la ao pé da cruz, dizendo: "É a vontade de Deus."

A ironia está em que aquela era a vontade de Deus. Além disso, apesar das aparências, Deus estava preparando um milagre – o maior milagre de todos os tempos: A Ressurreição.

Maria esperava um milagre. E ela o conseguiu!

Crio condições em Deus a ponto de acreditar que minhas preces serão atendidas?
Deixo espaço para que Deus responda, ou exijo uma resposta
em um tempo e numa forma determinada?

EU SEI QUE DEUS SÓ QUER O BEM PARA A MINHA VIDA.

Sentimentos

Certo ou Errado?

Maria nunca se queixava.

Maria nunca ficava de mau humor.

Maria nunca se cansava.

Maria gostava de tudo e de todos.

Se você respondeu que todas as afirmações são certas, pode estar supondo algumas inverdades a respeito de Maria.

A teologia tradicional ensina que Maria foi concebida sem as tendências naturais para o pecado com que o resto de nós nasceu. De forma misteriosa, ela foi a primeira a ter a sanção milagrosa de Jesus aplicada à sua alma – aplicada, de fato, no momento da sua própria concepção. Essa Imaculada Conceição, como é denominada, deu a Maria certas graças. Ela foi capaz, por exemplo, de resistir à sedução do pecado em sua vida, tornando-se, como Wordsworth expressou, "o orgulho solitário da nossa natureza corrupta".

Entretanto, o fato de ter sido concebida sem nenhum vestígio do pecado não significa que Maria estivesse acima de todas as fraquezas e frustrações da vida humana. No fim de um longo dia de caminhada numa região montanhosa para ver a prima Isabel, Maria bem que poderia ter-se queixado de que os pés lhe doíam. Quando as colheitas tinham de ser armazenadas, a roupa lavada, a refeição do sabá preparada – tudo isso no mesmo dia –, Maria poderia ter desmaiado na cama totalmente exausta.

Considerando Maria um modelo a ser imitado, os fiéis cristãos devem ter o cuidado de não supor que suas graças especiais fizeram-na abandonar sua natureza humana. Em vez disso, Maria representa um modo de cada um de nós poder se erguer acima de nossas falhas, ao mesmo tempo que permanece cheio de alegria humana.

Considero a santidade incompatível com as emoções humanas comuns?

ACEITO OS MEUS SENTIMENTOS, COMPREENDENDO QUE ELES NÃO SÃO CERTOS NEM ERRADOS; SIMPLESMENTE *SÃO*.

Mamãe

As primeiras palavras que a maioria das crianças dizem são formas afetivas de tratamento para seus pais – mamãe ou papai –, o que os deixa muito emocionados.

Esse primeiro nome para a figura materna – mamãe – contém uma conotação muito diferente do tratamento formal – mãe. A palavra mamãe traz consigo uma sensação de conforto, carinho e união, ao mesmo tempo que mãe é afetado, cerimonioso e austero.

Só por brincadeira, tente pensar em Maria como mãe. Que tipo de imagem se forma na sua mente? Para muitos, a de uma mulher imponente, vestida com um ondeante manto azul e sentada em um trono. Ela sorri benevolamente para os seus súditos, já que é tanto rainha como mãe. Embora ela irradie piedade e compreensão, não obstante é um pouco reservada e arredia.

Agora, imagine Maria como mamãe. Sua imagem muda. Talvez você neste momento a veja numa túnica tosca, o rosto sujo da farinha usada no preparo diário do pão. Não está mais sentada solenemente numa sala do trono; está na cozinha, em meio à confusão de uma vida familiar normal.

O que mais lhe agrada em Maria?

Talvez seja Maria a Rainha-Mãe, no comando de uma legião de anjos, confiante, poderosa e controlada. Ou talvez seja a Maria, a mamãe, de braços abertos, sempre com um abraço e um sorriso.

Muito provavelmente, ambas as imagens têm seu atrativo. Quando estamos necessitados de uma mãe, podemos nos voltar para Maria, a mãe poderosa, que não só sabe o que é melhor para nós como também tem meios de ajudar a nos satisfazer as necessidades. Quando temos saudade da mamãe, podemos buscar consolo em Maria, nossa mamãe, que nos envolve amorosamente com seus braços e enxuga nossas lágrimas com seus beijos.

Em geral, imagino Maria como mãe ou como mamãe?
Que aspecto de Maria preciso considerar hoje?

RECONHEÇO QUE TENHO NECESSIDADE DO AMOR DE UMA MÃE. SE EU NÃO TENHO UMA MÃE NA TERRA, SEI QUE TENHO UMA MAMÃE NO CÉU.

A Bela (e a Fera)

Um dos mais adorados desenhos animados de Disney é o clássico *A Bela e a Fera*. Baseado no conto popular francês *La Belle et la Bête*, trata-se da história imortal do poder de transformação do amor de uma jovem. De certo modo, *La Belle et la Bête* é também a história da salvação.

De acordo com a doutrina proposta no Antigo Testamento e reiterada no Novo Testamento cristão, Deus e a humanidade ficaram tão distanciados, que a reconciliação parecia impossível. Todavia, Deus, como um pai sempre amoroso, achou um jeito de restabelecer o relacionamento abalado. O desígnio divino era de uma simplicidade espantosa: Deus se tornaria um ser humano. Nasceria de uma mãe humana, seria criado em uma família humana e, finalmente, teria uma morte humana. Levando a cabo esse desígnio, Deus tornaria a unir a humanidade e a divindade.

O único empecilho era uma coisinha chamada "livre-arbítrio". A moça que Deus escolheu para pôr seu plano em ação teria de dizer sim de livre e espontânea vontade. Deus não poderia obrigá-la a cooperar; Deus só poderia convidá-la a participar. Felizmente, para nós todos, a resposta de Maria foi afirmativa: "Que se cumpra em mim conforme a tua palavra."

Ora, o que é que isso tem a ver com *La Belle et la Bête*?

No conto popular, um príncipe se transforma de um belo rapaz em uma horrível fera, e deverá permanecer como tal até que alguém o ame total, plena e livremente. Então, e só então, poderá reassumir sua forma e lugar verdadeiros. A Bela consegue perceber isso apesar de suas imperfeições e oferece à Fera o seu amor. O sim dela para o amor transforma a Fera. Maria foi capaz de compreender as imperfeições dessa vida, e o seu sim ao amor transformou o mundo.

Partilho o meu amor livre e incondicionalmente?

USO MEU LIVRE-ARBÍTRIO PARA DIZER SIM À VIDA E AO AMOR.

Casamento

Quem já se casou sabe que o casamento não é algo que se assuma levianamente. Mesmo os melhores casamentos têm seus momentos difíceis. Os casais precisam se esforçar para encontrar afinidades comuns, para compartilhar suas vidas, para crescer juntos.

O casamento de Maria e José não foi nada diferente. Eles também devem ter tido suas provações. Lembre-se de que, apesar de Maria ter sido abençoada com certas graças desde o momento em que nasceu, José não foi. Ele era um homem comum, perfeitamente normal, o que significa que poderia roncar, deixar as sandálias sobre a lareira, esquecer de amarrar a cabra — todas as coisas comuns que podem fazer uma esposa subir pelas paredes.

O fato de Maria ter sido única na história da humanidade não quer dizer que ela não tivesse de adaptar-se às tensões de vida com um outro ser humano. José não era um *clone* dela; ele tinha as suas pequenas idiossincrasias, muitas das quais podem ter sido frustrantes para ela.

Ademais, algumas tradições afirmam que ele era um viúvo quando se casou com Maria, de modo que é perfeitamente possível que ele tivesse filhos do primeiro casamento. Como Maria se relacionava com essas crianças — e como essas crianças se relacionavam com Maria — é algo que a Bíblia sensatamente ignora.

O fato de que Maria sabia como é a vida cotidiana de uma mulher casada não lhe diminui a santidade; ao contrário, isso dá a todos os que são casados um exemplo de comprometimento verdadeiro e duradouro.

Se sou uma pessoa casada, o que posso fazer para dar apoio ao meu parceiro hoje? Se não sou casado, o que posso fazer para ajudar alguém que é casado a cumprir plenamente seu compromisso?

SEI QUE SE EU CONFIAR EM DEUS, CRIAREI O TIPO DE RELACIONAMENTO QUE NECESSITO PARA AMADURECER ESPIRITUALMENTE.

Por Trás das Portas Fechadas

Uma canção popular norte-americana fala sobre o que acontece por trás das portas fechadas quando uma mulher pudica e responsável solta os cabelos. A canção celebra uma expressão de amor, mas nem todas as portas fechadas escondem paixão e afeto. Em um grande número de casos, portas fechadas escondem mágoa e tristeza. Relacionamentos que em público parecem estáveis e tranqüilos podem ser, nas piores situações, caldeirões de maus-tratos e violência.

Na vida de Maria, por exemplo, não temos indício do que os amigos e parentes dela (com exceção de Isabel) disseram sobre o fato de ela ter ficado grávida fora do matrimônio. Já que conhecemos o final da história, supomos que eles lhe deram apoio e ajuda, mas podem ter-se mostrado contrários e hostis. Podem ter feito comentários sarcásticos sobre o seu estado e sua virtude quando ninguém a não ser Maria podia ouvi-los. De modo inverso, eles podem ter sido carinhosos e protetores, a despeito do que o resto da aldeia estava dizendo.

O fato é que simplesmente não sabemos o que se passa por trás das portas fechadas na vida das outras pessoas. Essa é uma das principais razões por que é tão essencial que nos abstenhamos de julgar a vida e o comportamento de outras pessoas. Quando estamos tentados a ser críticos, convém lembrar que o que parte de nós volta para nós. É quase certo que aquilo que mais criticamos na vida de outra pessoa será aquilo que algum dia alguém criticará na nossa.

Tenho a tendência a fazer juízos críticos sobre outras pessoas, ou estou disposto a viver e deixar viver?

RENUNCIO À TENTAÇÃO DE CRITICAR OS OUTROS.

Mudança

Mudança sempre cria ruptura.

Essa afirmação pode parecer simplista, mas é verdadeira. Embora sempre gere ruptura, a mudança nem sempre é ruim. Na verdade, às vezes a mudança é necessária. Se, por exemplo, você tiver desenvolvido padrões de comportamento em suas relações que não contribuam para o seu desenvolvimento espiritual e bem-estar, você precisa fazer mudanças. Se está levando uma vida autodestrutiva ou se depreciando, a mudança é vital. Muitas vezes, ela é absolutamente essencial para a saúde espiritual e emocional. Sem mudança, a própria vida pode estar comprometida nesses casos.

Uma das mensagens que Maria traz ao mundo nas suas aparições em lugares como Lourdes ou Fátima é a necessidade absoluta de transformar a vida de pecado em vida pura. Repetidas vezes, ela diz: "Reze, reze para que você se transforme."

As mudanças que Maria pede não são fáceis. Ela pede para que mudemos nossas atitudes, nossos preconceitos, nosso egoísmo, nossa propensão para o pecado.

Quando você começar a mudar, tenha como certo que irá se sentir mal. A vida favorece o *status quo*, afinal de contas. À medida que continuar fazendo mudanças, as pessoas próximas de você poderão começar a sentir-se incomodadas também. Com freqüência, as mudanças que você fizer as obrigarão a fazer mudanças também, mudanças que promoverão o seu — e o delas — desenvolvimento espiritual, e é exatamente isso o que Maria está esperando!

O que preciso mudar na minha vida hoje? O que farei quando encontrar resistência às minhas tentativas de mudança?

TENHO A FORÇA PARA EFETUAR AS MUDANÇAS QUE PRECISO FAZER NA MINHA VIDA.

Esperança

Para uma mulher que vivia numa aldeia do interior numa região atrasada do mundo, Maria certamente testemunhou mais prodígios do que esperava. Um anjo em sua sala. Homens sábios em sua varanda. Anjos no céu. Durante aqueles meses abençoados que cercaram o nascimento de Jesus, Maria viu sinais e milagres muito além dos seus sonhos mais fulgurantes.

Então, vieram os trinta anos seguintes. Sem anjos. Sem homens sábios nem maravilhas. Apenas a vida em comum numa pequena aldeia. A lembrança dos sinais e milagres deve ter-se dissolvido um pouco com o passar dos anos. Dúvidas devem ter surgido gradualmente. Será que realmente vi um anjo? Será que realmente ele me disse que meu filho seria o Messias? Talvez Maria pusesse para fora uma das arcas que os Magos lhe deram e lhe tocasse com os dedos a superfície marchetada, rememorando, meditando. Trinta anos são um longo tempo passado sem confirmação da promessa feita pelo anjo. Será possível que eu tenha me enganado? Ela talvez tenha dito a si mesma: Quem sabe se compreendi mal. Talvez eu tenha me enganado.

Não sabemos o que Maria pensou, mas sabemos que ela continuava a ter esperança. De fato, às vezes ela é chamada de Mãe da Esperança. Merece esse título porque sabe o que significa agarrar-se a uma promessa diante da dúvida, caminhar com fé no escuro. Em suma, mais do qualquer um de nós, ela sabe o que significa ter esperança.

Há algo que estou esperando que aconteça? Confio bastante nas promessas de Deus para esperar pacientemente sem confirmação?

CREIO MESMO QUE EU NÃO VEJA – E ESPERO MESMO QUE NÃO SAIBA COM CERTEZA – QUE MEUS SONHOS SE REALIZARÃO.

Conduta Exemplar

Em geral, imaginamos que Maria e seu filho Jesus sempre tiveram uma conduta exemplar. Mas o que exatamente significa ter uma conduta exemplar? Significa agir convenientemente numa dada situação, ou significa agir do modo como os outros esperam que ajamos?

Se significa agir convenientemente – e a maioria de nós aceitaria essa definição – então Maria e Jesus com certeza sempre tiveram uma conduta exemplar. Se, porém, significa agir do modo como os outros esperam que ajamos, então eles quase nunca tiveram uma conduta exemplar.

Jesus virou o mundo de cabeça para baixo – não só por realizar milagres, mas também por andar na companhia de prostitutas e cobradores de impostos, abençoar gentios e também judeus, desafiar as convenções de sua época a fim de criar uma nova ordem de consciência.

Quando temos uma conduta exemplar (a mais apropriada), estamos nos comportando da maneira que é a melhor para nós e para as pessoas próximas de nós. Dependendo da situação, nossa conduta exemplar pode ser tola ou séria, ousada ou reservada, impetuosa ou maçante. Tudo é possível.

A chave para se ter uma conduta exemplar consiste em entender que conduta é exigida no momento. Às vezes ela é óbvia – o decoro e a discrição seriam essenciais se você tivesse de se encontrar com o presidente dos Estados Unidos no Salão Oval, por exemplo. Mas se você tivesse de resolver charadas com o presidente numa festa particular, seria melhor um tipo diferente de comportamento.

Deus quer que compreendamos qual deve ser a nossa melhor conduta, sejam quais forem as circunstâncias, e que tenhamos a melhor conduta em todas as ocasiões!

Ajo convenientemente, ou me comporto do modo como acho que os outros esperam que eu me comporte?

SEMPRE TENHO A MELHOR CONDUTA.

Sabedoria

Religiões baseadas em deusas reconhecem três estágios diferentes de santidade para as mulheres: a filha virgem, a mãe e a mulher sábia. A cristandade tem tradicionalmente aplicado os dois primeiros aspectos a Maria, mas de modo geral tem ignorado o terceiro. Maria é reverenciada como a virgem inocente e louvada como a mãe protetora, porém raramente é vista como a mulher madura, sábia.

Uma ênfase excessiva na virgindade de Maria e no nascimento imaculado de Cristo tem o potencial de impedir que nos identifiquemos com Maria. No entanto, ela não permaneceu uma virgem jovem a vida inteira. À medida que aquela que era "cheia de graça" envelhecia, ela se transformava numa mulher de graça madura. Ganhava, assim como todos nós, não só em idade mas também em sabedoria.

Essa é uma das grandes lições que Maria tem para nos ensinar: que podemos e devemos crescer em sabedoria. Ela não era uma pessoa plenamente desenvolvida na época em que o anjo Gabriel fez sua aparição a ela. Embora amadurecida para a idade, só tinha cerca de quatorze anos. Nessa época, sua sabedoria lhe fora concedida por Deus, não uma sabedoria amadurecida em função dos anos de vida. Trinta e três anos depois, ao pé da cruz de seu filho, ela já não era mais a mesma pessoa. A vida, com todas as suas alegrias e sofrimentos, a havia transformado. A moça virgem que dissera sim a um anjo tornara-se a mulher amadurecida que assistia seu filho durante a agonia da Crucificação. A adolescente não poderia ter feito o que a mulher de quarenta e sete anos pôde. Para compreendermos totalmente Maria, devemos vê-la em todos os estágios de sua vida.

À medida que crescemos ao longo da nossa vida, precisamos reconhecer que não somos a mesma pessoa que éramos há cinco, dez ou vinte anos. Como Maria, também precisamos crescer em sabedoria e maturidade, pois o caminho do crescimento de Maria também é o nosso.

Como me desenvolvi no ano passado?
Nos últimos cinco anos? Nos últimos dez anos?

SINTO-ME GRATO PELA SABEDORIA QUE TENHO ACUMULADO AO LONGO DOS MEUS ANOS DE VIDA.

Retidão

No sexto mês, o anjo Gabriel foi enviado por Deus para uma cidade da Galiléia, chamada Nazaré, a uma virgem noiva de um homem da casa de Davi cujo nome era José; a virgem chamava-se Maria.

LUCAS 1: 26-27

Em Israel, antigamente, o noivado era mais do que um simples envolvimento. Era um compromisso sério – quase tão sério quanto o próprio casamento. De fato, o casamento surgiu naquela cultura não como uma simples troca de promessas (tal como é hoje), senão como parte de um processo que começava com a promessa de casamento definitivo. Essa promessa solene e obrigatória – o noivado – poderia ocorrer quando ambas as partes eram muito jovens e o próprio casamento ainda iria demorar. O noivado era tanto um sinal de algo por vir como um comprometimento com algo que já existia. Embora a moça continuasse a viver em casa durante o noivado, não se ouvia falar de um casal que tivesse relações sexuais durante esse período.

A maior ênfase da visita do anjo Gabriel recai justamente sobre Maria, mas consideremos José por um momento. Lá estava ele, honrando os termos oficiais do noivado, e eis que Maria aparece grávida! Ele sabia que ele não era responsável – então, o que deveria pensar? Você pode ter certeza de que ele não disse a si mesmo: "Veja! Ela deve ter sido visitada por um anjo e agora está grávida por um milagre!"

Visto que "ele era um homem reto, não disposto a expô-la à vergonha, ele resolveu separar-se dela tranqüilamente". Nessas poucas palavras está a chave do caráter de José. Ainda que ele achasse que Maria tivesse traído os seus votos de noivado, ainda que acreditasse que havia sido enganado, ele não queria ferir Maria; estava disposto a fazer com que a aldeia inteira pensasse que ele a abandonara quando ela estava carregando o filho dele. Obviamente, ele a amava apaixonadamente, pois estava disposto a manchar o seu próprio caráter para salvar o dela. Poderia o amor de alguém exceder esse amor?

Estou disposto a me sacrificar por aqueles a quem amo? Estaria eu disposto a fazê-lo por alguém que eu achasse que me enganou?

SEMPRE DESEJO O MELHOR PARA OS QUE ESTÃO PRÓXIMOS DE MIM.

Lembranças

As lembranças são um dos maiores tesouros que qualquer um de nós pode ter. Imagens podem ser destruídas, videoteipes podem ser apagados, mas (exceto quando ocorre uma doença como a de Alzheimer), as lembranças duram toda uma existência.

A tradição diz que Maria passou os últimos anos de sua vida com o discípulo João, em Éfeso. Longe da família e de casa, Maria terminou seus dias como uma estranha num lugar estranho. Com pouca ou nenhuma coisa familiar perto de si, ela deve ter buscado conforto em suas lembranças enquanto esperava encontrar-se com seu filho no céu.

Do que Maria se lembrou no fim de sua vida?

Suas lembranças certamente devem ter incluído acontecimentos importantes como a Anunciação, a Visitação e a Ressurreição, mas também teriam incluído momentos simples em Nazaré — observando Jesus ajudar José na oficina, conversando com as amigas na fonte da aldeia ou preparando a refeição do sabá.

Momentos tranqüilos partilhados com aqueles a quem amamos constituem as lembranças mais duradouras de todas. Uma xícara de chá e biscoitos durante uma conversa cordial são capazes de criar uma lembrança mais profunda e duradoura do que toda uma excursão pela Europa.

Nunca é tarde demais para criar lembranças que trarão alívio e paz no final da vida. Todavia, formar essas lembranças implica assumir riscos — riscos para o coração e para a alma. Esses riscos são, às vezes, mais difíceis de assumir do que o mais árduo desafio físico; porém, no plano eterno das coisas, eles valem a pena.

Nutro rancores, ou guardo lembranças? Que tipo de lembranças quero criar hoje?

CRIO LEMBRANÇAS QUE ME CONFORTAM E ALIMENTAM A ALMA.

Bem-aventurança

Por várias gerações, os cristãos têm dado a Maria centenas de denominações, mas talvez nenhuma seja mais adequada que a simples palavra Bem-aventurada. Esse título é o único que Maria usou para si mesma – não porque se considerasse especial, mas porque reconhecia que Deus fizera grandes coisas através dela. Maria disse, exultante:

> A minha alma engrandece ao Senhor;
> e o meu espírito exulta em Deus, meu Salvador,
> porque olhou para a humildade de sua serva.
> Pois desde agora todas as gerações me considerarão bem-aventurada,
> porque o Todo-poderoso fez grandes coisas, por mim,
> e santo é o seu nome.
> Sua misericórdia perdura de geração em geração
> para aqueles que o temem.
> Agiu com a força do seu braço;
> dispersou os homens de coração orgulhoso.
> Derrubou dos seus tronos os poderosos
> e exaltou os humildes.
> Encheu de bens os famintos
> e despediu ricos de mãos vazias.
> Socorreu Israel, seu servo,
> lembrado da sua misericórdia
> e conforme prometera a nossos pais,
> Abraão e à sua descendência para sempre.
> (Lucas 1: 46-55)

Que grandes coisas Deus, o Poderoso, tem feito por mim na minha vida? Acredito que Deus me encherá de bens, conforme prometeu?

HOJE PROCLAMO A BONDADE DO SENHOR COM TODO O MEU SER.

Coragem

Freqüentemente, não imaginamos que Maria fosse uma pessoa corajosa, mas ela o era. Da jovem que se ergueu altiva diante de um anjo até a mulher madura que esperava pacientemente no Aposento Superior na companhia dos seguidores de seu filho, Maria é um modelo sereno de coragem.

O que é preciso no mundo de hoje para ser corajoso?

Quase sempre, pensamos que coragem exige risco físico. Imaginamos então um bombeiro adentrando um inferno de chamas para resgatar uma vítima que está presa ali. Uma equipe de resgate procurando pedaços de um avião destroçado num pântano escuro.

Os que realizam essas façanhas são de fato corajosos, mas a bravura pode assumir várias formas. E quanto a uma moça disposta a enfrentar a tarefa de criar seu filho sozinha? Ou à mãe que mantém a cabeça erguida, a despeito da zombaria de vizinhos que acham que seu filho é louco? Ou à mulher idosa que enfrenta um oficial de polícia para ficar junto do filho, acusado injustamente? Não estarão essas mulheres todas (as quais poderiam ser a própria Maria) cometendo atos de bravura também?

Da próxima vez que você deparar uma situação que exija coragem, lembre-se do exemplo de Maria. A força dela pode ser a sua força; basta que você lhe peça ajuda.

O que, a meu ver, constitui a verdadeira coragem?
Quem é a pessoa mais corajosa que conheço?

TENHO DENTRO DE MIM O PODER DE SER TÃO CORAJOSO QUANTO AS CIRCUNSTÂNCIAS O EXIGEM.

A Bênção de Maria

Os escritos dos santos estão cheios de elogios e súplicas a Maria.

Por exemplo, no ano 373 Santo Atanásio pedia: "Lembrai-vos de nós, Virgem santíssima, e concedei-nos o dom das riquezas de vossas graças, Virgem cheia de graça." Mais de mil e quinhentos anos depois, o Papa João Paulo II orava, segundo relatava os *Insegnamenti* em 12 de maio de 1982:

> Eu gostaria de repetir agora, perante todos vocês, *totus tuus* — todo vosso, ó Mãe! Peço-vos que ofereçais a mim e a todos estes irmãos ao "Pai misericordioso", em preito e gratidão, escondendo e cobrindo nossa miséria com vossos méritos e os de vosso Divino Filho. E que sejamos aceitos, abençoados e fortalecidos em nossas corretas decisões, que desejamos atar, como um ramo de flores, com uma faixa "tecida e dourada" a vós, ó Mãe: 'Fazei tudo o que ele vos diz." Dai-nos vossa bênção, Senhora, nossa queridíssima Mãe!

O único fio comum a todos os múltiplos louvores e súplicas a Maria é o pedido de bênção. Por que tem sido tão importante para homens e mulheres santos em todos os séculos que Maria estenda sua bênção? Por que queremos que Maria nos abençoe?

Precisamos da bênção de Maria porque ela é mais do que a mãe de Jesus; é nossa mãe também. Ao receber sua bênção, ganhamos o apoio do amor de mãe, que é uma das forças mais poderosas do universo.

Já pedi a bênção a Maria? Acredito que ela me daria essa bênção se eu pedisse?

HOJE, PEDIREI A MARIA QUE ABENÇOE A MIM E A TODA A MINHA FAMÍLIA.

Beleza Interior

Quando imaginamos Maria, geralmente visualizamos uma jovem deslumbrante de cerca de dezoito anos de idade, com cabelos esvoaçantes, pele perfeita e aparência lânguida. Nem o parto, nem a dura faina ao ar livre, nem os dias passados sob o sol, nada disso se atreve a deixar marcas nela. Com efeito, quando Maria aparece em visões, freqüentemente descrevem-na como sendo jovem e bela.

Contudo, a Maria que se manteve ao pé da cruz devia ter uma aparência completamente diferente. Ela devia ter quase cinqüenta anos quando Jesus morreu – uma mulher velha pelos padrões da época. Devia ter rugas em torno dos olhos, seu cabelo devia ter listas grisalhas e sua figura já teria assumido uma confortável postura de matrona. Provavelmente ainda era bonita, mas sem a beleza intata e evanescente que normalmente associamos a ela.

Uma vez que a tradição católica ensina que Maria foi preservada do pecado, tendemos a supor que foi preservada dos agravos da vida comum. Supomos que já que sua alma era pura, seu corpo também deveria ser puro. Por isso, imaginamos Maria como eternamente jovem, pequena e deslumbrante. Mas, como diz Antoine de Saint-Exupéry em *O Pequeno Príncipe*, "O que é essencial é invisível aos olhos". Maria nos parece uma bela mulher não porque rivalizasse com a Miss América na sua vida terrena (embora pudesse), mas por causa de sua bondade interior. Ela parece bela porque era bela naquilo que importa – no seu âmago.

Passo mais tempo cultivando minha beleza interior ou minha aparência exterior?

HOJE, PASSAREI O TEMPO ME TORNANDO UMA CRIATURA MAIS BONITA INTERIORMENTE.

Boa Intenção

É difícil imaginar Maria fazendo muito além de rezar e cuidar de Jesus. (Visto que Jesus é Deus, supomos que ele provavelmente não necessitasse de muito cuidado. Não o imaginamos como uma criança teimosa de dois anos de idade, recusando-se a aprender a usar o penico, ou como um adolescente mal-humorado deixando sua túnica largada sobre um banco.) Uma vez que supomos que Jesus não necessitasse de muitos cuidados maternos, quase sempre nossa imagem de Maria é a de uma freira reclusa, mais do que a de uma esposa e mãe verdadeira.

Para termos uma visão mais realista de Maria, imaginemos a cena no poço comunal da cidade. Maria está batendo um papo com suas vizinhas, rindo da história que uma das mulheres está contando, ouvindo atenta os boatos de que os romanos estão planejando construir uma arena de gladiadores num campo nas redondezas. Ela espera sua vez de mergulhar sua jarra grande na água fresca e potável. Talvez faça uma pausa para ajudar alguma parenta idosa com sua jarra. Nada exteriormente indica que ela está desempenhando um papel central na história do mundo. Ela dá a impressão de ser uma mãe judia comum providenciando água para a sua casa.

E é assim que deve ser. O milagre em Maria não é que ela esteja acima de nós, mas que seja um de nós. Ela sabe como a vida comum pode ser difícil, mas também sabe que é justamente nas coisas comuns que estão os mais extraordinários acontecimentos espirituais.

Penso que preciso estar voltado o tempo todo às coisas do espírito para ser "santo"? Acredito que posso lograr a plenitude e a santidade nas minhas atividades comuns?

PROCURO MEIOS DE TORNAR-ME UMA PESSOA SANTA NÃO EM ATIVIDADES ESPIRITUAIS, MAS NAS AÇÕES DA VIDA COTIDIANA.

Pão

Na Última Ceia, Jesus tomou do pão, partiu-o e deu-o aos seus discípulos, dizendo: "Tomai e comei: este é o meu corpo." Ouvimos essas palavras repetidamente, cada vez que assistimos à Missa ou participamos da cerimônia da Comunhão.

Você já se perguntou quem fez o pão que foi usado naquela noite de Páscoa? Evidentemente, não sabemos, mas é agradável pensar que talvez Maria o tenha preparado.

No começo da semana, ela deve ter sabido, com a intuição própria das mães, que alguma coisa estava em andamento. Deve ter percebido a inquietação no filho e nos discípulos dele. Pode ter ouvido rumores e boatos entre as outras mulheres.

Curiosa por saber, preocupada e vigilante, ela talvez tenha encontrado alívio no ritual de moer o trigo, amassar a farinha, moldar os pães. Talvez tenha encontrado paz em saber que, independentemente do que acontecesse nos dias seguintes, seu filho, seu menino, apreciaria o gosto do pão preparado pela mãe.

Se realmente foi Maria quem fez o pão que Jesus partiu na Última Ceia, mal sabia ela que estava ajudando a preparar um milagre. Fazendo o que as mães têm feito há milênios, ela transformou o grão em pão para a vida. Naquela noite, antes de morrer, seu filho transformou o pão feito por ela no Pão da Vida.

Como posso deixar que minha vida se transforme pelo serviço prestado aos outros?

CONCORDO EM ME TRANSFORMAR NUMA NOVA PESSOA
PELO PODER DE JESUS, FILHO DE MARIA.

Rainha dos Anjos

Talvez pensemos que gostaríamos de ser visitados por um anjo, mas é provável que a maioria de nós prefira ser visitado por um anjo disfarçado. Anjos verdadeiros não são bebezinhos rechonchudos ou criaturas andróginas usando longas vestes alvas que descem à terra voando em asas tênues.

O motivo por que retratamos os anjos como seres delicados ou graciosos é um enigma, visto que os anjos descritos na Bíblia são muito parecidos com comandos celestes de fuzileiros navais – seres responsáveis, inteligentes, que executam ordens divinas ainda que isso signifique tomar de assalto os portais do próprio inferno.

Os anjos colocados de sentinela nos portais do Éden, por exemplo, estavam armados de espadas flamejantes. Os anjos descritos em Ezequiel – providos de quatro faces, quatro asas, cascos de metal, quatro mãos e de uma roda de luz que girava – poderiam ter saído diretamente de um filme de ficção científica. O anjo que apareceu a Balaão assustou o asno em que montava, fazendo que ele empacasse. Os anjos que cantavam sobre Belém assustaram os pobres pastores. Não há nenhum anjinho rechonchudo em toda a hoste angelical.

A realidade dos anjos dá ao título tradicional de Rainha dos Anjos atribuído a Maria uma conotação fascinante. Em vez de reinar sobre um bando de querubins adejantes ou de espíritos sobrenaturais, Maria é rainha de um exército de seres determinados, concentrados, auto-suficientes que seguem a vontade de Deus sem hesitaçao.

Quando pedimos a Maria que envie anjos para nos ajudar, estamos pedindo-lhe que despache literalmente um exército. Talvez a razão de não percebermos a presença dos anjos em nossa vida seja porque não os vemos como os poderosos guerreiros espirituais que eles realmente são.

Quando peço ajuda aos anjos, acredito que serei ajudado?
De que maneiras já fui ajudado pelos anjos?

ESPERO QUE OS ANJOS ME AJUDEM QUANDO EU PEDIR ORIENTAÇÃO A MARIA, RAINHA DOS ANJOS.

Poder de Compra

Se Maria não tivesse mais alho para a refeição da noite, ela não poderia mandar Jesus até a mercearia da esquina para comprar um ou dois dentes de alho. A única ocasião em que ela podia comprar alimentos – ou qualquer outra coisa, aliás – era no dia de feira. No restante do tempo, ela teria de se arranjar com o que tinha ou pedir emprestado a uma de suas vizinhas.

Com as lojas abertas vinte e quatro horas por dia, o povo americano não precisa mais planejar antecipadamente suas compras. Sempre que estamos dispostos, podemos entrar rapidamente numa loja e comprar quase tudo o que quisermos (e que nosso bolso nos permitir). Tanta facilidade pode parecer libertação, mas ter acesso ilimitado às compras pode, na verdade, ser uma limitação.

Faça uma pausa para se perguntar se existe alguma coisa que precise comprar neste exato momento. Seja honesto. Existe alguma coisa sem a qual você não possa passar? Posto isto, se a despensa estiver literalmente vazia, você precisa comprar alguma coisa para comer. Se estiver doente, talvez necessite de determinado medicamento. Não obstante esse tipo de exceções, o que você tem de comprar agora mesmo? Para a maioria de nós, a resposta honesta é nada.

Contudo, se entrássemos numa loja, qualquer loja, é provável que sentíssemos a necessidade de comprar algo. Talvez um artigo de cuja existência nem soubéssemos ontem mas que se tornasse, num piscar de olhos, uma necessidade. Se o comprássemos, porém, e o levássemos para casa, o que aconteceria? Teríamos mais um objeto com que nos preocupar, mais uma coisa para cuidar. O que poderia ter dado a impressão de ser uma ação espontânea, liberadora – aquele impulso de compra – resultaria em ainda mais um fio a atar nossa alma às nossas posses.

Sou dono do que tenho, ou o que tenho é o meu dono?

CONSIDERO AS CONSEQÜÊNCIAS FUTURAS DE CADA COISA QUE ME SINTO TENTADO A COMPRAR?

Diferenças de Sexo

Se alienígenas aterrissassem na terra e observassem os seres humanos por certo tempo, talvez concluíssem que homens e mulheres são duas espécies que só por acaso vivem no mesmo lugar. Cães e gatos, que também são espécies diferentes, freqüentemente agem de forma mais semelhante do que homens e mulheres.

E não se trata apenas de ações. Homens e mulheres *pensam* de modo diferente. De fato, novas evidências científicas comprovam o que a maior parte das pessoas já sabiam: homens e mulheres usam o cérebro de maneira diferente. Não é de espantar que tenhamos tanta dificuldade para nos relacionar bem às vezes!

Embora Maria, a Mãe de Deus, tivesse graças especiais, ainda assim ela era uma mulher; e Jesus, se bem fosse Deus encarnado, ainda assim era um homem; e José, conquanto fosse um *bom* homem, ainda assim era um homem. Isso significa que deve ter havido ocasiões em que José e Jesus não tinham nenhum indício do que Maria estava pensando, e vice-versa. Com efeito, deve ter havido ocasiões em que Maria seguiu para a casa de sua mãe ou de sua irmã, deixando José e Jesus fazendo um gesto negativo com a cabeça e se perguntando, "O que está acontecendo aqui?"

O fato de que Deus criou homens e mulheres para serem diferentes não quer dizer que um ou outro sexo seja superior. Na verdade, Deus deixa claro que homens e mulheres são gêneros complementares, não tendo nenhum dos dois uma primazia inata sobre o outro. Na linguagem poética do Gênesis,

Deus criou o homem, à semelhança de Deus o fez; homem e mulher os criou.

De que maneiras percebo que todas as pessoas foram criadas à semelhança de Deus?

CELEBRO O MEU SER, ALEGRANDO-ME POR TER SIDO CRIADO À SEMELHANÇA DE DEUS.

Dúvida

Santo Agostinho disse certa feita que nem mil dúvidas formam uma única descrença. Quando lidamos com assuntos espirituais, podemos ter muitas dúvidas mas, se estivermos seriamente procurando a verdade, não cairemos em descrença. Isso não quer dizer, porém, que sempre chegamos a um acordo.

Muitas pessoas sustentam crenças a respeito de Maria de que as outras duvidam. Os católicos, por exemplo, afirmam que Maria foi sempre virgem e que, por conseguinte, nunca teve outros filhos além de Jesus. Outros cristãos são da opinião de que a menção a irmãos e irmãs de Jesus no Evangelho é prova de que Maria e José realmente tiveram outros filhos. Os católicos argumentam, por sua vez, que os termos irmão e irmã podem referir-se a qualquer parente próximo, e afirmam que os irmãos e irmãs de Jesus eram, na verdade, primos ou mesmo enteados (admitindo que José pudesse ter sido casado antes).

Embora tenham-se travado guerras por menos, nosso hábito de refletir sobre questões desse tipo assemelha-se um pouco à especulação de monges medievais sobre o número de anjos que poderiam dançar sobre a cabeça de um alfinete. Em vez de nos concentrarmos em pontos de discórdia, por que não damos ênfase aos aspectos em que há consenso? Por exemplo, todos os cristãos concordam que Maria era virgem quando deu à luz Jesus, que Jesus estava disposto a iniciar sua pregação pública em resposta ao pedido de Maria por mais vinho, e que Maria nunca abandonou Jesus, seguindo-o até o pé da cruz.

Existem elementos mais do que suficientes para se discordar neste mundo. Não façamos de Maria um deles.

Como eu me comporto quando sei que tenho razão? Procuro persuadir os outros a aceitar o meu ponto de vista?

SE TENHO DE DISCORDAR DE ALGUÉM, FAÇO-O EDUCADAMENTE.

A Apresentação do Senhor

De acordo com a lei de Moisés, o filho primogênito de um casal judeu tinha de ser levado ao Templo de Jerusalém e redimido pelo pagamento de cinco *shekels* (cerca de US$1,50). Além disso, depois do nascimento de um menino, toda mulher devia oferecer um cordeiro (se fosse abastada) ou dois pombos (se fosse pobre) para a sua própria purificação. Maria não foi nenhuma exceção. Ela e José submissamente viajaram para Jerusalém para fazer as necessárias oferendas.

O fato de Maria e José oferecerem pombos em lugar de um cordeiro tem sido historicamente considerado como prova de sua pobreza — o que realmente pode ser o caso. Mas não podemos ter certeza. Uma vez que a estrutura temporal dos acontecimentos que cercam o nascimento de Jesus é um pouco duvidosa, não sabemos exatamente quando os Homens Sábios chegaram. Se os Magos já tinham visitado a família pela época da Apresentação, Maria e José poderiam ter usado um pouco do ouro presenteado, ou vendido um pouco das suas especiarias para comprar um cordeiro.

Se *de fato* tinham recursos, por que teriam Maria e José optado pela oferenda "mais pobre"? Talvez porque Maria não fosse apenas santa mas inteligente. Ela sabia que não era necessário despender dinheiro extra por um cordeiro quando dois pombos seriam perfeitamente adequados. Ademais, se ela tivesse pago por um cordeiro, os coletores de impostos romanos ter-se-iam intrometido, fazendo perguntas e exigindo mais do que a sua parcela devida de riqueza. Sendo uma mulher esperta, ela manteve uma atitude humilde, obedecendo exatamente à letra da lei.

Apesar de ser sempre mostrada como um exemplo de santidade, Maria pode ser também um modelo de "pessoa sensata". O fato de ter concentrado sua visão em Deus não significa que ela não tivesse consciência da necessidade de viver sabiamente na terra.

Creio que a sabedoria comum e a graça celestial são incompatíveis? Sou da opinião de que tenho de escolher entre o céu e a terra?

USO A INTELIGÊNCIA QUE ME FOI DADA POR DEUS PARA TIRAR O MELHOR PROVEITO DA MINHA VIDA AQUI NA TERRA.

Dieta

Você já teve curiosidade de saber que tipos de alimentos Maria, José e Jesus comiam?

A sua primeira refeição do dia, tomada entre nove horas e o meio-dia, em geral consistiria em pão, frutas e queijo. O pão seria feito de trigo ou centeio. As frutas incluiriam uvas, romãs, figos e azeitonas. O Livro dos Atos dos Apóstolos menciona que Jesus, quando adulto, preparou certa vez um almoço para seus seguidores que consistia em peixe fresco assado numa fogueira ao ar livre.

A refeição principal mais substancial, servida à noite, incluiria legumes, como vagens temperadas com alho e óleo, lentilhas, pepinos, cebolas e verduras (incluindo agrião, chicória e alface), mais frutas, manteiga, leite de cabra, vinho e (em ocasiões especiais) carne de cordeiro.

A dieta da Sagrada Família era muito parecida com a recomendada como saudável para o coração hoje em dia – rica em frutas e vegetais, com pouca carne e gorduras. Não que Maria, Jesus e José tivessem muita escolha. Eles não seriam capazes de se dar ao luxo de preparar uma mesa farta com carnes, queijos e pratos requintados.

Ironicamente, hoje é difícil dispor de recursos para a alimentação simples que eles tinham como coisa natural. Uma refeição matinal composta de pão de trigo integral, romãs, figos e azeitonas custaria muito mais do que uma tigela de sucrilhos.

É preciso muito empenho e força de vontade para fazer uma dieta benéfica à saúde na cultura contemporânea. É muito mais fácil habituar-se a uma mentalidade de *fast-food*. No entanto, temos a obrigação para com nós mesmos – para com o nosso Criador – de cuidar do corpo que nos foi dado, comendo alimentos adequados em quantidade apropriada.

Sempre me alimento em demasia? Sempre estou comendo alimentos inadequados, embora saiba que não devo fazer isso?

ALIMENTO-ME DE COISAS BENÉFICAS À SAÚDE EM QUANTIDADES MODERADAS, PARA QUE O MEU CORPO TENHA O COMBUSTÍVEL DE QUE PRECISA PARA CONCLUIR AS TAREFAS QUE DEUS ME TEM DADO.

Culpa

Quando José e Maria finalmente encontraram Jesus no Templo, não parece provável que eles estivessem impassíveis e calmos. Afinal de contas, seu filho estava perdido há três dias numa cidade equivalente à Nova York de hoje. Eles deviam estar em pânico. Maria deve ter imaginado que Jesus fora feito escravo, como seu antepassado José — ou pior, jazesse morto em algum beco afastado. Pouco importava que um anjo lhe tivesse dito doze anos antes que Jesus iria ser o Messias; ela era a mãe dele, e as mães se preocupam com seus filhos.

Quando por fim se viu frente a frente com ele, ela provavelmente não falou num tom suave, uniforme. Não é preciso fazer muito esforço de imaginação para perceber uma certa irritação em suas palavras: "Filho, por que fizeste isso conosco? Seu pai e eu estávamos muito angustiados a te procurar." É provável que ela se visse presa entre a sensação de alívio por encontrá-lo são e salvo e a justa irritação por ele tê-los feito passar por tanta preocupação.

Todavia, a Bíblia não registra que ela lhe tenha posto a culpa. Ela não culpou Jesus por ter ficado para trás (embora pudesse ter sido tentada a fazê-lo). Ela não culpou José por não ter prestado bastante atenção (embora pudesse ter sido tentada a fazê-lo). E não culpou a si mesma por não controlar o comportamento de Jesus (embora pudesse ter sido tentada a fazê-lo). Em vez disso, ela levou o filho para casa, onde "ele lhes foi obediente".

A culpa nunca é construtiva. Ela destrói a nossa auto-estima e arruína o nosso discernimento. Sempre que estivermos numa situação de tensão, devemos procurar manter a calma, como Maria fez, em vez de procurar a culpa; depois, convém nos assegurarmos de que a situação não se repita mais!

Eu me responsabilizo por coisas que não são culpa minha? Procuro atribuir a culpa aos outros para me sentir melhor em situações difíceis?

HOJE NÃO CULPAREI NINGUÉM, NEM EU MESMO, POR COISA ALGUMA.

Sorte na Desgraça

Você já passou por alguma coisa que tinha certeza que era um desastre, só para depois descobrir que o desastre era a proverbial "sorte na desgraça"? Talvez você não tenha conseguido o trabalho que realmente queria numa firma, que por dificuldades logo abriu falência, por exemplo.

O problema com males que vêm para bem é que eles estão disfarçados. Não temos certeza se alguma coisa é um legítimo desastre ou uma sorte disfarçada senão depois – às vezes muito, muito tempo depois.

Eis por que é sempre tarde demais para que compreendamos o que deveríamos ter feito. É fácil olhar para trás e ver a mão de Deus agindo na nossa vida; mas, no momento em que as coisas estão acontecendo, geralmente não temos a menor idéia de como elas vão acabar.

Maria deve ter ficado curiosa a respeito de muitas circunstâncias de sua vida: o fato de ter ficado grávida antes de estar casada, de ter seu bebê num estábulo, de ser obrigada a fugir para o Egito no meio da noite, de esperar trinta anos para que seu filho fizesse tudo o que devia fazer, de vê-lo morrer na cruz. Ela podia ter tido vislumbres do plano divino à medida que progredia, mas não poderia ter absoluta certeza, antes do tempo, de que determinado evento seria um desastre ou uma bênção disfarçada.

A exemplo de todos nós, ela teve de esperar e confiar que Deus tiraria boas coisas do seu sofrimento. Ela foi capaz disso porque, embora não conhecesse o futuro, conhecia Deus de fato. Podemos dizer a mesma coisa?

Como eu me sinto ao compreender que Maria teve de viver pela fé como o resto de nós?

EU ACREDITO QUE DEUS CRIARÁ COISAS BOAS NA MINHA VIDA, MESMO QUE EU NÃO TENHA CERTEZA DO RESULTADO.

Mensagens

Deus envia continuamente mensagens a cada um de nós. Algumas vezes as mensagens são um tanto obscuras; outras vezes são muito claras. Maria recebeu várias instruções pelo serviço angelical entre céu e terra – uma espécie de FedEx celestial! Mesmo nos tempos modernos, visionários como Santa Bernadette Soubirous e as crianças de Fátima recebem mensagens de Deus diretamente, na forma de aparições de Maria.

Entretanto, a comunicação de Deus não se limita a visionários e videntes. Deus dá a cada um de nós mensagens todos os dias. Nossa tarefa é manter o coração aberto para reconhecê-las. As mensagens entregues pelo anjo a Maria faziam parte da comunicação mais direta que Deus já experimentou, mas o canal de informações de Maria nem sempre estava aberto. Com algumas raras exceções, ela teve de depender dos meios comuns de comunicação divina – a oração, o estudo e a sabedoria de outras pessoas – assim como o resto de nós.

Se você quiser receber mensagens de Deus na sua vida, o primeiro passo consiste em entender que Deus se comunicará da forma que mais prontamente você puder aceitar. Talvez você responda melhor ouvindo com atenção outras pessoas. Nesse caso, Deus permitirá que você participe de situações com pessoas capazes de transmitir as mensagens que você precise receber. Ou talvez você seja o tipo de pessoa que reage melhor à reflexão e contemplação íntimas. Nesse caso, Deus usará esses traços de personalidade para orientar-lhe a vida da forma que lhe seja mais favorável.

Sejam quais forem os métodos particulares que Deus use para comunicar-se com você, uma coisa é certa: o amor de Deus por você é tão intenso, tão penetrante, tão abrangente, que Deus jamais o deixará ficar sem mensagem.

De que forma recebo as mensagens de Deus? Se acho que não recebo mensagens, será porque consciente ou inconscientemente estou bloqueando as tentativas de Deus de se comunicar comigo?

ESTOU RECEPTIVO ÀS MENSAGENS QUE DEUS TEM PARA MIM HOJE.

Crise da Meia-idade

Você gostaria de saber se Maria alguma vez passou por uma crise da meia-idade?

Essa possibilidade não é tão chocante quanto poderia parecer a princípio.

Pense em como ela deve ter-se sentido quando Jesus estava, digamos, com vinte e oito anos de idade. Por ser homem definitivamente amadurecido pelos padrões judaicos, ele não demonstrava sinais de desabrochar como o Messias, de casar-se e constituir família. Deve ter começado a ficar evidente para Maria que ela provavelmente não iria ter netos; seus amigos e parentes provavelmente a importunassem: "Quando esse seu belo filho vai achar uma moça e casar?"; ela não estava vendo nenhum sinal de que o reino prometido de Deus estava por vir; José estava morto, e ela estava envelhecendo. Será que nem por um momento ela teria perguntado a si mesmo: "E se eu me enganei a respeito daquele anjo? E se tudo não passou de um sonho?".

Acendendo o fogo da manhã pela décima milionésima vez, não abrigaria ela um desejo secreto de visitar o Egito uma vez mais? Para ver os palácios e estátuas do Faraó? Para misturar-se às pessoas no mercado, no qual mercadorias de mil nações estavam reunidas, em vez de passear pelo esquálido mercadinho da praça da aldeia? Jamais saberemos. No entanto, se Maria se sentia um pouco inquieta, tudo bem. Sentir-se inquieta na meia-idade não é um problema; o que fazemos com a inquietação é o que importa.

Maria parece ter transformado qualquer inquietação da meia-idade que sentisse na continuação do trabalho de seu filho, sendo mentora e guia espiritual para os membros daquela incipiente comunidade cristã. Como fizera durante a vida inteira, ela voltou o pensamento para o modo como poderia servir aos outros, e não para o que poderia ter para si mesma.

Como estou usando as inquietações na minha vida para transformar a mim mesmo e os que estão ao meu redor?

DOU GRAÇAS ÀS MINHAS CRISES DA MEIA-IDADE SEMPRE QUE ELAS OCORREM.

Humildade

Quando se trata de orgulho e humildade, com freqüência recebemos mensagens conflitantes:

Orgulhe-se de seus feitos, mas não se vanglorie deles.

O orgulho desaparece diante de uma queda, mas a roda que range recebe graxa.

Devemos ser orgulhosos ou humildes?

Na verdade, devemos ser ambas as coisas. Esse é um dos paradoxos do desígnio divino. A chave para entender o paradoxo está em compreender a diferença entre a verdadeira e a falsa humildade.

A falsa humildade finge que nega o valor de um feito, ao mesmo tempo que pesca elogios. Digamos, para exemplificar, que você tenha acabado de fazer o que sabe ser uma importante tarefa em um projeto em andamento. Quando seu chefe lhe diz que você fez um grande trabalho, você abaixa os olhos e responde, humildemente: "Não foi nada." Bem, tanto você como seu chefe sabem que não é nada disso; na verdade, os dois sabem que foi uma façanha. Ao se valer de uma falsa humildade, em vez de sentir verdadeiro orgulho, você está denegrindo o valor do trabalho... e sua participação nele.

Por outro lado, a verdadeira humildade reconhece o valor de uma ação, mas não assume crédito indevido. A grande oração de Maria, o *Magnificat*, é um exemplo eloqüente de verdadeira humildade. Nessa oração, Maria reconhece que "doravante, todas as épocas me proclamarão abençoada". Ela não pigarreia embaraçada com comentários do tipo: "Não, não, não fale de mim"; ao contrário, ela expressa a verdade do seu lugar na história de um modo que engrandece a Deus: "O Todo-poderoso fez grandes coisas por mim, e santo é o seu nome."

Sigamos o exemplo de verdadeira humildade de Maria e reconheçamos nossos feitos, ao mesmo tempo que reconhecemos Aquele de quem emanam todas as bênçãos.

Como eu lido com elogios? Sinto que tenho de fazer comentários autodepreciativos quando alguém me cumprimenta?

ACEITO OS ELOGIOS COM A MESMA ESPONTANEIDADE COM QUE OS FAÇO.

Não Está Mais Disponível

A artista popular Mary Englebreit pintou uma tela mostrando um homenzinho tomando o lado esquerdo de um caminho bifurcado. A legenda deste lado diz o seguinte: "A Sua Vida." A legenda do outro lado da bifurcação, o caminho não tomado, diz: "Não Está Mais Disponível." Encimando toda a cena, vêem-se estas palavras: "Não Olhe para Trás."

O quadro de Mary Englebreit retrata vivamente a dura realidade da vida. Gostamos de pensar que nada é duradouro, que sempre temos uma segunda oportunidade, mas isso simplesmente não é verdadeiro. Uma vez que tomamos determinada decisão, quer queiramos, quer não, certos caminhos se fecham para sempre.

Tomemos Maria como exemplo. Assim que ela disse sim ao anjo, outros caminhos "deixaram de ser uma opção". Ela estava destinada a tornar-se a mãe de Jesus, com todas as alegrias e tristezas que isso acarretaria.

Partimos do pressuposto de que Maria nunca se concentrou no caminho não-trilhado – porém, nesse caso, ela se beneficiou da orientação de um anjo. Para muitos de nós, a tentação de olhar para trás está sempre presente. Olhamos para os caminhos que poderíamos ter tomado e nos queixamos por ter feito o que, a nosso ver (com a clareza de uma compreensão tardia), foram escolhas "erradas".

Se você lamenta certas decisões e escolhas passadas, passe algum tempo avaliando-as, peça perdão a Deus se isso for conveniente, e depois continue a sua vida. Não é preciso lembrar a si mesmo de "ter uma vida", pois você já tem uma. Você só precisa começar a vivê-la, deixando as lamentações à margem do caminho, pois é aí o lugar delas.

Passo tempo desejando que as coisas sejam diferentes? Sinto-me prisioneiro de escolhas que fiz no passado?

COMPREENDO QUE FIZ AS MELHORES ESCOLHAS QUE PODIA, DADAS AS INFORMAÇÕES E A SABEDORIA QUE EU TINHA NA OCASIÃO.

Títulos

Rosa Mística
Sede de Sabedoria
Casa de Ouro
Arca da Aliança
Torre de Davi

Embora esses títulos históricos para Maria sejam líricos e imponentes, alguns deles soam um pouco estranhos a ouvidos modernos. Chamar Maria de Torre de Davi, por exemplo, não significa muito para a maioria das pessoas hoje em dia.

Então que novos títulos poderíamos dar a Maria? Do que poderíamos chamá-la que fosse mais relevante para nós, que vivemos na era moderna?

Que tal estes:

Coragem das Mães Solteiras. (Maria não era casada quando ficou grávida.)

Determinação das Viúvas. (José morreu muito antes dela.)

Compreensão dos Refugiados. (A Sagrada Família buscou refúgio no Egito.)

Mulher de Opinião. (Ela não mediu palavras na festa de casamento em Caná.)

Mãe Trabalhadora. (Todas as mães são mães trabalhadoras!)

Ajuda dos Aflitos. (Ela admitiu, quando encontrou Jesus no Templo, que ficara preocupada.)

Esperança para as Mães de Adolescentes. (Depois daquele pequeno incidente no Templo, Jesus crescia em "graça e sabedoria".)

Padroeira das Mães Ligeiramente Insistentes. (Em Caná, ela "insistiu" para que Jesus fizesse um milagre.)

Defensora dos que são Alvo de Críticas. (Seus vizinhos em Nazaré achavam que Jesus era louco.)

Que outros títulos para Maria você poderá acrescentar à lista?

Vejo Maria como um exemplo para as mulheres modernas?
Por que sim ou por que não?

AGRADEÇO A TODOS OS EXEMPLOS QUE RECEBO NA MINHA VIDA.

Nossa Senhora de Lourdes

Neste dia, em 1854, em Lourdes, Bernadette Soubirous, uma jovem camponesa de quatorze anos, teve a primeira do que viriam a ser dezoito visões de Maria. Nos quase 150 anos desde então, essa tranqüila gruta francesa tornou-se um dos primeiros lugares de peregrinação do mundo, aonde chegam todos os anos milhares de peregrinos que esperam e pedem por uma cura em suas águas.

Apesar de Lourdes ser o lugar de uma das mais famosas aparições de Maria, pessoas de numerosos lugares do mundo todo tiveram visões de natureza semelhante. Para muitos, as modernas aparições de Maria são uma fonte de imensa graça e consolo. Para outros — os que discutem as supostas aparições de Maria — a crença nesses sinais tem laivos de superstição. Os dois lados não chegam a um consenso. A corrente que tem como certas as aparições de Maria hoje em dia não crê na descrença de ninguém. A corrente contrária mostra-se igualmente incrédula sobre alguém poder crer.

A verdadeira questão em toda essa polêmica não é saber se as aparições de Maria são reais ou não, mas que benefício essas aparições geram. Como Jesus disse a seus discípulos: "Toda árvore boa dá bons frutos, mas a árvore má dá maus frutos." Se a crença nas palavras da profecia que Maria deve ter pronunciado gera uma mudança de atitude, uma volta aos caminhos de Deus, então quem somos nós — qualquer um de nós — para dizer que a aparição não foi real? Conforme afirmam que a própria Maria disse em Medjugorje: "Desde o princípio, estou transmitindo a mensagem de Deus ao mundo. É mesmo uma pena que não se acredite nisso. A fé é um elemento vital, mas não se pode forçar uma pessoa a crer."

É importante para mim acreditar que Maria aparece atualmente? Que "fruto" a minha crença (ou descrença) produz na minha vida?

LEVO UMA VIDA PONDERADA, GERANDO OS MELHORES FRUTOS QUE SOU CAPAZ DE PRODUZIR.

Vidas Transparentes

Um fato indiscutível com relação a Maria é que não se pode olhar para ela sem ver Jesus. Não há passagem na Bíblia em que Maria atraia a atenção apenas para si mesma; ela sempre aponta o caminho para o seu filho. É como se a sua vida fosse um véu transparente através do qual somos forçados a ver Jesus e sua mensagem de amor, perdão e salvação.

Na sua transparência, Maria nos dá um claro exemplo de como devemos viver nossa própria vida. Desde a Anunciação até o pé da cruz, Maria está sempre nos mostrando Cristo. Como Maria, cada um de nós é chamado a viver de tal modo que Cristo seja visível através de todas as nossas ações.

Há uma grande ironia em viver esse tipo de vida de transparência; quanto mais revelamos Cristo, mais nos tornamos indivíduos únicos. Maria não está perdida ou obscurecida pela revelação de seu filho. Ao contrário, ela é glorificada por isto. Da mesma forma, quanto mais nos empenhamos para trazer a mensagem de Cristo ao mundo, mais nos tornamos os indiví duos únicos que fomos criados para ser.

Esse é mais um exemplo do grande mistério do universo. Para encontrar a vida, você precisa perdê-la; para ser visto, precisa tornar-se transparente.

É transparente a minha vida? Conseguem as outras pessoas ver Jesus através de mim? De que outras formas posso fazer Jesus reviver em minha vida hoje?

VIVO DE MANEIRA SINCERA, ABERTA E TRANSPARENTE.

Oração

Jesus disse a seus discípulos,

Quando orardes, dizei: Pai, santificado seja o teu nome; venha o teu reino. O pão nosso cotidiano dá-nos a cada dia; perdoa-nos os nossos pecados, pois também nós perdoamos a todos os que nos devem. E não nos deixes cair em tentação.

Nos quase dois mil anos desde que Jesus ensinou a oração que chamamos de Pai-nosso aos seus discípulos, os cristãos têm adotado essas palavras como suas, orando ao Deus Pai e pedindo pão e perdão cotidianos.

Já que todos os discípulos de Jesus conheciam a oração, e já que Maria passou muito tempo na companhia dos discípulos, antes e depois da morte e ressurreição de seu filho, surge a pergunta: Maria rezava o Pai-nosso?

Parece provável que sim.

Porque estamos tão acostumados a pensar em Maria na sua condição gloriosa de Mãe de Deus, podemos esquecer que ela não se relacionava apenas com Jesus; também se relacionava com Deus Pai – o mesmo Pai a quem Jesus orava e ensinava seus discípulos (inclusive sua mãe!) a orar.

O que é tão notável no relacionamento de Maria com Deus é que se trata exatamente do mesmo relacionamento que cada um de nós pode ter. Assim como Maria é a filha de Deus, somos filhas e filhos desse mesmo Pai. Deus ama Maria, mas Deus também ama cada um de nós. Aos olhos do Pai, todo e qualquer filho é precioso e digno.

Creio que sou digno do amor de Deus?
Trato a mim mesmo como se eu fosse um filho de Deus?

TRATO A MIM MESMO COM O AMOR E O RESPEITO QUE UM FILHO AMADO POR DEUS MERECE.

Crítica

Nazaré era uma cidadezinha insignificante. Pessoas que vinham de Nazaré eram insignificantes.

Quando Natanael, que logo se tornaria um discípulo, ouviu falar pela primeira vez sobre um profeta e um fazedor de milagres dessa cidade, comentou: "Será que alguma coisa boa pode vir de Nazaré?"

Mesmo os habitantes de Nazaré duvidavam da possibilidade de que alguém importante viesse de sua cidade. Ao falar de Jesus, eles perguntavam depreciativamente: "Não é ele o carpinteiro, o filho de Maria e o irmão de Tiago, José, Judas e Simão? E não estão suas irmãs aqui conosco?"

Esses comentários devem ter atormentado Maria. A crítica fere — especialmente quando diz respeito à nossa família. Queremos que as pessoas gostem de nós, que pensem bem de nós, que nos aceitem. Quando elas não fazem isso, muitas vezes nos sentimos ofendidos.

A reação de Maria à crítica de seus vizinhos não está registrada nos Evangelhos. Não sabemos se ela foi para casa e disse a José: "Você ouviu o que estão dizendo sobre Jesus no mercado?" Não sabemos se ela foi até o próprio Jesus e perguntou: "O que você vai fazer a respeito dos boatos que as pessoas estão espalhando?" Não sabemos se ela simplesmente guardou seus pensamentos para si, assim como ela fez tantas outras coisas.

O modo como lidamos com a crítica dá uma medida da nossa auto-estima. Se não temos bastante confiança, as palavras dos outros podem nos destruir. Elas podem nos ferir certamente, mas os ferimentos não são fatais. Se a crítica for válida, ela pode nos induzir a pensar em auto-aperfeiçoamento. Se não for válida, podemos rejeitá-la. Em ambos os casos, não ficamos incapacitados pelo comentário alheio, porque o que os outros pensam a nosso respeito não importa. No final das contas, a única coisa que importa é o que Deus pensa de nós.

Como lido com a crítica alheia?
Minha família e meus amigos me descreveriam como hipersensível?

SEI QUE DEUS ME AMA COMO SOU, POR ISSO NÃO FICO ARRASADO COM A CRÍTICA.

Paixão

Embora nem todo mundo precise de paixão, todos nós precisamos de *uma* paixão — algo que nos faça sentir vivos, autênticos, "reais". Talvez sua paixão seja dança de salão, serigrafia ou asa-delta. Não importa qual seja a sua paixão. O que importa é que você tenha uma paixão.

Frei David Steindl-Rast escreveu em *The Music of Silence*:

> Alguém dirá, "eu me sinto reviver quando escuto música", ou "eu volto a me sentir vivo quando pratico jardinagem", ou "eu me sinto reviver quando jogo golfe". Onde quer que nos sintamos reviver, é essa a área da nossa espiritualidade. E então podemos dizer, "eu sei pelo menos como é ser espiritual nessa área".

Maria deve ter tido alguma paixão. Talvez fosse espremer e secar plantas silvestres ou cardar a lã mais alva que pudesse encontrar para uma túnica. Talvez fosse cantar nas colinas. Não sabemos qual era a sua paixão, mas sabemos que ela deve ter tido uma.

Como sabemos que Maria teve uma paixão? É simples: pessoas sem paixão parecem não ter espiritualidade e também são chatas; e Maria era tudo menos chata e destituída de espiritualidade. Mesmo nas breves descrições que encontramos dela no Evangelho, ela emerge como uma mulher de grande santidade, determinação e — positivamente — paixão.

Além disso, nas suas aparições no mundo todo, Maria demonstra vibrantemente sua paixão predominante, compulsiva.

E qual é ela?, você poderia perguntar.

Ora, nada menos do que a salvação de toda a humanidade através das obras de seu filho Jesus.

Qual é a minha paixão? Se não tenho uma paixão no momento, que coisa estou interessado em explorar?

CELEBRO MINHA PAIXÃO COM TODO O MEU SER.

Rotina

Por mais que lutemos contra o fato, a maioria de nós funciona mais produtivamente com algum tipo de rotina em nossa vida. Pense no que é ter um dia de folga no meio da semana. Não parece o dia seguinte uma segunda-feira, não importa que dia realmente seja?

Uma das razões de nos sairmos melhor com uma rotina é porque a rotina proporciona organização. Quando deixamos partes de nossa vida no "piloto automático", não temos de reavaliar constantemente nosso lugar e nossa posição. De fato, uma rotina freqüentemente nos dá a liberdade de focalizar nossa atenção em outros aspectos mais criativos da nossa vida.

Devido à época e ao lugar em que viveu, Maria tinha de ter uma rotina. Só com candeias de azeite para iluminar a escuridão, sua hora de dormir costumava chegar logo depois que o Sol se punha. Por que o mercado só abria em determinados dias, ela tinha de fazer compras em datas fixadas. Dispomos de mais opções do que Maria dispunha para não ter uma rotina rígida, apesar do nosso trabalho contínuo e de nossas obrigações familiares. Só por brincadeira, imagine como seria o seu dia ideal. Planeje as atividades que gostaria de incorporar à sua rotina, tais como exercício físico e leitura espiritual. Assim que você tiver esquematizado seu dia, pergunte a si mesmo se poderia fazer desse dia uma realidade — e então faça-o!

Como eu me sinto em relação à rotina em minha vida? É uma rotina que escolhi conscientemente ou uma rotina que me foi imposta? Que mudanças positivas posso fazer em minha rotina?

VIVO DE ACORDO COM A ROTINA QUE MELHOR ME CONVÉM.

Perdoar a Si Mesmo

Nós todos cometemos erros.

Cometemos erros porque não temos informação suficiente, porque agimos com base em velhos modelos de comportamento aprendidos na infância, porque fazemos suposições erradas.

Cometemos erros porque somos humanos, e errar é humano.

Para superar nossos erros, precisamos fazer duas coisas: primeiro, precisamos reconhecer nossos erros; segundo, precisamos perdoar a nós mesmos.

Perdoar a si mesmo é mais difícil do que perdoar os outros. É relativamente fácil ser magnânimo e estender o perdão a uma outra pessoa, especialmente se essa pessoa pediu nosso perdão. No entanto, nossos próprios erros continuam a causar dor e irritação, impregnando nossa alma como produtos químicos tóxicos num aterro. Descarregar mais sujeira em cima só adia o inevitável. Temos de expor os erros, reconhecê-los como o material corrosivo que são e desembaraçar-nos deles adequadamente através do próprio perdão.

É muito fácil supor que Maria nunca cometeu um erro e que, por isso, nunca precisou perdoar a si mesma. Mas um erro não é a mesma coisa que um pecado. A teologia mariana tradicional ensina que Maria nunca cometeu um pecado, mas não diz coisa alguma sobre cometer um erro. Com efeito, a história do encontro de Jesus no templo prova o contrário. Maria cometeu um erro em não saber onde Jesus estava quando a caravana voltava a Nazaré. Por causa do seu erro, ela e José passaram três dias procurando por seu filho. Mas o erro dela não foi um pecado.

Maria teve de perdoar a si mesma pelo seu erro, assim como devemos perdoar a nós mesmos pelos nossos.

Trato os meus próprios erros mais duramente do que trato os erros dos outros?

ACEITO O BÁLSAMO DE CURA DO MEU PRÓPRIO PERDÃO.

Nada É Impossível

Numa de suas aparições em Medjugorje, acredita-se que Maria tenha dito: "Na prece está a solução para qualquer situação, mesmo que ela seja insolúvel."

Essas palavras fazem eco às palavras do anjo Gabriel na Anunciação ("pois nada será impossível a Deus"), bem como às próprias palavras de Jesus aos seus discípulos sobre o caminho para a salvação ("Para os seres humanos, isto é impossível, mas para Deus tudo é possível").

Tudo é possível com Deus. Nada, absolutamente nada, é impossível para Deus. Se realmente acreditássemos nas palavras de Gabriel a Maria e nas palavras de Jesus aos seus discípulos, poderíamos transformar e, com certeza, transformaríamos nossa vida. Mas não acreditamos que todas as coisas são possíveis porque nós, com nossa visão limitada, não vemos um meio de fazer nossos sonhos acontecer. Não conseguimos visualizar de que modo aquilo que parece impossível pode de fato ocorrer.

Os recursos de Deus, porém, são ilimitados. Deus pode tornar fértil uma virgem e Deus pode achar um meio de realizar os nossos desejos mais íntimos – basta que estejamos dispostos a acreditar que nada é impossível quando nos entregamos a Deus.

Há alguma mudança na minha vida que eu quero que aconteça, mas que eu acho impossível? Tenho pedido a Deus para realizar o impossível para mim? Creio que Deus realmente pode fazer todas as coisas?

ACREDITO QUE DEUS FARÁ O IMPOSSÍVEL PARA MIM SE EU LHE DER A CONHECER MINHAS NECESSIDADES.

Mágoas

Tendo ficado do lado de fora [a mãe e os irmãos de Jesus], mandaram chamá-lo. Havia muita gente sentada ao redor dele, e lhe disseram: "Tua mãe e teus irmãos [e irmãs] estão lá fora e te procuram".
Então ele lhes respondeu, dizendo: "Quem é minha mãe? e meus irmãos?"
E correndo o olhar pelos que estavam assentados ao redor, disse: "Eis minha mãe e meus irmãos. [Pois] qualquer um que fizer a vontade de Deus, esse é meu irmão, irmã e mãe."

MARCOS 3: 31-35

Maria teve sentimentos de mágoa quando Jesus disse que qualquer um que fizesse a vontade de Deus seria seu irmão, irmã e mãe? Será que ela se sentiu um pouco zangada por ele não se mostrar disposto a admitir publicamente o lugar especial dela na vida do filho?

É fácil supor que, uma vez que Jesus não podia pecar, não podia fazer coisa alguma que magoasse os sentimentos de alguém. Isso não só é uma lógica que anda em círculos – é também claramente falso. Magoar os sentimentos de alguém não é a mesma coisa que pecar. A não ser que Jesus se pusesse deliberadamente a ofender sua mãe (o que obviamente não fez), ele não era responsável pelos sentimentos dela. Jesus estava simplesmente falando a verdade e, às vezes, a verdade dói.

Então, Maria se magoou? Talvez, por um momento – mas, depois, porque ela era uma mulher de excepcional sabedoria e discernimento, deve ter compreendido a verdade da afirmação de Jesus, deixando que essa verdade a libertasse de sentimentos feridos.

Meus sentimentos são feridos com freqüência? Sou sensível demais às críticas? O que faço quando as pessoas me magoam?

QUANDO ME DIZEM A VERDADE, NÃO ME OFENDO; AO CONTRÁRIO, ACEITO A INSTRUÇÃO QUE ME ESTÁ SENDO DADA.

Vida Comum

A casa de Maria, José e Jesus provavelmente era feita de tijolos de barro sobre alicerces de pedra calcária. Uma plataforma suspensa seria usada como quarto de dormir e sala de refeições, servindo o restante da casa para armazenamento de grãos e alojamento de animais domésticos. O telhado plano seria usado como um espaço adicional para armazenamento, além de servir de confortável aposento usado para hospedagem, como sala de jantar e quarto de dormir.

Como parte de suas obrigações domésticas regulares, Maria manteria limpa a pequena casa deles. Será que alguma vez ela teve de mandar Jesus limpar os pés porque ela acabara de varrer o chão e ele estava deixando um rastro de lama pela casa? Será que alguma vez ela suspirou quando José, distraidamente, deixou cair serragem nas esteiras de dormir? Será que alguma vez desejou ter uma casa que não precisasse de limpeza?

Temos a tendência de achar que ser santo é estar acima da prática comum do serviço doméstico. Mas é justamente nas coisas comuns que descobrimos nosso verdadeiro ser.

Em seu livro *Spiritual Literacy*, Frederic e Mary Ann Brussat nos animam a "procurar descobrir o significado de acontecimentos aparentemente comuns e insignificantes... Algumas das jornadas espirituais mais gratificantes são as que empreendemos no nosso próprio quarteirão".

O chão da casa de Maria não era varrido por anjos, mas, ao varrer o chão, ao acender o fogo e esvaziar os vasos de noite, Maria santificava o seu lar. Nós podemos fazer o mesmo, quer vivamos sozinhos ou com muitas outras pessoas. É pelo trabalho de nossas mãos que criamos lugares e pessoas sagrados.

Considero todo trabalho como parte da minha jornada espiritual? Considero que algumas tarefas e ocupações são mais "espirituais" do que outras?

VEJO O ESPIRITUAL EM TUDO O QUE FAÇO.

O Senhor da Dança

Se você já dançou rumba, tango ou valsa, sabe que o termo conduzir é uma designação um tanto incorreta. Aquele que conduz não obriga exatamente seu parceiro a seguir, mas sobretudo o deixa dançar simplesmente seus próprios passos. O parceiro então tem duas escolhas – dançar sua parte ou parar totalmente de dançar.

Nosso relacionamento com Deus, o Senhor da Dança, é como uma dança de salão. Deus toma a iniciativa, dançando os passos do amor divino; e quando estamos em estado de graça, nós, os seguidores, respondemos com nossos próprios passos combinados. Quando estamos fora de sintonia – na condição que os teólogos denominam em estado de pecado – nos atrapalhamos e é possível até que façamos interromper a dança. Deus pode continuar a conduzir, mas não o seguimos mais.

O drama da Anunciação nos mostra como a dança divina deve ser executada. Deus tomou a iniciativa, convidando Maria para a pista de dança. ("O anjo Gabriel foi enviado por Deus a uma cidade da Galiléia chamada Nazaré, até uma virgem [chamada] Maria.") Depois que Deus explicou o ritmo da dança ("Conceberás e darás à luz um filho, a quem chamarás pelo nome de Jesus"), Maria teve oportunidade de responder. Ela estendeu as mãos e entrou na pista. ("Aqui está a serva do Senhor. Que se cumpra em mim conforme a tua palavra.") Nesse momento, os céus se alegraram e a dança começou.

Estou disposto a deixar que Deus tome a iniciativa na minha vida?
Procuro "conduzir" Deus, ou deixo que Deus me "conduza"?

CANTO PARA DEUS, FAÇO MÚSICA EM NOME DE DEUS, CONSTRUO UMA ESTRADA PARA O CAVALEIRO DAS NUVENS, ALEGRO-ME E DANÇO DIANTE DE DEUS.

Nomes

Referimo-nos à mãe de Jesus pelo nome de Maria, mas seu nome pode ser traduzido mais corretamente como Míriam. Vários significados são dados ao nome Míriam, ou Maria. Amargura, fertilidade e incenso real estão entre eles.

Quando pensamos na vida de Maria, vemos que todas as três denominações são adequadas. Ela com certeza conheceu a tristeza amarga pela morte de seu filho e a riqueza da cura e dos ensinamentos dele enquanto viveu na Terra. Agora, no céu, ela é reverenciada como a Mãe Rainha, digna de incenso real.

O que significa o seu nome? Você já procurou o significado dele num dicionário? Às vezes, quando aprendemos o significado do nome de uma pessoa muito tempo depois que passamos a conhecê-la, o nome parece ter sido uma inspiração divina. Um Mateus realmente é "um dom de Deus" talvez, ou uma Linda realmente é uma "beleza". Uma Jennifer transpira todas as qualidades de uma "fina senhora", ou a vida de um Kevin é marcada pela "bondade".

Se você pudesse escolher um nome, que nome escolheria? Só por brincadeira, procure dar a si mesmo um pseudônimo. Anote-o. Imagine-se como o seu novo nome. Um nome diferente altera a maneira como você se sente a respeito de si mesmo e de suas capacidades?

Seja qual for o seu nome, lembre-se sempre de que Deus chama cada um de nós individualmente, pelo nome. Cabe a nós ouvir o chamado e reconhecer nosso nome quando for pronunciado.

Já ouvi Deus chamar o meu nome?

OUÇO O CHAMADO DE DEUS, E RESPONDO QUANDO OUÇO DEUS PRONUNCIAR O MEU NOME.

Pais

Obviamente, Jesus e Maria tiveram um relacionamento razoavelmente normal entre mãe e filho. Como prova disso, pense no momento em que Maria e José finalmente localizaram Jesus no Templo de Jerusalém.

Eles dobraram uma esquina e viram Jesus conversando com doutores da lei. Ficaram tão aliviados, que não sabiam se o abraçavam ou repreendiam. Seja como for, eles se deram conta de que estavam no Templo e precisavam manter um certo decoro.

No entanto, a tensão na voz de Maria transcende os séculos: "Jesus, meu filho, o que você está fazendo aqui? Por que fez isso conosco? Você não sabe que estávamos procurando você por toda parte (podemos imaginar a voz de Maria elevando-se um pouco mais neste ponto)? Achamos que estivesse com seus primos na caravana, mas quando acampamos na primeira noite você não estava lá. Você tem alguma explicação para o seu comportamento?"

E Jesus respondeu com o mesmo espanto que caracteriza muitos adolescentes: "E daí? Não sabiam que eu estaria aqui no Templo, na casa de meu Pai?"

Suspeitamos que Maria tenha dito algo assim: "Não, não tínhamos nem uma idéia de onde você estava. Se soubéssemos, não teríamos passado três dias à sua procura."

Depois, ela certamente se desculpou com os doutores, que, se já estavam admirados com Jesus e sua sabedoria, então ficaram complemente pasmos com a mãe dele.

A viagem de volta a Nazaré provavelmente não foi muito divertida para nenhum deles, mas é um consolo saber que todas as mães e todos os filhos têm os mesmos tipos de conflitos — ainda que a mãe seja Maria e o filho seja Jesus.

Se tenho filhos, como me relaciono com eles?
Como me relaciono com os meus pais?

EU SEI QUE DEUS, MEU PAI AMOROSO, NUNCA SE ENGANA COM A MINHA VIDA.

Estrelas

Olhamos para o céu e vemos, nas palavras do falecido Carl Sagan, "bilhões e bilhões de estrelas". Esses pontos de luz no firmamento representam um mistério, mesmo para os cientistas. Astrônomos podem discutir as estrelas em termos de sua composição, tamanho, temperatura e de outros cálculos científicos precisos mas, mesmo assim, o mistério delas permanece.

As próprias estrelas geram muitas questões: O que há realmente lá fora? Existem outros mundos com outras formas de vida? Como nos enquadramos no conjunto da criação? Como Deus interage com o universo?

Apesar da informação científica que possuímos a respeito das estrelas, só o mais insensível dos corações não se deixa cativar pela maravilha que vemos quando fitamos a abóbada celeste pontilhada de luzes cintilantes.

Vivemos num mundo impregnado de prodígios espirituais. As aparições de Maria em lugares como Fátima e Lourdes (além de dezenas de outros lugares ao redor do globo terrestre) são parte desse prodígio espiritual. Rigorosa investigação de videntes e visionários que dizem ter visto Maria, o exame escrupuloso das provas materiais (como as estátuas que choram) e relatos de testemunhas oculares — toda essa pompa científica — podem desacreditar algumas das alegações fraudulentas, mas pouco podem fazer para comprovar as aparições de Maria. Essas aparições, assim como o esplendor das estrelas, são algo que não pode ser dissecado; ao contrário, são algo que inspira reverência e assombro espirituais.

Quando foi a última vez que senti verdadeiro assombro diante do esplendor do universo?

SEI QUE O MUNDO ESTÁ CHEIO DE MARAVILHAS,
E SEI QUE TENHO UM LUGAR DENTRO DESSA MARAVILHA.

Tempo

Uma coisa que a vida de Maria nos ensina é que os caminhos de Deus não são os nossos caminhos e que o tempo de Deus não é o nosso tempo. É altamente improvável que Maria tivesse escolhido dar à luz num estábulo, a quilômetros de distância de sua mãe e de outros parentes. E, no entanto, foi esse o lugar que Deus escolheu. Quando nos surpreendemos querendo saber por que determinadas coisas acontecem do jeito que acontecem, é útil recordarmos as palavras de Qoheleth, filho de Davi – palavras que a própria Maria certamente teria conhecido e pronunciado como parte da sua educação do Templo:

Tudo tem o seu tempo determinado, e há tempo para todo propósito debaixo do céu.

Há tempo de nascer, e tempo de morrer; tempo de plantar, e tempo de arrancar o que se plantou.

Tempo de matar, e tempo de curar; tempo de destruir, e tempo de construir.

Tempo de chorar, e tempo de rir; tempo de prantear, e tempo de dançar.

Tempo de atirar pedras, e tempo de recolher pedras; tempo de abraçar, e tempo de se separar.

Tempo de buscar, e tempo de perder; tempo de guardar, e tempo de jogar fora.

Tempo de rasgar, e tempo de costurar; tempo de estar calado, e tempo de falar.

Tempo de amar, e tempo de odiar; tempo de guerra, e tempo de paz.

Confio no tempo que Deus concedeu para a minha vida?

ACREDITO QUE TODAS AS COISAS ACONTECEM NO MOMENTO CERTO.

Visionários

A quem Maria já apareceu?

Juan Diego era um pobre camponês asteca.

Bernadette Soubirous era uma moça doentia de uma família sem reputação.

Lúcia, Francisco e Jacinta eram jovens e incultos pastores portugueses.

Maria raramente se mostra para os ricos, os poderosos ou os influentes. Em vez disso, ela escolhe as mais improváveis de todas as pessoas. Em geral (mas nem sempre), os videntes são jovens, porque os jovens não se acham tão desgastados e não são tão cínicos quanto os idosos e, por conseguinte, não é provável que rejeitem a aparição de Maria como a conseqüência do alimento condimentado demais ingerido na noite anterior.

Um dos fatos mais interessantes sobre videntes é que sua vida exterior não sofreu radical mudança depois das visões. Eles continuam sendo pessoas "reais", com gostos e aversões reais, apesar de terem visto e conversado com Maria. Sua vida de oração fica mais intensa, é certo, mas em geral não se torna radicalmente diferente. Videntes podem assistir à missa com mais freqüência, rezar o Rosário mais vezes e passar mais tempo lendo a Bíblia e orando depois de suas visões, mas os caminhos espirituais que trilham são os que todos nós podemos trilhar.

Os que viram Maria nos ensinam duas lições importantes. Primeiro, a fé genuína não muda o ser que eu sou; ela o intensifica. Segundo, mesmo quando vivemos um grande milagre, ainda assim temos de encontrar a fé todos os dias pelos meios comuns da oração e da devoção.

O que eu faria se tivesse uma visão de Maria?
Desejo ou espero estar presente quando Maria aparecer?

EU ACREDITO EM MILAGRES.

Inverno

[Ah! pois o tempo sem descanso leva a estio
Ao coração do inverno odioso, onde o oblitera;
As tenras folhas vão-se; a seiva, estanca-a o frio;
Jaz nevada a beleza, e a desnudez impera.]
(Trad. de Péricles Eugênio da Silva Ramos)

SHAKESPEARE, SONETO 5

Mesmo nos climas em que o Sol brilha o ano todo, o inverno é equiparado à neve, ao frio e à "desolação [da natureza] em toda parte". Na Galiléia, onde Maria viveu, seria improvável que nevasse, mas Maria poderia muito bem ter visto alguma neve no alto das montanhas. No mínimo, ela teria familiaridade com referências como esta do Salmo 147: "Pois ele dá a neve como lã, e espalha a geada como cinza."

Pouco importa que Maria nunca tivesse feito uma bola de neve. Ainda assim é certo que ela conheceu o inverno.

Nós *todos* o conhecemos. O inverno não são apenas rajadas gélidas e "beleza coberta de neve"; ele abrange o frio vazio que vem de todos nós. Maria, sendo humana, deve ter tido momentos em que, como Santo Agostinho, orou: "Deus da vida, há dias em que o fardo que carregamos nos esfola o ombro e nos abate; em que a estrada parece sombria e sem fim; o céu, cinzento e ameaçador; dias em que não há música na nossa vida e nosso coração está solitário, e nossa alma perdeu a coragem. Inundai o caminho de luz, nós vos imploramos; voltai nossos olhos para onde o céu está cheio de promessa."

No inverno de nossa alma, junto com Maria e Santo Agostinho, sempre "voltemos nossos olhos para onde o céu está cheio de promessas".

Alguma vez já me senti oprimido pelo fardo da vida?
Sinto-me como se estivesse preso num inverno interminável?

SEI QUE PARA TODO INVERNO EXISTE UMA PRIMAVERA.

Avós

Um antigo texto chamado a *Natividade de Maria* (por vezes referido como o *Proto-evangelho de Tiago*) alega fornecer detalhes do próprio nascimento e infância de Maria. Embora jamais aceito como Escritura sagrada, a *Natividade* tem exercido grande influência sobre muitas das tradições que cercam Maria.

De acordo com esse texto, os pais de Maria se chamavam Ana e Joaquim. Quer esses fossem ou não seus verdadeiros nomes, isso não importa. O que importa é que foram os avós de Jesus.

Nossos avós constituem um elo palpável com o nosso passado. Neles, vemos de onde viemos, não só num sentido físico, mas também espiritual. Os avós podem muitas vezes transmitir informações essenciais sobre a vida, diminuindo as diferenças entre as gerações que os pais não podem.

Não sabemos, é claro, o que Ana e Joaquim ensinaram a Jesus, ou mesmo se eles estavam vivos quando Jesus nasceu. No entanto, supondo que estivessem vivos, podemos imaginar que Joaquim tenha-lhe contado algumas das grandes histórias da Escritura, explicado os rituais sacerdotais da fé judaica (já que se acredita que ele próprio tenha sido um sacerdote) e contado a Jesus como era a vida "nos bons velhos tempos" antes da ocupação romana. Talvez Ana preparasse para Jesus algum prato especial da "vovó", ficasse com ele enquanto Maria ia ao mercado e ouvisse com atenção as esperanças e sonhos dele. Em suma, Ana e Joaquim provavelmente se comportavam exatamente como devem fazer os avós.

Que papel seus avós desempenharam em sua vida?

AGRADEÇO AO LEGADO DOS MEUS ANCESTRAIS, INCLUINDO MEUS AVÓS.

Rosas

A rosa é uma das flores mais populares do mundo. Mais de treze mil variedades já foram identificadas, indo desde a elegante rosa-chá até a rosa selvagem que cresce muito. Há séculos essa flor fragrante tem sido o símbolo da pureza, da fidelidade e do amor.

Aproximadamente no ano 600 a.C., a famosa poeta grega Safo escreveu estas palavras:

> Se Júpiter nomeasse alguma flor para reinar
> No prado, em incomparável beleza
> Essa flor deveria ser a rosa (muitos hão de concordar),
> A Rosa, a Rainha das Flores.

Devido ao proeminente lugar da rosa na horticultura, parece apropriado que muitos dos títulos tradicionais incorporem a palavra rosa. Entre os títulos mais famosos de Maria estão Rosa de Sharon, Rosa Mística e Rosa Sempre Florida. Assim como a rosa é a Rainha das Flores, Maria é a Rainha do Céu.

Uma maneira de termos uma relação mais concreta com Maria consiste em incorporarmos rosas ou fragrâncias de rosa à nossa vida cotidiana. Talvez da próxima vez que você tiver de tomar uma decisão importante, poderá acender uma vela com aroma de rosa e pedir a Maria que reze para que você tenha a sabedoria e o discernimento necessários. Ou guarde um pequeno frasco de creme para as mãos com essência de rosa na sua gaveta mais usada e pense em Maria quando aplicá-lo durante sua rotina diária.

Como posso deixar que Maria se torne uma influência maior na minha vida? De que maneiras poderei trazer um pouco da beleza da Rosa do Céu para o meu ambiente cotidiano?

RESERVO UM TEMPO PARA "SENTIR O CHEIRO DAS ROSAS".

O Sabá

Os Dez Mandamentos estão relacionados no capítulo 20 do livro do Êxodo. A maioria das advertências ocupam um único verso, mas o mandamento "Santifique o Sábado" ocupa quatro longos e detalhados versos.

Guardar o Sabá era um elemento essencial da lei judaica durante a época de Jesus. Visto que o próprio Jesus guardava o Sabá, é impensável achar que sua mãe não o guardasse.

O Sabá (ou Sabat) fazia Maria e Jesus recordarem — e, por extensão, todos nós — das promessas feitas por Deus. Ele nos dá, como deu a eles, uma oportunidade de nos distanciarmos de nossa vida e preocupações cotidianas enquanto avaliamos o que estamos fazendo para trazer paz e justiça ao mundo. Ele era, e é, um dia de descanso tanto para os seres humanos como para os animais — um dia reservado para restauração e renovação.

Hoje, com a vida atarefada que a maioria de nós leva, em geral temos dois dias no final de semana para descanso. Mas quase sempre, meramente trocamos uma espécie de ocupação por outra. Voltamos ao trabalho na segunda-feira, exaustos por esse "tempo de folga".

Esta semana, por que não "santificamos o Sabá"? Reserve um dia para quebrar a rotina comum. Dê um passeio. Passe algum tempo rezando. Prepare algum alimento especial que exija preparo lento, como, por exemplo, pão caseiro. Tire uma soneca. Leia.

As opções são ilimitadas. Os únicos critérios que as atividades do seu Sabá precisam satisfazer são estes: elas devem sair fora de sua rotina semanal comum, e devem dar-lhe prazer. Ao escolher essas atividades, você começará a entender que santificar o Sabá realmente significa manter o coração voltado para Deus.

Poderei "guardar o Sabá" este final de semana?
O que farei para santificar esse dia?

APROVEITO O TEMPO QUE DEUS ORDENOU PARA DESCANSO
E RENOVAÇÃO SEM ME SENTIR CULPADO.

Sacred Versus Scared

PERGUNTA: Qual é a diferença [em inglês] entre *sacred* (sagrado) e *scared* (assustado)?
RESPOSTA: A posição das letras *a* e *c* nas palavras [em inglês].

Brincadeiras à parte, os conceitos de *sagrado* e de *assustado* estão estritamente relacionados. O sagrado pode nos fazer sentir assustados, visto que investigar o reino do sagrado é vislumbrar a realidade que existe além dos limites de nossos sentidos. Pouco surpreende, pois, que quase toda vez que um anjo aparece, as primeiras palavras que ele diz são: "Não temas."

As aparições de Maria, porém, nos mostram que o sagrado não precisa ser assustador. Os que vêem Maria, quase sempre comentam sobre a luz que a cerca – uma luz que brilha mais do que o Sol, mas não causa dano à visão. Além do mais, os videntes em geral expressam uma sensação de grande tristeza quando as visões cessam – uma tristeza acompanhada de um desejo forte de ver Maria mais uma vez.

Encontrar o sagrado – quer seja uma visão de Maria, através da prece diária, nos rituais litúrgicos da Igreja ou num santuário – sempre cria uma mudança em nós; e essa mudança pode ser assustadora. É muito mais fácil manter o *status quo* do que permitir deixar que Deus entre na nossa realidade cotidiana e vire as coisas do avesso. Pois, uma vez que o sagrado entre na vida de uma pessoa, a única garantia que se tem é que as coisas viram do avesso.

Pergunte a Maria!

De que modo Deus entrou na minha vida hoje?
Vejo a presença de Deus como algo sagrado ou como algo assustador?

NÃO ESTOU ASSUSTADO COM O SAGRADO.

Caravanas

Uma das eternas imagens do deserto é uma caravana de camelos e viajantes atravessando o areal interminável. A maioria das caravanas eram constituídas, dois milênios atrás, de mercadores que transportavam mercadorias entre centros de comércio em todo o Oriente Médio. As caravanas, porém, não eram usadas exclusivamente por comerciantes. Já que o deserto era perigoso, viajantes comuns freqüentemente se juntavam a uma caravana que seguia para onde queriam ir, a fim de se proteger de ladrões e de outros perigos. Embora estar em grupo não fosse garantia de segurança, pelo menos havia algum conforto em números.

José e Maria fizeram parte de uma caravana no caminho de volta a Nazaré, partindo de Jerusalém, onde Jesus ficara para trás no Templo. O tamanho do grupo foi indicado por Lucas, que escreveu: "Pensando estar ele entre os companheiros de viagem, andaram o caminho de um dia, e puseram-se a procurá-lo entre os parentes e os conhecidos." O grupo devia ser razoavelmente grande, pois Maria e José tiveram de procurar por Jesus um dia inteiro. Somente quando começaram a procurá-lo a sério é que eles se deram conta do seu verdadeiro desaparecimento.

Não é o que às vezes acontece conosco? Não sabemos que alguma coisa está nos faltando enquanto não começamos a procurar por ela. No caso das questões espirituais, podemos continuar viajando na caravana da vida, atentando para os perigos da estrada, e só perceber que está nos faltando o elemento mais importante da nossa vida quando paramos para avaliar a situação. Então, a exemplo de Maria e de José, talvez tenhamos de refazer nossos passos e procurar diligentemente até encontrar o que perdemos. A boa notícia, no entanto, é que do mesmo modo como Maria e José encontraram Jesus na "casa do Pai dele", nós também poderemos encontrar o que estamos procurando na casa do *nosso* Pai.

Tenho negligenciado o meu lado espiritual?
Deixo-me distrair pelos cuidados da jornada da vida?

SEI QUE ENCONTRAREI DEUS QUANDO O PROCURAR SINCERAMENTE.

Morte

Maria morreu de verdade?

Essa pergunta parece esquisita, mas tem incomodado os teólogos há séculos. A denominação oficial para a passagem de Maria deste mundo para o reino de Deus é a Dormição, do latim *dormire*, "dormir". Alguns estudiosos afirmam que Maria não morreu, que ela simplesmente adormeceu, despertando presumivelmente a caminho do céu. Outros afirmam que ela realmente morreu, assim como todas as criaturas vivas devem morrer. Mesmo quando o Papa Pio XII definiu solenemente a doutrina da Assunção, que diz que Maria foi levada de corpo e alma para o céu, ele deixou essa questão em aberto.

Parece que os que preferem que Maria tenha entrado no céu sem antes ter morrido querem conferir-lhe uma honra desnecessária. A morte não é um mal a ser evitado; representa, de preferência, a passagem para uma pós-vida. De muitas maneiras, a morte é como o nascimento: ambos são processos naturais cercados de mistério, e ambos resultam numa dimensão inteiramente nova de vida. Desde que Maria veio a este mundo de uma forma comum, natural, parece provável que ela tenha nascido para o outro mundo de uma forma comum e natural.

Ademais, a vida inteira de Maria serve de orientação para nós — uma testemunha do caminho da santidade possível para todo ser humano. Pensar que Maria não conheceu a morte é acreditar que ela não viveu inteiramente a vida. Apesar de os teólogos debaterem infinitamente a questão, para aqueles dentre nós que buscam imitar Maria, a idéia de que ela é nosso guia em todos os estágios da vida — incluindo na morte — é um supremo consolo.

Temo a morte? Tenho medo do sofrimento da morte,
ou tenho medo da própria morte?

VIVO MINHA VIDA DE TAL FORMA QUE A MORTE NÃO ME ATORMENTA.

Afirmação

Qual a diferença entre ser agressivo e ser afirmativo?

Um dicionário consultado define mostrar *agressão* como "ser positivo" e mostra afirmação como a qualidade de "ser positivo". Eis um bom exemplo de lógica circular! Em termos práticos, contudo, ser chamado de *agressivo* é um insulto, enquanto que ser chamado de positivo é um elogio. O adjetivo agressivo geralmente descreve uma pessoa insistente e hostil. Positivo, por outro lado, indica alguém que é definido e lúcido sem ser hostil.

Maria muitas vezes foi positiva, mas jamais agressiva. Atente para a maneira como ela tratou os servos nas bodas de casamento em Caná. "Fazei tudo o que ele vos disser", ela ordenou. E veja o modo como ela tratou o filho na mesma ocasião. "Eles não têm vinho", ela disse a Jesus intencionalmente. Quando Jesus respondeu: "Mulher, que tenho eu contigo? Ainda não é chegada a minha hora", ela não desanimou. Ela sabia que ele faria o que ela havia pedido.

A defesa de seus direitos e de seus interesses, e até mesmo a afirmação de seus desejos são sinais de uma saudável auto-estima. Todavia, a religião amiúde tem sido usada para convencer as mulheres de que elas devem ser capachos, submissas até a anulação de si mesmas. Maria, o modelo das mulheres, dificilmente terá sido um capacho. Ora, por que deveriam as mulheres — de fato, por que alguém deveria — procurar tornar-se algo que a própria Maria não foi? Se Maria pode ser afirmativa sem ser agressiva, nós todos podemos.

Tenho medo de ser visto como agressivo se eu falar o que estou pensando?
Sou da opinião de que ser submisso é, de algum modo,
um comportamento mais santo do que ser positivo?

SOU POSITIVO MAS NUNCA AGRESSIVO.

Comodismo Seguro

Um clássico do desenho animado mostra um passarinho dentro de uma enorme gaiola numa ilha tropical. Do lado de fora da gaiola aberta, há flamingos alimentando-se e palmeiras balançando na brisa. A legenda diz o seguinte: "Ganhar na loteria mudou a vida dele mas, estranhamente, às vezes, Chico ainda se sente insatisfeito."

Chico estava preso na sua zona de segurança. Ainda que pudesse deixar a gaiola a qualquer hora, ele preferiu continuar dentro das fronteiras confortáveis, conhecidas.

Às vezes somos como Chico. Ainda que Deus nos tenha dado os recursos de que precisamos para sermos libertados no Espírito, preferimos ficar seguros, em vez de voar livres.

A segurança parece *cômoda*. Ela nos permite conservar o *status quo*, sem fazer nada que crie problemas e sem correr riscos. Mas, a não ser que estejamos dispostos a deixar nosso comodismo seguro, não poderemos mudar nem crescer. E qualquer ser vivo que não cresça morre.

As ações de Maria demonstram a absoluta necessidade de deixar esse comodismo seguro a fim de crescer. Teria sido muito mais "seguro" para ela dizer ao anjo que voltasse correndo para o céu; porém ela deixou de lado o comodismo, bem como o de sua cultura, dizendo: "Faça-se em mim, segundo a tua palavra." Ao fazer isso, Maria não só se realizou pessoalmente, mas também aceitou que o desígnio de Deus se realizasse para toda a humanidade.

Estou disposto a correr riscos para crescer?
Não desfruto a vida porque tenho medo de deixar a zona
do meu comodismo e segurança?

PERCEBO QUE QUALQUER CRESCIMENTO EXIGE DISPOSIÇÃO PARA ABDICAR DE UM COMODISMO SEGURO.

8 DE MARÇO

Alegria

I can wade grief
Whole pools of it
I'm used to that
But the least push of joy
Breaks up my feet

EMILY DICKINSON

[Posso vadear a mágoa / Poças inteiras de mágoa / Estou acostumada a isso / Mas o menor empurrão de alegria / Desorienta meus pés.]

Como Emily Dickinson, muitos de nós se esmeram em vadear sua mágoa até que se tornam tão bons nisso, que tropeçam e caem quando surge um pingo de alegria.

Embora a vida de Maria seja a prova de que todos nós devemos beber do cálice da tristeza, sua vida também oferece estímulo para que possamos beber igualmente da taça da alegria.

Pelo menos sete alegrias de Maria são comemoradas: a Anunciação, a Visitação, o Nascimento de Jesus, a Adoração dos Magos, a Apresentação no Templo, a Ressurreição e a Assunção. Embora estes sejam os *grandes* eventos jubilosos da vida de Maria, inegavelmente ela teve outras alegrias menores.

Preparando um pão com perfeição, observando a primavera desabrochar nas colinas em torno de Nazaré, aspirando o ar depois de uma chuva matinal, Maria também deve ter-se alegrado com estes prazeres simples.

Para apreciar a alegria em nossa vida, devemos primeiramente procurá-la, concentrar-nos em todos os impulsos de alegria que surgem no decorrer de nossa vida, em vez de procurar todas as poças de tristeza.

O que me dá mais alegria?
De que maneiras posso me tornar uma fonte de alegria para os outros?

ESTOU CHEIO DE *JOIE DE VIVRE.*

Serva do Senhor

O comentário de Maria: "Eis aqui a serva do Senhor. Faça-se em mim segundo a tua palavra" parece um tanto estranho aos nossos ouvidos modernos. Afinal de contas, não existem mais servos. De fato, a maioria de nós não saberia o que fazer com um servo se lhe fosse dado um. O mais próximo disso a que podemos chegar é um criado – mas mesmo nesse caso a maioria de nós também não tem criados.

Isso nos leva a uma outra questão: Por que Maria chama a si mesma de serva ou criada? Numa cultura em que os criados tinham pouquíssimos direitos, por que Maria iria colocar a si mesma nessa condição?

Para entender a resposta de Maria, devemos primeiro entender que ser um servo ou um criado não é a mesma coisa que ser um escravo. O escravo não tem nenhum direito. Toda ação de um escravo pertence ao amo. O escravo não pode, nem *ousa*, tomar decisões ou escolhas individuais. Um escravo é uma propriedade. Um criado, por outro lado, não *pertence* ao seu amo. Um criado continua sendo uma pessoa, não um item num livro-razão. Um criado escolhe servir; não é forçado a servir.

É importante entender essa diferença. Maria estava disposta a tornar-se serva de Deus, mas jamais se tornou escrava de Deus. Ela escolheu cooperar com o pedido de Deus; não foi forçada a isso.

Por meio de suas ações, Maria demonstra que Deus quer que sirvamos de livre e espontânea vontade. Deus não quer – e nunca quis – escravos. Deus deseja, ao contrário, ter servos voluntários.

Que escolhas enfrento na minha vida neste exato momento?
Confio que Deus me dá tudo de que preciso para tomar decisões sábias?

DEDICO-ME A FAZER A VONTADE DE DEUS,
NÃO PORQUE DEVO MAS PORQUE QUERO.

10 DE MARÇO

O Sono Acontece

Você alguma vez já se sentiu tão cansado, que literalmente não conseguia ficar de olhos abertos? Talvez, ao dirigir tarde da noite, você tivesse de abrir todas as janelas do carro, ligar o rádio no maior volume possível e esperar que pudesse chegar à próxima parada de descanso sem nenhum acidente. Ou talvez, ao estudar para um exame final, você tenha ficado surpreso (no meio de duas frases) ao perceber que estava dormindo com a cabeça pousada sobre a mesa.

O corpo humano pode ficar sem dormir apenas durante certo tempo. Por fim, os processos autônomos assumem o controle, o cérebro consciente interrompe suas atividades, e o sono acontece. Se uma pessoa for impedida de pegar no sono por um período de tempo suficiente, ocorre um colapso mental e emocional. O fato é que os seres humanos foram criados com a necessidade de dormir.

Embora não tenhamos um registro de nenhum momento particular em que Maria dormisse, sabemos que José dormia e sabemos que Jesus dormia.

É possível que a palavra *sleep* [sono, em inglês] tenha origem na palavra germânica *schlaff*, que significa "solto". Dada essa derivação, *to sleep* [dormir] significa afrouxar os laços de preocupação e cuidado e confiar em que, apesar das aparências, Deus ainda está no comando do mundo. Como Edward Hays observou em *Pray All Ways*: "[O sono] é uma expressão de que somos capazes de deixar que o Divino Mistério assuma o controle em meio a tribulações e prazos fatais."

Sempre penso no sono como um desperdício de tempo?
Ou, ao contrário, passo a vida dormindo?

CONCEDO A MIM MESMO O DESCANSO DE QUE NECESSITO.

Vento

Todos estes perseveraram unânimes em oração, com algumas mulheres, estando entre elas Maria, mãe de Jesus, e os irmãos dele... Quando chegou o dia de Pentecostes, estavam todos reunidos no mesmo lugar. De repente, veio do céu ruído como de um vento impetuoso, e encheu toda a casa onde se achavam. E apareceram. umas como línguas de fogo e que se distribuíram e foram pousar sobre cada um deles. E todos ficaram cheios do Espírito Santo.

ATOS, 1: 14, 2: 1-4

Parece apropriado que o Espírito de Deus tenha-se manifestado, pela primeira vez, a Maria e aos apóstolos, na forma de vento. Todas as outras forças da natureza podem ser abrandadas ou controladas até certo ponto. A chuva pode ser desviada por meio de diques e comportas, a neve removida ou derretida, o fogo contido ou extinto; mas, e o vento? Não é à toa que se costuma dizer "livre como o vento". Ficamos impotentes diante das forças de um furacão, de um tornado ou de um temporal. Não podemos fazer nada exceto esperar, pois o vento fará o que tiver de ser feito.

Mas nem sempre o vento é uma força de ação destrutiva; ele pode ser também o beijo de um namorado numa margarida coberta de orvalho, um fogo-fátuo numa prematura noite de primavera, a voz suave e silenciosa no topo das árvores.

Como o vento sempre mutável, Deus aparece-nos sob muitas formas. Algumas vezes, Deus sopra com toda a força em nossa vida; outras, Deus se faz anunciar apenas com um levíssimo sussurro. Assim como o vento nunca está completamente imóvel no mundo, assim também Deus nunca está completamente ausente de nossa vida.

Como Deus entrou recentemente na minha vida – como uma ventania forte ou como um sopro suave de brisa?

VIRO O ROSTO NA DIREÇÃO DO VENTO —, E AÍ ENCONTRO DEUS.

Sacrifícios Apropriados

Nos tempos antes de Cristo, o povo judeu oferecia sacrifícios de sangue. Um animal macho puro era ritualmente morto, e seu sangue borrifado sobre o altar. A carcaça era colocada sobre o altar e ateavam-lhe fogo até que ela fosse complemente consumida pelas chamas.

Maria e José estavam seguindo a letra da lei quando ofereceram o sacrifício de dois pombos no Templo, quarenta dias depois do nascimento de Jesus. É razoável supor que durante a existência de Jesus, ele, Maria e José também tenham incinerado outras oferendas no Templo.

Já que não fazemos mais sacrifícios de sangue, o que Deus quer de nós?

Um sacrifício apropriado a Deus é aquele que cria e renova, não aquele que abate e destrói.

Quase sempre, pensamos que Deus quer que presenteemos nossa individualidade, que nos tornemos alguma coisa diferente daquilo que somos, mas não é isso, de maneira alguma, o que Deus deseja de nós. Deus quer exatamente o oposto: quer que sacrifiquemos as coisas que nos impedem de nos tornar criaturas únicas.

Deus não ordena que nos sacrifiquemos por um relacionamento abusivo, por exemplo. Deus não pede que sacrifiquemos nosso talento e capacidade para tentar fazer com que uma outra pessoa se sinta melhor. Deus *pede*, sim, que sacrifiquemos nossos desejos e vontades egoístas para que nos tornemos mais amorosos e desprendidos. Deus *deseja*, sim, que sacrifiquemos nossa natureza gananciosa para que possamos compartilhar com mais liberdade.

Deus ainda quer sacrifícios, mas só aqueles que transformem o nosso coração — não aqueles que destroem o nosso espírito.

Sacrifiquei algo que Deus não quisesse?
Pode a impropriedade do meu sacrifício ser uma das razões por que Deus parece não aceitar esse sacrifício?

OFEREÇO A MIM MESMO COMO UM SACRIFÍCIO VIVO A DEUS.

Pieguice

Por que muitos retratos de Maria são tão piegas? Examine qualquer coleção de pinturas de Maria, e você verá uma profusão de adolescentes com olhares de corça, cílios de modelo de capa de revista e faces rosadas — garotas que obviamente nada fazem a não ser olhar para o céu o dia inteiro.

Por que insistimos em retratar Maria como uma pessoa de sorriso afetado? Será que acreditamos que pieguice é a mesma coisa que santidade?

Maria estava tão longe de ser uma tolinha afetada quanto qualquer mulher poderia estar. Na verdade, ela foi uma moça muito corajosa e determinada. Considere a reação dela quando descobriu que estava grávida. Ficou nervosa, perguntando-se como dar a notícia a José? Perambulou por aí num "torpor celestial"? Não. Fez as malas e partiu para a casa da prima. Fez o que tinha de fazer, acontecesse o que acontecesse. Se José não tivesse querido casar com ela quando ela regressou, ela provavelmente se decidiria por ter o bebê e agiria por conta própria.

Quando ela pediu a Jesus que transformasse água em vinho, muitos anos depois, certamente não foi hipócrita.

Quando desafiou os guardas romanos para ficar ao pé da cruz de seu filho, com toda a certeza não foi nenhuma beata frágil.

Ao olharmos para Maria como um exemplo para as mulheres, não lhe vamos denegrir a força numa tentativa desorientada de louvar-lhe a santidade.

Considero mais fácil me referir a Maria como uma mulher dócil e reservada ou como uma pensadora forte e independente?

RECONHEÇO QUE SANTIDADE E FORÇA SÃO COMPATÍVEIS, NÃO CONTRADITÓRIAS.

Presentes Inesperados

Embora o incenso não seja algo que compremos nos balcões de perfumaria das lojas de departamentos, essa substância doce, semelhante a uma resina das árvores que crescem na Arábia do Sul, na Etiópia, na Somália e na Índia era usada como perfume na época de Maria. Por causa de seu uso em oferendas rituais, diz-se que o presente do incenso trazido pelos Magos simboliza a futura função sacerdotal de Cristo.

Olhando para trás, podemos ver o simbolismo, mas é extremamente improvável que Maria fizesse essa associação quando a caravana de camelos e astrólogos do Oriente surgiu na porta de sua casa. Depois que os hóspedes partiram, ela (sendo uma boa dona-de-casa judia) evidentemente considerou o incenso, assim como o ouro e a mirra, como uma proteção contra maus tempos. Seja o que for que Maria tenha feito com o incenso, podemos ter certeza de que ela fez bom uso dele. Esse presente inesperado teria constituído um valioso artigo comercial — de fato, ele pode muito bem ter pago a viagem ao Egito quando a Sagrada Família teve de fugir da ira de Herodes.

Tal como Maria, recebemos presentes inesperados o tempo todo. A maioria deles não tem valor monetário, mas são inestimáveis do ponto de vista espiritual e emocional. Um crepúsculo particularmente maravilhoso. A palavra amável de um estranho. O beijo de uma criança. O mundo está literalmente cheio de presentes para nós. Basta estendermos as mãos e deixar que eles caiam dentro da nossa vida.

Que presentes recebi hoje? Lembro-me de agradecer por todas as coisas boas que recebo?

HOJE TENTAREI ACHAR PELO MENOS UM PRESENTE QUE DEUS QUEIRA ME DAR.

Solo Sagrado

Lugares em que se crê que Maria apareceu exercem uma atração quase mágica. Às centenas, as pessoas afluem a Lourdes, a Fátima e a Medjugorje só para poder dizer que estiveram em solo sagrado. Contudo, não é preciso um extraordinário acontecimento religioso para consagrar um lugar. Onde quer que se encontre Deus de um modo profundo, onde quer que velhos métodos de pensamento dêem lugar a novas formas de amar, onde quer que o comum se renda ao mistério – esse espaço é sagrado.

Os lugares em que Maria apareceu são sagrados não só porque Maria ali fez alguma aparição – embora esse seja um fator – mas também por causa da fé e da devoção dos peregrinos que os têm visitado. Quando se entra numa igreja que tem sido usada continuamente há anos, pode-se sentir um pouco dessa mesma santidade. De um modo quase palpável, as preces dos milhares que estiveram nesses lugares antes de nós transformaram uma mera construção em solo sagrado.

Para crescer espiritualmente, devemos encontrar o "solo sagrado" em nossa vida – os lugares em que possamos repousar a cabeça no peito de Deus, onde possamos estar totalmente presentes ao Divino. O seu lugar pode ser ao longo de um córrego selvagem na montanha; o meu pode estar num canto iluminado de sol de um prédio de apartamentos sem elevador. A localização exata não importa. O que *realmente* importa é construir um pedaço de solo sagrado que possamos chamar de nosso.

Onde está o meu "solo sagrado"? Se eu não tenho um lugar desses,
onde me sinto mais próximo de Deus?
Poderá esse lugar tornar-se o meu espaço sagrado?

CRIO UM ESPAÇO SAGRADO NA MINHA ALMA E NO AMBIENTE EM QUE VIVO.

Recreação

De algum modo, tem-se a impressão de que Jesus deve ter sido uma criança melancólica. Da mesma maneira que em ícones bizantinos ele é retratado como um adulto em miniatura no colo de Maria, tendemos a concebê-lo como sendo sempre basicamente uma pessoa adulta. Talvez seja porque ele foi um prodígio espiritual. Seja qual for a razão, é difícil imaginar Jesus fazendo alguma coisa além de rezar ou, quem sabe, de ajudar Maria e José.

Como todas as crianças, porém, as crianças na época de Jesus arranjavam tempo para brincar; e Jesus era uma verdadeira criança. É provável que ele e seus amigos se divertissem com brinquedos simples – talvez alguns de madeira, talhados por José. Ele teria explorado as cavernas e as fendas nas colinas acima de sua casa. Pode ter-se exercitado no uso de um estilingue ou de uma lança. Talvez cantasse e dançasse com seus amigos, e de vez em quando (para usar uma linguagem moderna) apenas "se divertisse".

Podemos libertar a imagem que temos de Maria e de Jesus de estereótipos rígidos, imaginando Maria brincando de fazer massa de bolo com um Jesus de seis meses de idade. Ou visualizar Maria dando ao filhinho curioso um pedaço de louça quebrada para mantê-lo longe de seus cabelos, enquanto ela prepara o pão diário ou carda a lã. Ou imaginar um Jesus adolescente praticando luta romana com seus companheiros ou apostando corrida (sem necessariamente vencê-la!).

Se essas imagens chocam ou surpreendem você, lembre-se de que recreação é sempre re-criação. Quando não temos tempo para brincar, alguma coisa vital em nossa alma começa a definhar e a morrer. Para estar plenamente vivo, para ser plenamente humano, devemos arranjar tempo para re-criar a nós mesmos por meio de divertimentos lúdicos. Conforme dizia Ralph Waldo Emerson, "É um dom abençoado saber brincar".

A idéia de um Jesus brincando me parece escandalosa?
Como eu brinco minha vida? Preciso ter mais equilíbrio
entre o trabalho e o lazer?

CONCORDO EM BRINCAR E EM RECREAR TODOS OS DIAS.

Separação

Uma das grandes ironias de ser pai ou mãe é esta: se você cumpre bem o seu papel, acaba sozinho. Eis por que o objetivo de ser pai ou mãe consiste numa saudável separação entre pais e filhos. Só quando você desempenha mal o seu papel e não ocorre a separação é que você tem alguém na sua companhia pelo resto da vida.

Ainda mais irônico, se você cumpre bem o seu papel e seus filhos se dispersam, é quando eles se transformam no tipo de pessoa que você gostaria de ter ao seu lado. Se você não cumpre bem o seu papel e eles não procuram sair de casa, eles se transformam no tipo de pessoa que você preferiria que fosse embora.

Maria deixou que Jesus se afastasse. Deixou-o levar a própria vida. É claro que ela estava profundamente envolvida na vida e no ministério dele, até na sua morte, mas ela deixou que ele fizesse o que queria, mesmo quando seu caminho o levou à cruz.

Não é fácil aprender a nos desprender de nossos filhos e deixar que eles encontrem o próprio rumo. Seguramente, eles hão de cometer erros. Seguramente, tomarão decisões das quais você não gosta. Seguramente, vão se machucar; mas, se não deixarmos que partam os que amamos, havemos de sufocar-lhes não só o crescimento, mas também o nosso próprio crescimento. “Para tudo há uma estação”, disse o filho do grande rei Davi. No papel de pai ou de mãe, assim como em boa parte da vida, precisamos saber se estamos na época de reter ou na época de soltar — e agir de acordo com a nossa decisão.

Procuro controlar a vida das pessoas que amo?
Tenho dificuldade para me desprender?

DOU ÀS PESSOAS QUE AMO A LIBERDADE DE SE TORNAR INDIVÍDUOS.

Bom Senso

Maria é abençoada por muitas virtudes, mas uma das suas qualidades mais subestimadas é seu bom senso incomum.

Considere a resposta que ela deu ao anjo Gabriel, por exemplo. Expressa em jargão moderno, foi algo parecido com isto: "Como posso estar grávida se nunca fiz sexo?"

Ora, essa é definitivamente uma pergunta de bom senso. A maioria das pessoas, ao deparar com um anjo, não teria a presença de espírito para formular uma pergunta tão prática – e abrupta. (A maioria delas provavelmente tampouco discutiria sexo com um anjo, mas essa é uma outra questão.)

Bom senso é uma virtude, um bem, tão *comum* que muitas vezes lhe omitimos valor. É, no entanto, o que nos permite viver mais um dia comum com o mínimo de "acidente".

A má notícia é que nem todo mundo nasce com bom senso. A boa é que todos podemos aprender a desenvolvê-lo. Se você não foi abençoado com um bom senso inato, da próxima vez que se encontrar em dificuldade, pense em alguém que você sabe tem muito bom senso. Pergunte a si mesmo o que essa pessoa faria. Ignore as suas próprias tendências e faça o que o seu exemplo faria, mesmo que isso pareça impraticável. Talvez você jamais acabe sendo um modelo de bom senso, mas pelo menos poderá aprender o suficiente para se proteger da chuva se não estiver carregando um guarda-chuva.

Alguma vez já me disseram que careço de bom senso?
Uso o bom senso que me foi dado?

CONFIO NA MINHA CAPACIDADE DE ADQUIRIR AS VIRTUDES QUE ME FALTAM.

José, o Carpinteiro

Sabemos que José foi um carpinteiro. Um relato da Bíblia nos conta que Jesus seguiu os passos do pai: "Não é este o carpinteiro, filho de Maria, irmão de Tiago, de José, de Judas e de Simão"?

Grande parte das pinturas que retratam Jesus e José na oficina mostram-nos fazendo canga de bois, banquinhos e objetos domésticos. Mas José provavelmente era mais um empreiteiro do que um artesão.

A palavra usada para designar alguém de sua profissão é *tekton*, que transmite a idéia de uma pessoa com uma ampla gama de habilidades de construção, incluindo a de trabalhar com alvenaria e madeira. Esse termo também indica uma pessoa com experiência em projeto arquitetônico. Muito mais do que um simples xilógrafo, um *tekton* teria sido um supervisor e chefe de outros operários menos especializados. Dado que os romanos estavam gastando muito dinheiro em obras de construção civil nas cidades de Jerusalém, Tiberíades, Sóforis e Cesaréia Marítima, é possível que José e Jesus viajassem até o atual Líbano ou até o Egito para cuidar de seus projetos de construção, alguns dos quais podem ter durado meses. Durante esses meses, Maria talvez tenha ficado em casa, visitado parentes ou acompanhado seu esposo e seu filho aos locais de trabalho. Seja como for, Jesus, José e Maria provavelmente não levaram uma vida tão escondida ou isolada quanto imaginamos.

Como a visão que tenho de José muda a idéia de concebê-lo
como um empreiteiro/arquiteto, mais do que um mero entalhador?
Como isso influi na imagem que tenho de Maria?

NÃO DEIXO QUE AS PROFISSÕES DAS OUTRAS PESSOAS INFLUENCIEM
A OPINIÃO QUE TENHO DELAS COMO PESSOAS.

Magia e Superstição

No que diz respeito à crença em Maria, a fronteira entre fé e superstição às vezes é muito tênue. Pessoas que raramente rezam podem pendurar contas do Rosário como se fosse um talismã no espelho retrovisor do carro. Pessoas que nunca puseram o pé numa igreja podem ter medo de sair de casa se não estiverem usando a Medalha Milagrosa. Pessoas que zombam dos fenômenos paranormais podem devorar tudo o que encontram sobre o não-revelado terceiro Segredo de Fátima.

A idéia de que há alguém lá fora (ou lá em cima) que tem influência em acontecimentos futuros pode ser um tanto consoladora – sobretudo se ela estiver do nosso lado. E Maria sempre está.

Contudo, se pensamos que de algum modo podemos controlar Maria para fazer tudo o que dissermos, por meio do uso de objetos ou encantamentos disfarçados de orações, estamos deslizando perigosamente para a crença na magia.

Maria não é, e nunca foi, uma fazedora de magia. Apesar de muitos milagres terem sido atribuídos a sua intercessão, ela não realiza milagres por iniciativa própria. Tudo que ela tem e tudo que ela é residem em Deus. A exemplo de cada um de nós, Maria depende inteiramente de Deus. "Ela tinha plena consciência da grandeza de sua missão; mas ao mesmo tempo reconheceu ser e continuou sendo 'uma humilde serva', atribuindo toda a glória a Deus, o Salvador", observou o Papa João Paulo II em *Insegnamenti*, em 19 de março de 1982.

Com toda a certeza podemos e devemos pedir a ajuda de Maria, mas temos de compreender que obtemos sua intercessão através da fé, não da superstição.

Quando peço a ajuda de Maria, penso secretamente que, de algum modo, estou "ganhando a confiança de Deus"?

QUANDO PRECISO DE AJUDA, PEÇO A MARIA QUE REZE POR MIM.

Somente os Fatos

O que realmente sabemos a respeito de Maria?

Os fatos históricos podem ser resumidos em algumas linhas:

Uma jovem judia chamada Míriam (ou Maria) é visitada por um anjo, que lhe pergunta se está disposta a ser mãe do filho de Deus. Ela responde que sim. Alguns meses depois, ela e seu esposo, um carpinteiro de nome José, viajam de sua cidade natal para o povoado de Belém, onde ela dá à luz a seu filho num estábulo, pois a hospedaria local estava lotada. Eles chamam o bebê de Yeshua – Jesus, em grego – e usam uma manjedoura como berço. O menino cresce e se torna um mestre e um pregador carismático com o dom extraordinário de atrair seguidores. Finalmente, ele é preso como uma ameaça a Roma e executado por traição. Ela vai viver com o mais íntimo amigo dele.

A vida de Maria é uma lição concreta de não-julgamento. Se tivéssemos de avaliar sua vida usando apenas esses fatos históricos, teríamos de concluir que ela foi um sinal insignificante no radar da história. Dezenas de outras mulheres tiveram vidas mais dramáticas e aparentemente mais influentes. Todavia, por detrás dos fatos incompletos da vida de Maria jaz o grande drama do Cristianismo.

Julgar as decisões da vida de uma outra pessoa é sempre traiçoeiro. Mesmo quando achamos que temos todos os fatos, provavelmente não os temos. E as informações factuais que *realmente* temos, nós as processamos através do nosso filtro mental.

Se quisermos amadurecer espiritualmente, devemos aprender a aceitar os outros e suas vidas sem julgamento. Fazendo isso, não só damos aos outros a oportunidade de se completarem, como damos a nós mesmos a oportunidade de nos completarmos com eles.

Sou uma pessoa que gosta de fazer julgamentos? Sou capaz de aceitar as outras pessoas e suas decisões sem acrescentar os meus valores mentais?

NÃO JULGO, PARA NÃO SER JULGADO.

O Que Realmente Conta?

O que realmente importa na vida?

Mestres espirituais de todas as tradições concordam que a essência da vida consiste, não em ter mas em ser, não em receber mas em dar, não em reter mas em soltar.

Quando atingimos o ponto de nosso desenvolvimento espiritual em que somos capazes de compreender essa verdade — não apenas intelectualmente, mas no mais profundo recôndito do nosso coração — podemos começar a agradecer pelas nossas adversidades, assim como agradecemos pelas nossas bênçãos.

As adversidades permitem que nos despojemos do auto-engano a fim de perceber que a verdadeira riqueza nada tem que ver com posses. O que realmente conta é o amor. A pessoa que ama e é amada tem tudo.

Maria compreendeu esse princípio desde a sua mais tenra juventude. Se não o tivesse compreendido, não poderia ter feito as escolhas que fez. Ao dizer sim não só ao amor, mas ao próprio Amor, ela se abriu a enormes bênçãos — mas também a enormes adversidades e pesares.

Não há pesar que Maria não tenha experimentado. Ela passou por — e triunfou sobre — todos os sofrimentos da nossa existência mortal. Ela soube o que é ser tudo, desde uma mãe solteira até uma viúva, desde a mãe de um herói aclamado até a mãe de um criminoso acusado. Ela padeceu de pobreza, conheceu a riqueza advinda dos presentes dos Magos, viajou para o exterior, permaneceu em casa e foi uma refugiada, uma mulher do lar, uma "maria-ninguém" e uma rainha.

Quando nos encontramos enfraquecidos pelas adversidades da vida, Maria nos dá ânimo e apoio pelo seu exemplo. Como Gabriel de Santa Maria Madalena observou, "A Abençoada Virgem Maria tem, diante de nós, trilhado o caminho estreito e exíguo que leva à santidade; diante de nós ela tem carregado a cruz e diante de nós tem conhecido a ascensão do espírito através do sofrimento".

Maldigo a adversidade ou a aceito como parte do meu processo de treinamento espiritual?

EU SEI QUE TUDO O QUE ACONTECE COMIGO CONTRIBUI PARA A MINHA MATURIDADE ESPIRITUAL.

Obediência

Você é capaz de imaginar Deus – onisciente, todo-poderoso e eterno – sendo obediente a você? É isso o que aconteceu a Maria e José. O Criador do universo os aceitou, veio a Nazaré e lhes foi obediente. Ele ia dormir quando lhe mandavam, recolhia suas roupas, varria a oficina, alimentava os animais – em suma, fazia o que era pedido.

Embora seja espantoso pensar que Deus se tornasse obediente a uma mera criação, a obediência não é uma via de mão única. Aqueles que dão ordens têm tanta responsabilidade quanto os que as cumprem. Jesus podia ser obediente a Maria e a José porque eles não lhe pediam que fizesse nada incorreto ou injusto. Ele podia obedecer porque eles lhe davam ordens dignas de obediência.

Nunca nos pediram que fôssemos obedientes ao mal nem à injustiça. Criminosos acusados de guerra da Alemanha nazista que procuraram defender suas atrocidades dizendo que estavam simplesmente obedecendo a ordens não foram perdoados. Se as ordens ou as regras são injustas ou imorais, temos o dever de modificá-las, e não de obedecer a elas cegamente.

Se você está numa posição de autoridade, ou no trabalho ou em família, considere sua autoridade uma obrigação sagrada. Use seu poder com moderação, honra e honestidade – para que suas ordens possam ser dignas de obediência.

A quem devo obediência? Quem me deve obediência?

NÃO EXIJO DOS OUTROS AQUILO QUE EU MESMO NÃO ESTOU DISPOSTO A FAZER.

Dança

O apócrifo *Natividade de Maria*, às vezes chamado o *Proto-evangelho de Tiago*, é um antigo livro que narra o nascimento e a infância de Maria. Apesar de nunca ter sido aceito como Escritura sagrada, ele contém algumas passagens encantadoras a respeito de Maria. Uma dessas passagens diz: "[O] Senhor Deus pôs nela a graça, e ela dançou de alegria com os pés, e toda a casa de Israel a adorou."

Dançar de alegria – que imagem maravilhosa! Tantas vezes o que é tomado por dança na nossa cultura é um arrasta-pé rítmico, mais ou menos compassado. Mas dançar *realmente* é escapar dos limites da terra por um momento e ficar suspenso em vôo. Nada há na terra que se pareça com isso. Maria dançando de alegria é de fato uma imagem gloriosa.

Dançar é a reação espontânea das crianças ao prazer. Quando nos tornamos adultos, muitas vezes esmagamos nossa espontaneidade e adotamos uma postura de apreciação reservada. Deus, porém, não fica impressionado com a reserva. Deus almeja que participemos da dança da criação, que começou na plenitude do tempo e continua por toda a eternidade.

Portanto, dancemos hoje o nosso caminho para a totalidade, dancemos nosso caminho para a alegria – dancemos, com Maria, nosso caminho para Deus!

Na minha opinião, a dança é algo que só artistas treinados executam no palco? Eu poderia dançar neste instante? Por que sim ou por que não?

DEIXO QUE O SENHOR DA DANÇA ME CONDUZA NA VALSA DA CRIAÇÃO.

A Anunciação

Temos a tendência de pensar na Festa da Anunciação como um dos dias especiais consagrados a Maria, mas na verdade o título correto da celebração é a Anunciação do Senhor. Quando Gabriel apareceu a Maria, ele anunciou o iminente nascimento do Messias, não a futura gravidez de Maria.

Esta distinção pode parecer pequena, mas é significativa. A mensagem central não é sobre Maria; ao contrário, é sobre a pessoa que nascerá dela e da missão desta. Como a Bíblia diz: "Ele será grande e será chamado Filho do Altíssimo; o Senhor Deus lhe dará o trono de Davi, seu pai; ele reinará para sempre na casa de Jacó, e o seu reinado não terá fim."

A importância e a influência de Maria residem não em suas próprias ações, mas no fato de que ela tornou possível o nascimento de Jesus. Ela é reverenciada pelo que permitiu que acontecesse através dela, não pelo que ela própria fez.

Esse pensamento não diminui a importância de Maria; em vez disso, ele a põe na sua perspectiva adequada. Quando examinamos uma magnífica peça de bronze, focalizamos o artista e a obra de arte concluída, não o molde de cera. O molde é essencial, sem dúvida, porém é o produto final que domina nossa atenção.

A mesma coisa vale com relação a Maria. Conforme disse Santo Agostinho: "Maria é o molde vivo de Deus." Apesar de devermos a Maria o nosso respeito e admiração, é ao seu filho que devemos a nossa adoração.

De que maneira posso permitir que Deus me use como um molde?
O que eu gostaria de deixar para sempre como herança?

DOU GRAÇAS PORQUE A BOA VONTADE DE MARIA EM SER UM MOLDE TORNOU POSSÍVEL O NASCIMENTO DE JESUS.

Gente Comum

Diz-se amiúde que Maria e José viveram na pobreza, mas isso parece ser um insulto a ambos. Como um artesão treinado, José devia ser capaz de ganhar a vida decentemente. Se não fosse assim, ou ele era inábil ou preguiçoso. Nenhuma dessas opções lhe é muito lisonjeira. Além disso, se eles realmente eram tão pobres, Maria obviamente não cumpriu à perfeição o papel de emular a mulher ideal declarado em Provérbios 31 – a mulher que planta uma vinha, que faz bons negócios e cuida bem do marido e dos filhos. Se Maria e José fossem realmente privados de recursos, então Deus escolheu dois incompetentes para criar Jesus. Esta não é uma situação muito provável.

Na verdade, a pobreza é relativa. Na época de Maria e José, não existia uma classe média. Uma pessoa ou era rica ou era pobre. Visto que Maria e José não eram abastados, eles eram pobres por acaso. Isso, contudo, não quer dizer que fossem mendigos desamparados nas entradas da cidade. Significa apenas que eram gente comum, mediana.

Nossa cultura não gosta do que é comum. Toda a nossa publicidade nos diz que, para termos valor, temos de "sair do comum". Temos de "deixar nossa marca", "ser únicos", "sobressair na multidão". Na realidade, porém, poucos de nós conseguem fama ou notoriedade. Vivemos vidas comuns. Pelos padrões da sociedade, jamais seremos um grande sucesso.

A vida de Maria e de José dá uma perspectiva diferente. Ela nos mostra que os padrões sociais não são os de Deus. Pelos padrões sociais, Maria e José são ninguém. Pelos padrões de Deus, são super-astros. Que padrões você prefere satisfazer?

Como me sinto quando me imagino como uma pessoa "comum"?
Como me sinto quando penso em Maria também como uma pessoa "comum"?

USO OS PADRÕES DE DEUS, NÃO OS PADRÕES DA SOCIEDADE.

Mudança

Mudamos a cor dos cabelos, o estilo de vestir, nossa ocupação, nossa casa e nosso carro, mas, apesar de todas as mudanças exteriores, permanecemos os mesmos interiormente. Os franceses têm um provérbio que resume a situação: "Quanto mais as coisas mudam, mais elas continuam iguais."

Se quisermos efetuar uma verdadeira mudança, não podemos apenas mudar de lugar itens superficiais. Temos de mudar nossas placas tectônicas mentais e espirituais. Temos de alterar os alicerces da nossa visão de mundo.

Já que a mudança autêntica é tão difícil, a maior parte de nós se contenta em fazer modificações superficiais. Mas nada de valor acontecerá enquanto não nos dispusermos a mudar os continentes de nossas convicções rigorosamente mantidas e de nossos preconceitos mais fortes.

Maria nos poderá ajudar quando estivermos prontos a empreender uma verdadeira mudança. Ela está aí como modelo, guia e protetora, na medida em que nos esforçamos para nos libertar de velhos padrões para facilitar a mudança que proporciona vida na nossa natureza e nos nossos relacionamentos. Tudo o que temos de fazer é pedir ajuda a ela.

Como os católicos têm orado há anos no *Memorare*, "Lembrai-vos, graciosíssima Virgem Maria, que nunca se soube que alguém que tenha procurado refúgio em vossa proteção, implorado vossa ajuda ou buscado vossa intercessão e tenha ficado desamparado... Mãe do Verbo Encarnado, não desprezeis o meu pedido, mas na vossa misericórdia ouvi-me e atendei-me".

Já pedi a ajuda de Maria quando quis fazer uma mudança em minha vida? O que aconteceu?

TENHO FÉ EM QUE RECEBEREI FORÇA E GRAÇA PARA FAZER AS MUDANÇAS QUE PRECISO FAZER NESTE MOMENTO NA MINHA VIDA.

Risco Espiritual

Algumas pessoas têm uma tendência natural para assumir riscos. Elas mergulham do alto de rochedos, saltam de pára-quedas, saltam de pontes amarradas a uma corda elástica, praticam esqui aéreo, voam de asa delta – tudo por uma descarga de adrenalina. Outras são mais cautelosas, mal chegando a pôr os dedos dos pés nas águas da vida. Apesar de os tipos cautelosos estarem aptos a viver mais, eles também tendem a levar uma vida mais entediante.

Felizmente, todos nós, quer sejamos naturalmente ousados quer naturalmente cautelosos, podemos levar uma vida espiritual emocionante, pois a espiritualidade sempre envolve risco – o risco de a gente se ver por aquilo que realmente é, o risco de ter de fazer mudanças; o risco de modificar a própria vida.

Maria nos anima a assumir riscos espirituais, pois ela, acima de todos os outros seres humanos, sabe que precisamos nos arriscar para que nos tornemos pessoas completas. Ela nos diz para "tomar coragem", porque sabe que, sem a disposição de arriscar, não podemos mudar; e se nós não mudarmos, o mundo não vai mudar.

Então, como arriscar espiritualmente?

O risco espiritual começa com a disposição de nos tornar mais abertos, mais vulneráveis. Significa deixar que os outros espiem por sobre os muros de autoproteção que construímos em torno do nosso ego. Significa deixar que os outros percebam nossas fraquezas, assim como nossas forças. Significa estar disposto a se ferir. Significa tornar-se aberto o bastante para que os outros partilhem nossas aflições; tornar-se livre o bastante para experimentar intimidade profunda, tornar-se confiante o bastante para deixar que Deus absorva a nossa dor.

Você está disposto a assumir esse risco?

Quando foi a última vez que deixei que alguém visse o meu verdadeiro ser?
Como me sinto quando alguém se abre comigo?

SEI QUE COM DEUS OS RISCOS ESPIRITUAIS NÃO SÃO NEGÓCIO DE RISCO.

O Domínio de Roma

Os romanos criaram a última grande civilização mundial da Antigüidade. Começando onde é hoje a Itália atual, eles difundiram sua cultura por toda a bacia do Mediterrâneo e além dela. Nos anos 166-167 antes da era cristã, eles se deslocaram para um pequeno país atrasado chamado Judéia. Para sua grande surpresa, os habitantes rurais desse país não fugiram nem assimilaram a cultura romana. Ao contrário, permaneceram inabalável e provocadoramente judeus, mesmo depois de vários séculos de pressão militar.

Era esse o mundo em que Maria nasceu — um mundo ocupado e dominado (mas não destruído) por Roma. Maria teve de aprender a viver sua fé judaica, enquanto cercada por uma cultura que era, na melhor das hipóteses, indiferente e, na pior delas, hostil ao seu sistema de crenças.

Os tempos não são muito diferentes para os religiosos comprometidos de hoje em dia. Nossa cultura inclina-se ou a escarnecer ou a ignorar os assuntos espirituais. Como exemplo, praticamente nenhuma personagem importante de qualquer programa de sucesso na tevê assiste a serviços religiosos. A cobertura da imprensa dos assuntos espirituais, se é que de fato existe, concentra-se no Natal e na Páscoa. Discussões sérias sobre a fé são em geral relegadas a canais obscuros em horários noturnos estranhos ou a páginas de fundo de jornais e revistas.

Descobrir um meio de integrar a espiritualidade à vida cotidiana numa cultura que não respeita esse tipo de atividade é um desafio que cada um de nós deve resolver à sua própria maneira. Quando a tarefa parece muito desanimadora, lembre-se de que Maria enfrentou uma situação semelhante. Pergunte a você mesmo o que ela teria feito — ou melhor ainda, pergunte a *ela*.

Podem as pessoas próximas a mim dizer, pelo meu modo de agir, em que eu acredito? Como fazer com que minha vida espiritual seja parte da minha vida cotidiana?

VIVO A MINHA FÉ MESMO QUANDO É DIFÍCIL.

Permissão

Lembra-se de quando você estava no jardim de infância ou na escola primária? Antes de poder sair da sala de aula, você tinha de levantar a mão e pedir permissão. Não importava quão urgente fosse a sua necessidade; ainda assim, você tinha de esperar até que o professor o deixasse sair.

Uma vez que nossas imagens de autoridade se baseiam, em grande parte, em nossos primeiros modelos de comportamento, às vezes pensamos em Deus como o professor e em nós mesmos como alunos, e imaginamos que temos de pedir permissão a Deus antes de agir.

Na verdade, é exatamente o contrário. Deus nunca entra na nossa vida sem a nossa permissão. Somos nós que damos a Deus permissão para agir.

A vida de Maria demonstra como Deus age idealmente com a humanidade. A questão que Maria enfrentou – a questão que todos nós enfrentamos – é se estamos ou não dispostos a deixar que Deus entre em nossa vida para agir no nosso melhor interesse. A chave aqui é *melhor interesse* – um conceito que abrange não só o que é melhor para nós, mas o que é melhor também para todos os que nos cercam. Visto que, na maioria das vezes não sabemos o que é melhor, temos de estar dispostos a esperar que Deus saiba – o que não é uma coisa fácil de fazer!

Ironicamente, quando enfim damos permissão a Deus para que faça o que é melhor para nós, geralmente descobrimos que o melhor para Deus é mais maravilhoso do que qualquer coisa que pudéssemos ter imaginado.

Estou disposto a confiar minha vida a Deus?
Como me sinto quando não tenho o controle absoluto?

EU SEI QUE DEUS SEMPRE AGE NO MEU MELHOR INTERESSE.

Órfãos

Na morte de seu pai, uma mulher de quarenta anos disse em prantos: “Agora sou uma órfã.” Não importa quantos anos tenhamos, a perda de nossos pais nos faz sentir incrivelmente, esmagadoramente sozinhos. Nós nos tornamos órfãos em um mundo hostil.

Pouco antes da Crucificação, Jesus prometeu a seus discípulos: “Não vos deixarei órfãos.” Uma vez que suas afirmações seguintes falam de Deus Pai e da vinda do Espírito Santo, é comum supormos que Jesus estivesse falando sobre eles. Mas na cruz Jesus deu-nos uma mãe, assim como um Pai. Ele assegurou que tínhamos *ambos*, pai e mãe, para tomar conta de nós.

Conforme aprendemos no Evangelho segundo João, “Vendo Jesus sua mãe, e junto a ela o discípulo amado, disse: ‘Mulher, eis aí teu filho.’ Depois disse ao discípulo: ‘Eis aí tua mãe.’ Dessa hora em diante, o discípulo a levou para sua casa.”

Embora João levasse Maria para a casa dele no sentido literal, nós todos podemos trazer Maria para a nossa casa. Fazendo isso, verdadeiramente a acolhemos como nossa mãe.

O Papa João Paulo II, que tem uma particular devoção a Maria, fez esta observação na sua encíclica *Redemptoris Mater*:

> A Mãe de Cristo... é dada como Mãe a cada *pessoa* e a toda a humanidade. O homem ao pé da cruz é João, “o discípulo amado”. Ele, porém, não está só. Seguindo a tradição, [nós] chamamos Maria “de Mãe de Cristo e mãe da humanidade...”[Ela] é “claramente a mãe dos membros de Cristo.”

Se você anseia pelo toque carinhoso de uma mãe, pelo amor de mãe, Maria está esperando pelo seu chamado.

O que eu quero de uma mãe?
Creio que Maria poderia ser uma mãe para mim?

SE MINHA MÃE ME TRATOU MAL, EU A PERDÔO. AGORA, OFEREÇO-LHE A MINHA ACEITAÇÃO E O MEU AMOR.

Deixe Estar

A canção dos Beatles *Let it be* [Deixe estar] menciona a vinda de Maria Mãe em tempos difíceis. Quer ou não essa canção se refira à Bem-aventurada Virgem Maria, isso não é importante. O que é importante é que Maria, nossa divina mãe, vem a nós *realmente* em tempos difíceis.

Às vezes, as pessoas têm a idéia de que os católicos rezam *a* Maria em busca de ajuda em tempos atribulados e em situações difíceis. Não é esse o caso. Rezamos unicamente a Deus, embora possamos – e devamos – pedir que Maria reze *por* nós.

A natureza de nossa relação, por meio da prece, com Maria está muito bem expressa numa das mais antigas orações do cristianismo: a Ave-Maria. A primeira metade desta combina o anúncio de Gabriel a Maria e a saudação de Isabel: "Ave, Maria, cheia de graça. O Senhor é convosco. Bendita sois vós entre as mulheres e bendito é o fruto de vosso ventre, Jesus."

A segunda parte dessa oração, que tem sido rezada quase desde os primórdios do cristianismo, é um apelo à ajuda de Maria: "Santa Maria, Mãe de Deus, rogai por nós pecadores, agora e na hora da nossa morte."

Assim como pedimos orações a outras pessoas, assim também podemos pedir orações a Maria. E podemos estar certos de sua graciosa e generosa ajuda. Não devemos, porém, esperar que Maria faça algo que Deus não faria. Maria vem a nós em tempos atribulados como confidente, consoladora e mãe – não como deusa onipotente.

Rezo a Maria, ou peço a Maria que reze por mim e comigo?

REVERENCIO MARIA, MAS ADORO SÓ A DEUS.

Espera

No *Mercador de Veneza*, Pórcia diz: "Meu pequeno corpo está cansado deste grande mundo" (ato 1, Cena 2). Depois da ressurreição de Jesus, Maria também deve ter se sentido cansada deste grande mundo. Tendo Jesus retornado ao céu, o trabalho dela na terra devia dar a impressão de estar completo. Só o que lhe restava era reunir-se ao seu filho – mas ela teve de continuar vivendo por algum tempo. Se bem que não saibamos quando ela morreu, a tradição afirma que viveu pelo menos vários outros anos em Éfeso com o apóstolo João.

Ficamos tão acostumados a pensar em Maria na sua condição glorificada, compartilhando a visão de seu filho para o mundo, que somos tentados a esquecer que ela teve de viver sem ver Jesus em carne e osso até a sua própria morte. Talvez Jesus lhe tivesse dado um plano do futuro, talvez não. Quem sabe, assim como o restante de nós, Maria tivesse de acordar todo dia sem saber por quanto tempo mais teria de esperar.

Esperar é uma das coisas mais difíceis que fazemos. Esperar um relatório médico, esperar que um bebê nasça, esperar que um adolescente chegue em casa à noite, esperar num pronto-socorro, esperar um exame médico, esperar... esperar... esperar. Poucas coisas nos fazem sentir mais impotentes ou nos aproximam mais das raias do desespero.

Quando esperamos, raramente podemos fazer muito para apressar as coisas. Assim, da próxima vez que tiver de esperar, em vez de desperdiçar tempo angustiando-se, considere a espera como uma oportunidade para livrar-se das suas expectativas e deixar que Deus cuide dos detalhes.

Sei esperar pacientemente, ou fico frustrado e zangado quando sou forçado a aguardar os acontecimentos?

NÃO FICO EM FRANGALHOS POR CAUSA DE ATRASOS INESPERADOS.

Discurso Sincero

O que significa ser sincero? Certamente, significa ser honesto, mas também significa mais do que isso. Significa não esconder os próprios pensamentos, não ser evasivo. Significa falar a verdade com amabilidade e consideração. Significa ser fiel a si mesmo e aos outros, sem causar mágoa ou dano.

Nossos relacionamentos próximos e mais íntimos devem estar baseados num discurso sincero. Só quando deixamos cair nossas barreiras e falamos com liberdade e franqueza é que começamos a compartilhar as mais essenciais partes de nosso ser.

A conversa sincera, porém, não pode ficar confinada a amigos e à família. Para nos desenvolvermos espiritualmente, devemos aprender também a ser sinceros com Deus. Contar a Deus o que se passa nos mais profundos recônditos do nosso coração e de nossa mente é difícil, em parte porque não parece muito "religioso" contar a Deus o que estamos pensando quando nossos pensamentos não são "espirituais". Mas será que realmente acreditamos que, se não contarmos a Deus, Deus não saberá? Como diz o Salmo 139, "Os teus olhos me viram a substância ainda informe; e no teu livro foram escritos todos os meus dias, cada um deles escrito e determinado, quando nem um deles havia ainda." É só quando somos sinceros com Deus que começamos a sentir plenamente a presença de Deus na nossa vida.

Maria foi, sem dúvida alguma, sincera com Deus. Ela conheceu Deus na forma humana, como mãe de Deus. Que relacionamento poderia haver mais sincero do que esse?

Quando rezo, uso fórmulas feitas ou rezo do fundo do coração?
Sempre conto a Deus exatamente o que estou pensando,
ainda que isso não pareça "santo" ou "correto"?

QUANDO REZO, CONTO A DEUS O QUE ESTÁ NO MEU CORAÇÃO E NA MINHA MENTE, E NÃO AQUILO QUE ACHO QUE DEUS QUER OUVIR.

Cartas de Amor

Muitas pessoas guardam escondido uma maço de cartas de amor detrás de um armário ou no fundo de uma arca de cedro. Anos depois de terem sido escritas, quando a tinta está desbotada e o papel amarelecido, as cartas sobrevivem como uma evidência duradoura de paixão e desejo.

Maria é a carta de amor de Deus para o mundo.

Escritos no coração e impressos na alma de Maria estão os desejos de Deus para a raça humana. Enviada como um símbolo do grande amor de Deus por cada um de nós, ela em si mesma não é o Amor, senão o recipiente pelo qual o Amor foi enviado na forma humana ao mundo.

Apesar de Maria ser a grande carta de amor de Deus, todos estamos destinados a fazer parte da mensagem de amor de Deus ao mundo. Madre Teresa de Calcutá disse certa feita: "Sou um pequeno lápis nas mãos de um Deus, que está escrevendo uma carta de amor destinada ao mundo." Se você não consegue se imaginar na mesma categoria de Maria ou de Madre Teresa, talvez consiga se imaginar como uma folha de papel, um envelope ou um selo.

Seja lá como for que você visualize sua função na eterna comunicação de Deus, lembre-se sempre de que você desempenha um papel no serviço postal do céu que ninguém mais poderá preencher. Afinal de contas, uma carta sem um selo é tão inútil quanto um selo sem uma carta.

O que Deus está tentando comunicar por meu intermédio?
Como estou contribuindo com (ou estorvando)
a mensagem de amor de Deus para o mundo?

TRAGO O AMOR DE DEUS PARA TODOS OS QUE ENCONTRO.

Realidade

"Isso dói?", perguntou o Coelho.
"Às vezes", respondeu o Cavalo Sem Pêlo, pois ele sempre dizia a verdade.
"Quando você é Real, não se importa em sentir dor."

O COELHO DE PELÚCIA*

Do ponto de vista histórico, Maria foi uma pessoa real, mas também foi, nas palavras do Cavalo Sem Pêlos, uma pessoa Real. Maria representa um exemplo daquilo que cada um de nós é chamado a tornar-se. Ela é uma mulher real que permitiu que Deus a amasse na Realidade. O fato de ser Real não está relacionado a nossa composição física: está relacionado, isto sim, ao amor. Está relacionado ao ato de tornar-se completa e plenamente humano; à disposição para sentir dor.

Tornar-se Real não é algo que aconteça da noite para o dia. Trata-se de um processo – e quase sempre de um processo doloroso. Na época da apresentação de Jesus no Templo, Simeão deu o seguinte aviso a Maria: "Uma espada traspassará a tua alma, para que se manifestem os pensamentos de muitos corações." Nessa ocasião, dificilmente ela poderia saber o que isso acarretaria, mas o que ela sabia é que, para se tornar Real, ela teria de pagar um preço alto.

Nós também temos de pagar um preço para nos tornarmos Reais. Temos de estar dispostos a nos abrir aos outros, a compartilhar seus sofrimentos (e alegrias), a amar mesmo quando preferiríamos odiar, a dar mesmo quando preferiríamos receber. Temos de aceitar que nos esfolem a pele e nos desloquem os membros de nosso corpo. Temos de estar dispostos a nos mostrar esfarrapados e maltrapilhos aos olhos do mundo. Uma vez que isso ocorra, tornamo-nos Reais – e então, e só então, compreendemos que a Realidade vale qualquer preço que tenhamos de pagar.

Quem é a pessoa mais Real que conheço?
Tenho medo da dor de me tornar Real?

ESTOU DISPOSTO A DEIXAR QUE DEUS ME AME NA REALIDADE,
AINDA QUE ISSO POSSA ME CAUSAR DOR.

* *The Velveteen Rabbit or How Joys Become Real*, de Margery Williams. (N.T.)

Família

O Evangelho de João diz que a mãe de Jesus e "a irmã dela..., e Maria Madalena" estavam juntas na Crucificação. Estranhamente, algumas lendas tradicionais sobre Maria indicam que ela foi a filha única de pais idosos. É possível que a palavra *irmã* nessa passagem se refira a uma das irmãs de José ou a esposa de um dos seus irmãos (isto é, uma das cunhadas de Maria), mas a explicação mais plausível é a de que uma das mulheres em companhia de Maria era sua irmã em carne e osso.

Mas e quanto àquela outra Maria, a de Magdala? Geralmente se pensa que Maria Madalena, como às vezes é chamada, fosse uma prostituta convertida. Tudo que realmente sabemos sobre ela, no entanto, é a sua cidade natal e o fato de que Jesus a libertou de sete demônios. Nada na Bíblia sugere que ela tenha sido uma meretriz.

Em última análise, não importa quem ela era. Parada ali, junto da cruz, ela se tornou parte da família de Jesus ao seguir estas palavras: "Quem fizer a vontade de meu Pai que está no céu é meu irmão, irmã e mãe."

Maria Madalena encontrou a família de que necessitava em Maria e em Jesus. Se a sua família não é capaz de lhe dar a força e o apoio de que precisa, pense em Maria Madalena. Assim como ela, você pode criar a família que quer e de que precisa através da escolha de amigos e companheiros espiritualmente compatíveis.

O que eu quero da minha família?
Onde encontro mais apoio?
Como posso vir a ser uma família para alguém necessitado?

RECONHEÇO QUE COMO FILHO DE DEUS SOU PARTE DA FAMÍLIA DE SERES HUMANOS.

Médicos

Embora deva ter tido muita familiaridade com herboristas e parteiras, aparentemente Maria fez amizade com pelo menos um médico – o dr. Lucas, autor do Evangelho de Lucas. No seu Evangelho, o dr. Lucas registrou diversos detalhes sobre a Anunciação, a Visitação a Isabel, o Nascimento de Jesus e outros eventos – detalhes esses que só poderiam provir de Maria. Quem mais, por exemplo, teria mencionado detalhes tão íntimos como o fato de que Jesus foi envolto em fraldas e posto numa manjedoura? Quem mais poderia saber que Maria guardou "no seu íntimo" sua perplexidade sobre as estranhas coisas que cercaram o nascimento de seu filho?

O dr. Lucas devia ter um comportamento delicado, pois ele foi capaz de fazer com que Maria falasse sobre os acontecimentos relativos à infância de Jesus de um modo que nenhum outro escritor do Novo Testamento poderia fazer. É bonito imaginar os dois tomando chá juntos, conversando sobre a artrite de Maria e refletindo sobre a mocidade de Jesus.

O relato do dr. Lucas assinala que a medicina é tanto arte quanto ciência. A capacidade de compreender e interpretar as manifestações da vida psíquica alheia, de pôr para fora os aspectos ocultos da vida alheia, faz parte da arte. Muitas vezes a diferença entre um clínico competente e um médico estimado reside mais na arte do que na ciência.

Se você tem um médico estimado, dedique alguns minutos para exprimir sua gratidão da próxima vez que o(a) vir. O dr. Lucas, amigo de Maria, aprovaria.

Já disse ao meu médico o quanto eu o estimo?

SOU GRATO AOS PROFISSIONAIS DA MEDICINA PRESENTES NA MINHA VIDA.

O Milagre do Parto

Quem já deu à luz um filho sabe que o parto é doloroso, difícil e sujo. Não é de estranhar que alguns escritores religiosos nos primeiros anos da Igreja alegassem que Maria foi poupada do processo normal quando gerou Jesus. Alguns têm sugerido que Jesus saltou para fora do útero dela numa espécie de operação cesariana sem derramamento de sangue. Outros ainda optaram por um nascimento mais normal, embora sugerissem que Maria não teria sentido nenhuma dor nem mal-estar durante o trabalho de parto.

Apesar de parecer "mais sagrado" poupar Maria das dores do parto, o que há de tão horrível em fazer as coisas do jeito natural? Jesus foi concebido milagrosamente, é verdade, mas por que seu nascimento exigiria também a intervenção divina? O parto já é, de qualquer forma, um grande milagre. Por que Deus iria querer tornar esse milagre duplamente milagroso?

Apesar de sabermos muito sobre nascimento, os cientistas estão apenas começando a compreender que, de certa forma, os rigores do processo de nascimento ajudam a preparar uma criança para a vida fora do útero. Com efeito, o processo de nascimento pode, na verdade, espelhar o processo de morte, pelo qual passamos para uma nova vida. Se Jesus teve uma morte comum, por que não deveria ter passado por um nascimento comum? E por que não deveria Maria ter tido a extraordinária experiência de tornar-se mãe do modo comum?

O que eu considero um milagre?
Creio que o que é comum pode ser milagroso?

RECONHEÇO QUE ALGUMAS EXPERIÊNCIAS COMUNS SÃO VERDADEIROS MILAGRES.

Mãe de Deus

Para os católicos, o tradicional título honorífico de Mãe de Deus concedido a Maria tem uma familiaridade confortadora derivada de séculos de uso. Mas, para ouvidos não-católicos, ele soa evidentemente como uma heresia. Como pode Deus, que sempre existiu e sempre existirá, ter uma mãe? Não implicará esse título que Maria já existisse antes de Deus?

Se era isso o que os católicos pretendiam dizer quando chamaram Maria de a Mãe de Deus, seria, de fato, uma heresia. Mas o título Mãe de Deus deve, de modo mais apropriado, ser "Mãe de Jesus, que é o Filho de Deus". Deus, o Ser Eterno, não pode ter uma mãe. Jesus, por outro lado, precisava de uma mãe humana para que pudesse vir a ser plenamente humano.

Conforme escreve o Reverendo John Randall em *Mary: Pathway to Fruitfulness*:

> Ela ensinou-o a falar e encantou-se com as primeiras palavras ditas por ele. Ele aprendeu o sotaque, a entonação, as expressões idiomáticas dela. Ela ensinou-lhe os nomes de flores e de insetos, as palavras dos salmos. Através dela, Deus Pai amou e consolou seu Filho quando seu corpo doía em função das pancadas por contusões ou pela rejeição e pelo isolamento. Ela baixava os olhos, sorrindo com prazer para esse filho que amava, até que, num belo dia, os levantou para fitar o rosto dele. Ele havia crescido.
>
> Ela foi, por toda a eternidade, a mãe dele. E a nossa.

Penso em Maria como minha mãe?
Se eu acredito que Maria é minha mãe, considero Jesus meu irmão?

SOU GRATO A TODAS AS PESSOAS QUE TÊM AGIDO COMO MÃE PARA MIM.

Recebendo Mensagens

A NASA tem enviado para o espaço sondas com mensagens na esperança de que, havendo vida extraterrestre em algum ponto do universo, as mensagens sejam recebidas e outras formas de vida façam contato com a terra. Pelo que sabemos, nenhum alienígena aceitou a proposta da NASA. Isso, porém, não quer dizer que mensagens celestiais não nos estejam sendo constantemente enviadas.

A cada minuto de cada hora de cada dia, Deus está em contato com a terra.

Se a você parece que Deus não está lhe enviando mensagens, lembre-se de que nem toda mensagem é obscura e "profunda". Quem sabe, hoje a sua mensagem seja tão simples como "Você não está só" ou "As coisas vão dar certo". Seja qual for a mensagem, esteja certo de que ela expressará exatamente aquilo que você precisa ouvir.

Uma outra razão pela qual aparentemente você pode não estar recebendo nenhuma mensagem é que os mensageiros que Deus escolhe estão entre os mais inimagináveis possíveis. Uma moça judia de um pequeno vilarejo num país remoto e insignificante, por exemplo. Durante os séculos, nas suas aparições na terra, Maria tem trazido mensagens de amor, conversão e de esperança para todo o mundo.

À medida que você for vivendo, procure a lição, a instrução, o significado em toda pessoa que encontrar. Virtualmente, qualquer pessoa pode vir a você com uma mensagem de Deus. O balconista da mercearia. O seu parceiro na máquina de café. O seu cônjuge. O seu vizinho. O motorista do carro ao lado. Apenas mantenha os olhos e os ouvidos abertos — você se surpreenderá com o que Deus está tentando lhe dizer hoje e todos os dias.

Procuro mensagens de Deus nas pessoas com quem entro em contato todos os dias?

OUÇO COM ATENÇÃO QUANDO DEUS PROCURA CHAMAR A MINHA ATENÇÃO.

Roupas

Muitos de nós possuem um armário cheio de roupas, mas não têm o que vestir. Maria não teria tido esse problema, já que ela não tinha um armário – e, mesmo que tivesse, teria muito pouca coisa para guardar nele. Na sua época, as mulheres tinham uma muda de roupa para o uso diário e talvez um outro traje, melhor, para ocasiões especiais – nada que se iguale aos nossos amplos guarda-roupas.

Conquanto Maria não tivesse muitas peças de roupa, é possível que sentisse a necessidade de alguma coisa nova de vez em quando. Talvez para celebrar a Páscoa em Jerusalém. Ou talvez para um casamento especial, como aquele em Caná. Nesses momentos, Maria teria gostado de mostrar a sua melhor forma, e isso poderia significar algo novo para usar.

Não há nada de errado em querermos mostrar a nossa melhor forma. Só temos de tomar cuidado para não confundir o que é exterior com o que é interior. As roupas da mais alta costura podem esconder um coração perverso e corrupto.

Se você gosta de comprar e usar roupas novas, poderia pensar em adotar a seguinte regra: nenhuma coisa nova entra em casa a não ser que algo usado tenha sido doado a uma instituição de caridade. Dessa forma, você evitará a dupla armadilha do acúmulo e do egoísmo (sem falar na possibilidade de adquirir coisas sem se sentir culpado!).

Sou exagerado ao comprar roupas? Julgo as pessoas pelo que elas vestem? Julgo a mim mesmo pelo que visto?

COMPREENDO QUE AS ROUPAS NÃO FAZEM O HOMEM NEM A MULHER.

Canções

O mal de Alzheimer é uma das doenças mais cruéis. Ele não só reduz os doentes a um estado de dependência e vulnerabilidade, como também priva-os da memória. A doença desorganiza seus bancos de dados a tal ponto que eles "se lembram" de coisas que nunca aconteceram, ao mesmo tempo que esquecem coisas tão essenciais como o nome dos filhos (ou até o fato de que têm filhos).

O curioso, porém, é que muitos pacientes de Alzheimer consigam se lembrar claramente de canções da infância. Um grupo de pacientes retraídos e indiferentes em quaisquer outras circunstâncias pode mostrar-se interessado e alegre quando ouvem suas antigas melodias prediletas.

Isso, no entanto, não causa surpresa. Uma canção pode muitas vezes levar-nos de volta ao passado, fazendo com que os anos desapareçam por um breve momento. Ouvir o "Hino à Bandeira" poderia transportar você de volta à classe do quarto ano primário, quando você cantava essa canção todos os dias depois das férias. Uma melodia popular dos seus tempos de ginásio poderia fazer você voltar ao último ano de escola quando você teve seu primeiro romance "verdadeiro".

Apesar de não sabermos que canções Maria cantasse para Jesus à medida que ele ia crescendo, *podemos* supor que ela cantasse para ele. É raro a mãe que não canta para o filho, pois a música é um dos meios pelos quais não só demonstramos nosso amor, mas também acrescentamos beleza ao nosso ambiente.

Em vez de ligar o rádio hoje e ouvir o que o programador impõe, reserve algum tempo para escolher a música que reflita o seu estado de espírito. Ponha um CD (compre um novo, se necessário) e realmente o ouça com atenção. Deixe que a música tome o seu espírito — e, enquanto isso, deixe que ela crie uma lembrança que jamais poderá ser apagada.

Uso a música para intensificar minha vida ou para abafar os sons do silêncio?

ESCOLHO COM CUIDADO A MÚSICA QUE OUÇO.

Trabalho

O provérbio "O trabalho de uma mulher nunca termina" obviamente é válido para Maria. Mesmo no céu, ela não consegue descansar. Durante séculos, ela tem reaparecido em todo o mundo, difundindo a mensagem de seu filho. O trabalho dela só estará terminado quando o trabalho de Jesus estiver concluído. E já que Jesus disse que nem os próprios anjos sabem quando isso vai acontecer, Maria pode ainda ter muito trabalho a fazer.

Nenhum de nós sabe realmente quando o nosso trabalho estará acabado. Às vezes nem sequer sabemos qual é o nosso verdadeiro trabalho. Podemos pensar que ele seja dirigir uma empresa ou criar uma família (ou mil e uma outras coisas), mas Deus pode considerar que isso não seja o nosso trabalho. Deus julga nosso trabalho por padrões muito diferentes dos nossos. Por exemplo, talvez não achemos que parar para ajudar alguém a descobrir em que ala de um supermercado encontra papel encerado seja grande coisa; porém, no eterno esquema das coisas, a palavra amável que dizemos para aquela pessoa confusa poderá fazer uma enorme diferença. Pelo que nos é dado supor, aquele estranho pode estar pensando em suicídio, e o fato de termos parado para atendê-lo pode ter-lhe dado uma prova de que vale a pena viver. Visto que não podemos conhecer o resultado final de nossas ações, é melhor agir como se tudo o que fazemos fosse o nosso "verdadeiro" trabalho.

Que ação realizei recentemente que fez diferença na vida de alguém?

SEMPRE FAÇO O MELHOR QUE POSSO E DEIXO QUE DEUS CUIDE DOS DETALHES.

Intimidade

Em *A Tree Full of Angels*, Macrina Wiederkehr escreve: “O coração não vive sem intimidade. Todos nós precisamos de pessoas especiais na nossa vida, pessoas a quem possamos mostrar nossa alma.”

Tanto quanto precisamos de alimento, de água e de sono, também precisamos de relações íntimas. Infelizmente, na maioria das vezes intimidade equivale a expressão sexual; no entanto, intimidade não é a mesma coisa que sexo. Na verdade, a mais profunda intimidade ocorre muitas vezes sem sexo – uma mãe com o filho, por exemplo, ou amigos íntimos cujo relacionamento sobrevive à distância e à ausência.

Na tradição católica, acredita-se que Maria e José tenham vivido vidas celibatárias durante o casamento, possibilitando, dessa forma, que Maria permanecesse “sempre virgem”. Apesar da falta de união sexual, ninguém jamais sugeriu que Maria e José não partilhassem um relacionamento íntimo. O Cardeal Léon Josephy Suenens escreve: “Esse aspecto da vida dela não é um jogo de faz-de-conta, mas um compromisso vivido na sua plenitude...”

Num mundo saturado de sexo e de imagens sexuais, as relações íntimas não-físicas nem sempre são valorizadas. Contudo, a proximidade que vem do ato de partilhar esperanças, sonhos, medos, ideais, frustrações, alegrias e tristezas – em suma, do ato de partilhar a substância da vida – é a única intimidade que dura para sempre.

Não entre num relacionamento desses levianamente. Ele pode ser um elo direto com o céu.

Quem são os meus amigos mais íntimos?
Como eu cultivo nossos relacionamentos?

RECONHEÇO A DIFERENÇA ENTRE INTIMIDADE E SEXUALIDADE.

Impostos

Benjamim Franklin certa vez escreveu numa carta a um amigo: "Neste mundo, porém, pode-se dizer que nada é certo, exceto a morte e os impostos." Sem dúvida alguma, Maria teria concordado – pelo menos no tocante aos impostos. A razão fundamental por que ela e José tiveram de viajar quando ela estava grávida (e a razão por que ela acabou dando à luz num estábulo) foi cumprir a profecia que dizia que o Messias nasceria em Belém – mas o motivo imediato foi que o governador romano estava realizando um censo. Você tem três chances para adivinhar por que ele queria saber quem vivia onde e possuía o quê. Se você assinalou como alternativa "arrecadar impostos", acertou em cheio!

Ninguém gosta de pagar impostos, principalmente quando tem-se a impressão de que o governo está fazendo mau uso do dinheiro. Todavia, o nosso dinheiro não é, na realidade, nosso. Ele é um símbolo da comunidade maior, comum a todos nós. Ao pagar nossos impostos, somos lembrados da responsabilidade que temos para com os outros; estamos afirmando que, enquanto comunidade, precisamos ter escolas, estradas, policiamento, proteção contra incêndio, transporte público, assistência médica para os pobres e habitação para os desabrigados.

Quando nos ressentimos por ter de pagar nossa justa parcela de impostos, estamos, em certo sentido, nos ressentindo daquelas pessoas menos afortunadas do que nós. Pessoas essas, quem sabe, que tiveram de dar à luz completamente sozinhas, numa cidade estranha, num estábulo úmido e sujo.

Sou honesto ao calcular meus impostos?
Não gosto de ter de pagar impostos?

DOU A CÉSAR O QUE É DE CÉSAR E A DEUS O QUE É DE DEUS.

Condição Material

Uma das figuras arquetípicas na literatura é a Mãe-terra. Encarnação de cuidado, proteção e assistência, ela é tanto material como espiritual. A madrinha do conto de fadas *A Cinderela* é uma Mãe-terra. Também o é a Princesa Léia da trilogia *Guerra nas Estrelas*. E também a Virgem Bem-aventurada.

A diferença, evidentemente, é que as madrinhas dos contos de fadas e a Princesa Léia são personagens fictícias, ao passo que Maria é uma mulher verdadeira. No entanto, a exemplo das Mães-terra fictícias, Maria combina uma natureza profundamente espiritual com um lado material, prático.

É fácil, para nós, reconhecer a natureza espiritual de Maria, pois ela tem sido enfatizada desde os primórdios do Cristianismo. O outro lado talvez seja mais difícil de perceber, por não ter sido "promovido". Mas está lá.

Maria não pode ter sido a criatura efêmera que vemos nas estátuas, delicada demais para ajudar uma ovelha a dar cria e refinada demais para limpar um estábulo. Ela não pode ter sido a figura excêntrica representada nas artes, cujas mãos nunca trouxeram as marcas do trabalho e cuja testa nunca ficou perolada de suor.

Maria viveu numa época e num lugar em que o trabalho físico árduo era a norma. Como parte da rotina diária, ela teria de cozinhar, limpar, fiar e costurar – tudo feito a mão. Além disso, devia saber o que era trabalhar na terra, plantar sementes e fazer colheitas, bem como ajudar o marido nas suas atividades. Ela devia conhecer todos os aspectos desagradáveis e enfadonhos da vida – e da morte – numa cultura agrária. Maria certamente devia passar o tempo rezando, mas seu trabalho também devia ser sua oração.

Quando estamos tentados a pensar que determinadas obrigações são "indignas" de nós, lembremo-nos de que Maria, "bendita entre todas as mulheres", viveu com o coração no céu, mas com os pés solidamente plantados em terra firme.

Procuro evitar um trabalho que, na minha opinião, é inferior ou não-gratificante? Acho que algumas ocupações são inerentemente mais nobres do que outras?

DOU VALOR A TODO TRABALHO HONESTO.

Confiança

Entre os muitos títulos de Maria, provavelmente você não terá lido Mulher de Confiança, mas Maria deve ter sido uma mulher extremamente confiante. Afinal de contas, a confiança pode ser definida como "crença inabalável"; e ainda que nada mais tivesse, Maria tinha uma crença inabalável – não na sua própria capacidade, mas na capacidade de Deus. Já que ela confiava em que Deus cuidaria dela em qualquer situação, ela pôde gerar um filho pelo poder do Espírito Santo. Se *isso* não é confiança, então não é nada!

É difícil ter confiança absoluta numa outra pessoa (ou até em si mesmo) por causa da falibilidade da natureza humana. Contudo, é possível ter completa confiança em Deus. Deus não decepcionou Maria, e Deus também não decepcionará nenhum de nós.

Por que, então, tantas vezes temos a impressão de que Deus não atende às nossas preces?

É fácil responder que Deus *sempre* atende às nossas preces: só que às vezes a resposta é não. Porém, uma resposta tão simplista como essa dá a questão como provada.

Embora nunca o possamos compreender completamente, uma razão por que nossas preces às vezes parecem não ser atendidas é que nos prendemos demais a uma resposta *específica*. Quando não obtemos a resposta que buscamos, temos a impressão de que nossa prece foi ignorada.

Maria tinha completa confiança em Deus porque ela não tinha nenhuma noção preconcebida de como Deus *agiria*; ela estava simplesmente disposta a acreditar que Deus *agiria*. Do mesmo modo, quando confiamos em que Deus agirá em nosso interesse, começamos a perceber que Deus sempre *age* no nosso melhor interesse.

Quando rezo, digo a Deus qual eu gostaria que fosse a resposta,
ou estou disposto a rezar sem procurar ditar a resposta a Ele?

CONFIO NA RESPOSTA DE DEUS ÀS MINHAS PRECES.

Fiat!

Em algumas traduções do Evangelho de Lucas, quando Gabriel pergunta a Maria se ela está disposta a se tornar a mãe do Salvador, ela responde: "*Fiat*!"

Mais do que um simples sim, essa resposta significa "Que assim seja!". É um sim *retumbante* — e não só à pergunta do momento, mas às aventuras da vida, com todos os seus altos e baixos, vantagens e desvantagens, alegrias e tristezas.

A réplica de Maria — "*Fiat*!" — também deve ser a nossa. Somos todos chamados para viver a vida na plenitude, não para nos comportarmos como criadas num castelo de fantasia, esperando por um distante momento em que chegará um príncipe para despertar a bela adormecida com um beijo (e, com isso, despertar também todas as outras pessoas).

Acabou o tempo de espera. O príncipe *já* chegou. A bela adormecida *já* está acordada. Está na hora de despertar do mundo dos sonhos e começar a viver!

Hoje observe o que acontece ao seu redor com os sentidos recém-despertos. Olhe para a rua onde você mora como se nunca a tivesse visto antes. Tome o seu café da manhã como se fosse a primeira vez que o provasse. Ouça o gorjeio dos pássaros como se nunca tivesse ouvido antes um pássaro cantar. Passe a mão pelo seu rosto como se nunca tivesse tocado a maçã do seu rosto antes. Respire o ar da manhã como se fosse a primeira vez que respirasse. Diga "*Fiat*!" em resposta a toda a criação.

Sinto-me como um sonâmbulo caminhando pela vida?
Quando me senti mais vivo, mais desperto?

FIAT! SIM! ASSIM SEJA!

Buquê Espiritual

Maria é chamada por muitos nomes de flores – não apenas palavras eloqüentes, mas pelos nomes verdadeiros de flores, tais como a rosa e o lírio. Até mesmo o nome de sua grande oração, o Rosário, é derivado da palavra rosa.

Uma tradicional prática católica do passado consistia em criar um buquê espiritual – uma coleção de dádivas espirituais, como a promessa de rezar um determinado número de Rosários, de fazer uma breve visita à igreja ou de ler certas preces em voz alta na intenção de uma outra pessoa. Essa coleção de promessas era impressa num cartão decorado e apresentada numa ocasião especial (Páscoa, Natal ou Dia das Mães). Destinada a abençoar tanto o doador quanto o receptor, era um meio de fazer os entes queridos saber que a gente estava pensando neles e rezando por eles e por suas intenções.

Procure criar um buquê espiritual para alguém importante na sua vida. Ao contrário do antiquado buquê espiritual, o seu não precisa consistir em Rosários ou em orações fixas. Em vez disso, você poderia se comprometer a desejar felicidade a alguém toda vez que pensar nessa pessoa durante a semana. Ou poderia fazer o voto solene de se lembrar do receptor com pensamentos positivos todas as manhãs quando escovar os dentes. Ou ainda poderia concordar em fazer uma prece especial todos os dias ao meio-dia, a fim de ajudar aquela pessoa que tem uma necessidade particular, como, por exemplo, parar de fumar ou começar um programa de exercícios físicos.

Apesar de ser melhor guardar segredo de muitas ações espirituais, um buquê espiritual é algo que precisa ser compartilhado. Ao informar as outras pessoas que você tem por elas bastante estima para mantê-las no seu coração e na sua mente, você não só lhes dá força, mas também se fortalece.

Por que não começar agora mesmo a criar um arranjo floral espiritual para alguém?

Tenho medo de que as pessoas pensem que sou "carola" demais se eu disser que vou rezar por elas? Sou da opinião que devo guardar minha religião para mim mesmo?

DAREI HOJE UM BUQUÊ ESPIRITUAL DE PRESENTE.

Relação Entre Primos

Os Evangelhos nos dizem que Isabel, parente de Maria, deu a seu filho o nome de João. João seria, assim, sobrinho de Maria e primo de Jesus. Uma vez que eles tinham quase a mesma idade, provavelmente tinham diversas coisas em comum. Mas talvez não. João pode ter sido uma criança bastante estranha, visto que se tornou um adulto bastante estranho, vivendo no deserto, alimentando-se de mel e de gafanhotos e usando peles como vestimenta. Jesus, por outro lado, deve ter sido uma criança completamente normal (não obstante aquele pequeno incidente no Templo), já que ninguém podia acreditar que ele fosse o Messias quando começou a pregar.

Primos são parentes estranhos. Alguns são quase tão íntimos quanto irmãos, ao passo que outros são tão distantes que não se reconheceriam se se encontrassem na rua. Embora na nossa cultura usemos a mesma palavra para designar os filhos dos irmãos de nosso pai ou os filhos dos irmãos de nossa mãe, os primos de um dos lados da família parecem muitas vezes ser parentes mais "verdadeiros" do que os primos do outro lado. Se você mantém relações igualmente boas com os dois lados da sua família, considere-se duplamente abençoado!

Esta talvez seja uma boa época para fazer uma pequena investigação na sua árvore genealógica. Pergunte aos seus parentes vivos mais idosos, dos dois lados da família, o que eles sabem a respeito da sua família e anote as observações que eles fizerem. As lembranças deles podem ser inestimáveis no futuro. Quando mais não seja, você poderá ganhar alguma compreensão sobre o lugar de onde veio — e quem sabe até do lugar para onde está indo!

Conheço os meus primos?
Sou mais próximo dos primos de um lado da família do que do outro?

COMPREENDO QUE FAÇO PARTE DE UMA GRANDE FAMÍLIA.

Mirra

Um dos presentes dos Magos, a mirra, valia o preço da vida de um rei. No entanto, ela era usada na cerimônia de sepultamento dos reis. Obtida da seiva de uma planta semelhante a um arbusto, era usada como incenso e também como perfume. De fato, o poema erótico "O Cântico de Salomão" alude diversas vezes à vontade de se possuir a mirra e ao seu valor.

Será que Maria ficou surpresa e curiosa quando recebeu esse presente? Revendo o passado, compreendemos o significado da mirra, que indica tanto para a condição régia de Jesus quanto para a sua morte iminente. Já que Maria teve de refletir sobre várias outras coisas que cercaram o nascimento de Jesus, parece improvável que ela tivesse compreendido imediatamente o significado cósmico do presente. Possivelmente, tendo apenas um vago relance de compreensão de que aquele bebê nos seus braços teria de morrer para que reinasse como o Rei da Criação, ela achou que os Magos eram excêntricos generosos.

Às vezes, assim como Maria, nós temos a intuição de que tudo o que está acontecendo conosco é da maior importância, mas não compreendemos toda a situação. Sabemos que precisamos prestar atenção, mas, na realidade, não sabemos ao certo em que estamos prestando atenção – ou por quê. Só o que temos é o sentimento de que alguma coisa grande está à espera na estrada e a sensação de que precisamos estar prontos.

Nessas ocasiões, precisamos ser como Maria e aceitar graciosamente o que nos é oferecido, ao mesmo tempo que esperamos que o significado seja revelado no seu devido tempo.

Quero conhecer a história toda desde o começo?
Estou disposto a esperar e deixar que as coisas se desenrolem
no tempo aprazado por Deus?

ACEITO CADA DIA SUAS DÁDIVAS TAL COMO ACONTECEM.

Gratidão

Da próxima vez em que você estiver dirigindo ou andando de carro, faça a seguinte experiência. Primeiro, concentre-se em tudo que for vermelho dentro do seu campo de visão. A princípio, você talvez não veja muita coisa, mas em segundos os objetos vermelhos surgirão em toda parte. Em seguida, concentre-se na cor azul. De repente, todos os objetos vermelhos parecerão desaparecer, deixando o mundo ser dominado pela cor azul. A mesma coisa será válida para todas as cores em que você pensar. Você verá aquilo que procura.

Esse mesmo princípio é válido na vida. Se você procurar o bem, você o encontrará. Por outro lado, se procurar a tristeza ou o mal, isso é o que encontrará. Eis por que é tão importante desenvolver uma "atitude de gratidão". Quanto mais gratidão você expressar, mais razões terá para sentir-se grato.

A grande oração de Maria – conhecida como o *Magnificat* ou o Cântico de Maria – revela que ela demonstrava uma atitude de gratidão finamente desenvolvida. Desde o primeiro verso ("Minha alma engrandece o Senhor") até o verso final ("Socorreu a Israel, seu servo, lembrado de sua misericórdia, conforme prometera a nossos pais, a Abraão e à sua descendência para sempre"), toda a oração de Maria é de agradecimento a Deus. Ela não só expressa sua gratidão pelo trabalho de Deus em sua vida, como também recorda a graça de Deus para toda a nação de Israel.

Uma atitude de gratidão é algo que todos nós podemos desenvolver. Que o modo de Maria de viver com gratidão se torne também o nosso.

Vejo o meu copo como parcialmente cheio ou como parcialmente vazio?
Pelo que me sinto agradecido neste exato momento?

HOJE EU PROCURO TODAS AS COISAS BOAS PARA A MINHA VIDA.

Felicidade

Como o orvalho da manhã nas pétalas, a felicidade não pode ser apresada ou guardada. Embora se possa recordar tempos passados de felicidade e antecipar o prazer de ser feliz no futuro, a felicidade em si mesma só pode ser vivida no presente.

O que nos deixa verdadeiramente felizes? Em geral, não são os bens materiais — coisas como uma nova casa ou férias emocionantes. Ainda que nos façam sentir alegres ou remoçados, a felicidade que trazem é fugaz e ardilosa. A única felicidade que nos acompanha ao longo de toda a nossa jornada é a que nasce do desenvolvimento de relações amorosas com os outros — particularmente com Deus.

Só presença de Deus nos traz uma inexplicável felicidade. Como uma lufada de ar fresco ou como uma brisa refrescante, ela sopra através de nossas vidas, mudando tudo e nada ao mesmo tempo. Não é de espantar que místicos e profetas tenham tido tanta dificuldade para explicá-la!

Os videntes relatam que têm as mesmas inexplicáveis sensações quando Maria aparece. E não é de admirar. De todas as pessoas, ela é a mais próxima de Jesus. Ela carrega dentro do seu ser o espírito e a mensagem dele. Quando Maria aparece, Deus está inegavelmente com ela; e onde Deus está, aí também está a verdadeira felicidade.

Abraham Lincoln disse certa vez que as pessoas são quase tão felizes quanto decidem ser. Se você é infeliz, peça a Maria que ore para que você receba o Espírito de Deus. Peça a ela que o ajude a sentir o toque de Deus na sua vida hoje. E, então, decida-se a ser feliz.

Quero realmente ser feliz?
Alguma vez gostei secretamente de me sentir infeliz?

EU SEI QUE A MINHA FELICIDADE NÃO DEPENDE DE CIRCUNSTÂNCIAS EXTERNAS.

Crucificação

E eles o crucificaram.

LUCAS 23: 33

A crucificação não foi uma invenção romana, mas, na época da morte de Jesus, os romanos tinham aperfeiçoado essa técnica. Depois de ser açoitado, o condenado carregava sua cruz até o lugar da execução. Então ele era complemente despido (a menos que o costume local proibisse isso), faziam-no deitar-se no chão e atavam (por meio de corda ou de pregos) seus punhos e pés à madeira.

A morte na cruz quase nunca ocorria devido à perda de sangue. Os ferimentos nos pulsos e nos pés, ainda que fossem torturantes, não rompiam nenhum vaso sangüíneo principal. As vítimas de crucificação morriam, ao contrário, de asfixia.

A maior agonia da crucificação acontecia por causa da quase constante sensação de sufocamento. Falar, como Cristo fez na cruz, causaria um enorme sofrimento, já que exigia que a vítima desse um empuxo para cima na direção contrária à dos pregos nos seus pés e mantivesse essa posição pelo tempo necessário para completar a comunicação.

Cristo falou sete vezes durante sua crucificação – um feito extraordinário. Numa delas, falou para assegurar que cuidariam de sua mãe depois da morte dele. Ele a entregou a seu amigo João – e entregou João a ela. Além disso, ele a deu a nós para que ela fosse também a nossa mãe.

Que a prece de Santa Gemma Galgani se torne a nossa prece: "Sois a minha mãe do céu. Sereis para mim como qualquer mãe para seus filhos... Ó minha Mãe, não me desampareis! Minha querida Mãe, não me abandoneis!"

Estou disposto a dividir minha família com os outros?
Asseguro-me de que minha família será bem-cuidada quando eu não puder estar com ela?

AMAR OS OUTROS É FÁCIL, POIS EU SEI QUE SOU AMADO.

O Espírito Santo

Todos, unânimes, eram assíduos à oração, com algumas mulheres, entre as quais Maria, a mãe de Jesus, e os irmãos dele... Quando chegou o dia de Pentecostes, estavam todos reunidos no mesmo lugar... E todos ficaram cheios do Espírito Santo.

ATOS 1: 14, 2: 1, 4

Aparentemente, Maria recebeu o Espírito Santo junto com os apóstolos naquele primeiro Pentecostes. Visto que Maria está tão intimamente ligada a Deus, algumas pessoas a tratam como se ela própria fosse divina. Mas Maria não é uma deusa. Ela foi e é uma das criaturas de Deus. Ela não tem poder, grandeza nem glória salvo aquela que Deus lhe deu. Como Santo Maximiliano Kolbe, que foi executado em Auschwitz, expressou: "Por si mesma, Maria não é nada, mesmo quando todas as outras criaturas são; no entanto, pelo dom de Deus ela é a mais perfeita das criaturas."

Por ser uma criatura – embora perfeita – Maria poderia ainda ser favorecida ao receber os dons do Espírito Santo (se bem que ela, sem dúvida alguma, quase não precisasse deles tanto quanto o resto de nós). Os sete dons que Maria recebeu no Pentecostes – sabedoria, compreensão, conselho, coragem, conhecimento, piedade e temor de Deus – também podem nos encher, dando-nos a força e a coragem de que precisamos para levar a cabo fielmente nossa missão de vida.

Que dom do Espírito Santo eu mais preciso desenvolver em minha vida?
Que dom me ocorre mais naturalmente?

A SABEDORIA DIVINA É MINHA ORIENTAÇÃO DIÁRIA.

Aprovação

Ao contrário do que algumas pessoas pensam, ninguém, nem mesmo os católicos fervorosos, precisa acreditar nas aparições de Maria, mesmo em se tratando das aparições "aprovadas" de Lourdes e de Fátima. A aprovação simplesmente significa que, depois de rigorosa investigação, a Igreja examinou a aparição e não conseguiu encontrar nada de falso. Em outras palavras, a aprovação diz apenas que as pessoas são livres para acreditar que Maria apareceu e não que elas devam acreditar.

Para algumas pessoas, a aprovação da Igreja é fundamental. Elas sequer aceitarão a possibilidade de que Maria possa estar aparecendo sem que os juízes eclesiásticos tenham dado sua aprovação. Para outras pessoas, a aprovação da Igreja é supérflua. Elas acreditam espontaneamente que Maria está aparecendo mesmo depois que altos dignitários da Igreja tenham reconhecido publicamente uma visão.

Buscar a aprovação dos outros é um pouco como procurar convencer as pessoas, de um modo ou de outro, sobre as aparições de Maria. Elas acreditarão ou não que Maria tenha aparecido. Elas aprovarão ou não a nós e a nossa conduta. A chave para a aprovação de si mesmo é muito parecida com a chave para julgar as aparições de Maria. Se as aparições de Maria realmente vêm de Deus, elas darão "bons frutos". Corações serão abrandados, vidas serão transformadas, almas serão salvas. Se nossas vidas dão "bons frutos", outras serão encorajadas, consoladas e inspiradas, não importando mais se alguém nos aprova ou não!

Eu quero que todo mundo aprove a mim e às minhas escolhas?

ACEITO O FATO DE QUE NÃO POSSO AGRADAR TODAS AS PESSOAS AO MESMO TEMPO.

Julgamento

Depois da Ressurreição, teria sido muito fácil para Maria voltar a Nazaré e dizer a todos aqueles vizinhos que haviam condenado seu filho: "Vejam, eu *disse* a vocês que ele era o Messias!", mas ela não o fez. Em vez disso, ela deu-nos um exemplo extraordinário de não-julgamento.

Uma das regras cardeais da maturidade espiritual é esta: "Não julgueis, para não serdes julgados." Ou, em outras palavras: "Tudo o que vai, volta".

Assim, muitas vezes descobrimos que as coisas que mais condenamos são exatamente as que nós mesmos acabamos tendo de enfrentar. Se, por exemplo, critiquei o divórcio de um amigo, pode ser que eu me pegue em dificuldades ao sair de uma separação, querendo desesperadamente gritar e ser compreendido.

A única forma de não ser julgado é não julgar. Não condenar não significa, naturalmente, abandonar padrões éticos. Mas, na medida em que não precisamos fingir que toda ação é aceitável e que todas as decisões são corretas, também não podemos nos arvorar em juízes e júris do mundo.

No ensino católico tradicional, Maria é sempre vista como nossa auxiliadora, intercessora e consoladora em tempos difíceis. É a ela que nos dirigimos quando precisamos de um colo de mãe. Ela ajuda a todos os que vêm a ela. Como a grande oração mariana, o *Memorare*, diz: "Jamais se soube que alguém que buscasse correndo a vossa proteção... ficasse desamparado." Maria – que tem mais direito de julgar do que qualquer outra pessoa neste mundo – nunca julga. Do mesmo modo, nunca devemos julgar uns aos outros.

Sempre presto demasiada atenção à vida alheia?
Acho fácil ou difícil não julgar?

EU DEIXO QUE AS OUTRAS PESSOAS VIVAM SUAS PRÓPRIAS VIDAS.

Perdido e Achado

Todos nós já passamos pela experiência de perder alguma coisa de valor. Talvez fossem nossas chaves ou a nossa carteira. Os estágios da perda são os mesmos, qualquer que seja o objeto. Primeiro, o pânico quando percebemos que algo está faltando. Depois, a busca desesperada. A seguir, um sentimento melancólico de perda, combinado com uma esperança irremediável de que o objeto perdido de algum modo vai aparecer.

Maria sabe o que é perder alguma coisa, embora no seu caso fosse alguém – Jesus, que ficou para trás no Templo quando ele tinha doze anos de idade. Imagine o seu pânico quando ela se deu conta de que ele não estava com os outros meninos da caravana. Pense na sua busca desesperada, depois na sua infelicidade quando ela e José começaram a refazer seus passos. Que pensamentos deviam estar passando pela sua cabeça? Não só ela perdera o próprio filho, mas também perdera o Filho de Deus.

Maria, porém, também sabe o que é achar o que se perdeu. Depois de três dias de inacreditável desvario, ela e José finalmente localizaram Jesus no Templo. Dois mil anos depois, ainda podemos sentir seu grande alívio e alegria.

Já que Maria sabe o que é ter perdido e achado o seu filho, sua função agora é ajudar nós todos a encontrá-lo. Uma vez que ela sabe o que é procurar diligentemente, ela encoraja a nossa busca, fazendo-nos saber, por fim, que o encontraremos não no Templo de Jerusalém, mas no templo de nossa alma.

Que coisa mais tenho procurado em minha vida?
Achei o que estava procurando, ou ainda o estou procurando?

EU SEI QUE ACHAREI AQUILO QUE MAIS QUERO DA VIDA.

Páscoa

A Páscoa é a maior festa judaica de liberdade e redenção, comemorando o êxodo dos judeus do Egito. Quando Deus revelou que iria punir os egípcios, os judeus marcaram os batentes de suas portas com o sangue de cordeiros sem mancha. Naquela noite, o Anjo da Morte "passou por sobre" as casas deles, poupando-os da morte.

Sabemos que a Sagrada Família celebrava a Páscoa, pois se encontrava em Jerusalém para essa festa quando Jesus ficou para trás no Templo. E sabemos que, na noite antes de morrer, Jesus celebrou a Páscoa com seus discípulos. Apesar de Maria não ser mencionada na narrativa bíblica da última Páscoa, pode ser que ela estivesse lá, num outro aposento, com as outras mulheres.

Ouvindo Jesus falar, sentindo-o cada vez mais agitado e vendo Judas partir abruptamente, será que Maria teve a intuição de mãe de que alguma coisa estava prestes a acontecer? Será que rezou pedindo um milagre? Será que implorou que, uma vez mais, Deus "passasse ao largo" e poupasse a vida de Jesus? Sabemos que o próprio Jesus pedira para ser poupado; é provável que sua mãe fizesse o mesmo pedido.

Quantas vezes rezamos desesperados? Quantas vezes, em completo desespero, procuramos a ajuda de Deus? Quantas vezes pedimos para sermos poupados de sofrimentos e provações?

A resposta que Jesus recebeu – e a resposta que Maria também teria recebido – é a mesma mensagem que recebemos. Talvez não sejamos poupados milagrosamente, mas nos é concedida a força para passar pela provação. Isso já é resposta suficiente.

Por que provação estou passando agora, da qual gostaria de ser poupado?

SEI QUE DEUS ME DARÁ FORÇAS PARA ENFRENTAR QUALQUER DESAFIO QUE SURGIR NO MEU CAMINHO.

30 DE ABRIL

Estrela do Mar

De todas as designações dadas a Maria, uma das mais populares é Estrela do Mar. De São Bernardo ao Papa João Paulo II, homens e mulheres santos em todos os séculos têm reverenciado Maria sob essa denominação.

Mas o que significa Estrela do Mar?

Personificada nessas poucas palavras está uma profunda compreensão espiritual. Maria em si mesma não é o fim de nossa jornada; antes, ela é o meio pelo qual chegamos a compreender nossas necessidades e anseios espirituais mais profundos. Ela é uma luz nos mares tempestuosos da vida, um farol em meio aos violentos furacões da desgraça. Sua resposta a Deus e seu exemplo de vida cheia de fé são uma inspiração para todos os que buscam conhecer e entender a verdade. Santo Tomás expressou isso de maneira melhor quando disse: "Assim como os marinheiros são guiados para o porto por meio de uma estrela, assim também os cristãos são guiados para o Céu por meio de Maria."

Se você está lutando para manter seu curso rumo ao Céu, reze estas palavras que o Papa João Paulo II pronunciou em Roma em 14 de junho de 1979: "Eu entrego todos vocês aos cuidados de Maria santíssima, nossa Mãe no céu, a Estrela do Mar de nossa vida: rezem a ela todos os dias, filhos! Dêem suas mãos a Maria santíssima, para que ela possa levá-los a receber Jesus de uma maneira sagrada."

Que áreas da minha vida parecem mais devastadas por uma tormenta?
Onde posso achar um "porto seguro"?

SIMPLESMENTE FIXO OS MEUS OLHOS NO CÉU, E EM NADA MAIS.

1º DE MAIO

Engano

É muito ruim enganar o próximo, mas enganar a si mesmo é o mais cruel de todos os enganos. Tentar convencer a nós mesmos que somos algo ou alguém que não somos é pior do que viver na mentira; é negar o que realmente somos.

Todos nós nascemos com talentos e habilidades únicos. Cada um de nós tem algo que pode fazer melhor do que qualquer outra pessoa no mundo. Para alguns, esse talento é óbvio. O falecido Carl Sagan, por exemplo, podia apresentar idéias científicas de tal forma que fascinava a média de leitores e telespectadores. Para a maioria de nós, porém, os talentos não são tão públicos; eles só são visíveis para as pessoas que fazem parte do nosso círculo mais íntimo.

Porém, se tentamos convencer a nós mesmos de que ou não temos nenhum talento ou de que possuímos talentos que não temos, acabamos impossibilitados de utilizar efetivamente os talentos que temos.

Maria é um exemplo de mulher que conhece a si mesma e suas fraquezas (a humildade de ser uma dona de casa), mas que também conhece a sua força ("todas as gerações me considerarão bem-aventurada"). Ela sabe o que pode e o que não pode fazer.

À medida que crescemos em sabedoria espiritual, peçamos a Deus que nos ajude a tirar a máscara do próprio engano — a rezar, nas palavras do poeta Robert Burns: "Oxalá algum Poder nos desse o dom de nos vermos como os outros nos vêem! Ele então nos livraria de muitos erros e idéias tolas."

Tenho analisado meus talentos e habilidades de forma honesta e realista? O que eu considero como minhas maiores qualidades e fraquezas?

EU ACEITO A MINHA SINGULARIDADE.

Inteiramente Sagrado

Todas as grandes religiões do mundo concordam num ponto: somos chamados para nos tornarmos totalmente sagrados. Naturalmente, a maneira como cada uma define o sagrado é diferente. O conceito hindu de Nirvana, por exemplo, não é a mesma coisa que a visão de eternidade para o Cristianismo. Todavia, por trás das diferenças há um objetivo comum — o de que a humanidade corrija sua fragmentação.

Esse chamado para restabelecer a totalidade não está só restrito ao aspecto espiritual da existência. Somos chamados para nos tornarmos um todo — em corpo e espírito. Infelizmente, na maioria das vezes ressaltamos um aspecto de nós mesmos omitindo outros. Por exemplo, cuidamos de nossa carreira profissional em detrimento de nossos relacionamentos. Cuidamos do espírito, enquanto deixamos de lado o corpo.

Por ter o Cristianismo dado enfoque à vida eterna durante a maior parte da sua história, esquecemos que a principal meta dos ensinamentos do Cristianismo é a descoberta do equilíbrio entre o céu e a terra. Maria, tendo ascendido ao céu de corpo e alma, mostra-nos claramente que a totalidade é a meta de Deus para cada um de nós. Se o lado espiritual fosse a única coisa importante, Maria não teria precisado de seu corpo até o final dos tempos.

No entanto, Deus permitiu que ela fosse inteira para o céu a fim de nos mostrar que o físico e o espiritual não podem ser divididos. Nós nos tornamos completamente sagrados quando usamos o nosso corpo de maneira apropriada. E é só através do corpo que chegamos realmente a entender nosso lado espiritual.

Por que isso tem de ser assim é um mistério. Mas *é* essa a realidade.

Gasto mais tempo desenvolvendo o meu lado espiritual ou o meu corpo físico? Como posso atingir um equilíbrio melhor para me tornar totalmente sagrado?

EU NÃO SUPERVALORIZO NEM O MEU LADO ESPIRITUAL NEM O MEU LADO FÍSICO, MAS DEDICO MEU TEMPO A AMBOS.

Essência

Uma das cenas mais significativas da vida de Maria acontece durante uma festa de casamento na cidade de Caná.

Naqueles tempos, durante a celebração do casamento – uma festa que poderia durar até duas semanas – esperava-se que o anfitrião oferecesse comida e bebida aos convidados. Nesse casamento em Caná, alguém não calculou bem, e no terceiro dia o vinho acabou – a maior gafe social.

Não está claro por que Maria tem conhecimento desse problema, mas, seja como for, ela menciona o problema a Jesus, esperando que (embora "a hora dele ainda não tivesse chegado") ele cuide de tudo.

Nessa história revela-se a quintessência de Maria. Maria está profundamente preocupada com as pequenas coisas da vida: preocupada com assuntos puramente mundanos, como a falta de vinho na festa, e está preocupada com os sentimentos da noiva e do noivo. Com essa dupla preocupação, ela tem absoluta confiança em que seu filho fará o que ela lhe pede, que ele cuidará de tudo. Nessa ocasião, Maria mostra toda a sua fé ao abordar Jesus a respeito dos pequenos detalhes da vida. Lidando com empregados e serviçais, ela também revela sua confiança positiva.

Se você quer que Maria ajude você nos problemas da vida, se quer entender por que os santos sempre se voltam para Maria nos momentos difíceis, se você quer saber como Maria é realmente, leia a história do casamento em Caná (João 2: 1-11).

Acredito que Maria irá me ajudar nos problemas "não-espirituais", ou acho que ela só se importa com problemas espirituais?

EU ACREDITO QUE MARIA SE INTERESSA POR TODOS OS ASPECTOS DA VIDA.

O Lado Sombrio

Na trilogia *Guerra nas Estrelas*, Obi-wan Kenobi avisa o jovem Luke Skywalker dos perigos do lado escuro da Força. O lado escuro já seduziu o pai de Luke, tornando-o uma pessoa diabólica. Darth Vader e Obi-wan tentam desesperadamente impedir que Luke sofra o mesmo destino.

Esse mito moderno reproduz uma verdade perene: todos nós podemos ser corrompidos. Em todos nós se esconde um lado sombrio, rondando como uma besta voraz, esperando uma oportunidade para atacar e devorar.

Em todos nós, exceto em Maria.

A teologia católica nos ensina que Maria foi gerada no útero da mãe sem esse lado escuro. Ela poderia ter pecado mas não o fez — não porque fosse incapaz de pecar, como era Jesus, mas porque não foi arrastada ao pecado da mesma forma que todos nós.

Essa graça pode fazer parecer que Maria está acima de nós, já que não temos a chance de seguir seus passos. Porém, a Imaculada Conceição de Maria, como é chamada, foi o resultado da máxima ação da graça de Deus na vida dela. Deus oferece a todos nós a mesma graça. Podemos nascer com esse lado escuro, mas Deus nos dá a oportunidade de remover a nossa natureza sombria pela ação do Espírito Santo — o mesmo Espírito Santo que desceu sobre Maria e os Apóstolos em Pentecostes.

A Maria foram concedidos vários privilégios, mais elevados que os nossos, não para que nós nunca possamos esperar chegar aonde ela chegou, mas para que ela nos possa mostrar como seguir pelas estradas da vida.

Reconheço o meu lado sombrio? Tenho pedido a Maria que reze para que eu consiga vencer meus desejos diabólicos?

ACEITO O FATO DE TER UM LADO ESCURO,
MAS ME RECUSO A DEIXAR QUE ELE TRIUNFE SOBRE MIM.

Preocupação

Embora Jesus tenha dito várias vezes aos seus seguidores que não se preocupassem, até Maria aparentemente ficou preocupada quando ele se perdeu no Templo. (Que mãe não teria se preocupado?) "Filho, por que fizeste isso conosco? Teu pai e eu te procuramos, muito aflitos."

Embora a preocupação seja uma reação normal do ser humano às dificuldades, a vida marcada pela preocupação é uma vida jogada fora. Um dos nossos maiores desafios é aprender a superar as preocupações. A solução é, ao mesmo tempo, impossivelmente simples e frustrantemente complexa: para superar a preocupação temos de aprender a confiar em Deus, pois ele é quem mais sabe.

Aprender a confiar em Deus não é fácil. A tarefa é complicada também pela nossa infância, pela imagem que fazemos de Deus e pelas nossas fraquezas. Se não tivemos a experiência de confiar, no nível humano, nas pessoas que vemos, como poderemos confiar em Deus, a quem *não* podemos ver?

A única maneira de confiar em Deus é *confiando*! Não podemos pensar em confiar em Deus. Não podemos analisar os passos para confiar em Deus. Nós não podemos fazer um fluxograma dos prós e contras da crença em Deus. Nós apenas temos de *acreditar*!

Comece pelas pequenas coisas. Comece a confiar em que Deus cuidará dos pequenos problemas – como achar um lugar para estacionar ou um brinco perdido. Gradualmente, à medida que começar a ver que Deus se interessa ativamente pelos pequenos detalhes da sua vida, você será capaz de confiar cada vez mais nele.

Será que isso vai ser fácil? Não. Vai valer a pena? Sem dúvida.

Será que eu acredito que Deus tem em mente o meu melhor interesse?

SÓ POR HOJE NÃO ME PREOCUPAREI.

Virtudes

Nas clássicas reflexões sobre Maria, escritores freqüentemente mencionam que ela morou em uma área geográfica limitada e que não estava exposta ao "grande mundo", ao mundo real, permanecendo uma moça humilde numa pequena aldeia.

E sobre aquela viagem que ela fez ao Egito para fugir da cólera do rei Herodes?

O Egito era um dos grandes centros cosmopolitas do mundo. Uma vez que José era carpinteiro e estaria trabalhando durante a curta permanência deles no Egito para ganhar a vida, a Sagrada Família não teria vivido com dificuldade. Para que José achasse emprego eles teriam que ter morado num grande centro. Ademais, a ida para o Egito o teria feito passar por várias situações num território novo e diferente.

Não, Maria não era uma simples dona de casa. Tinha mais experiência e viajara mais pelos caminhos do mundo do que seus vizinhos de Nazaré. Vira lugares e pessoas que seus amigos e parentes só poderiam imaginar. Não foi a típica garota do interior que nunca conhecera uma cidade grande.

Quando olhamos para Maria, temos que ser cuidadosos para não racionalizar suas virtudes, distorcendo os fatos de sua vida. Maria foi, sem dúvida, humilde e modesta; porém, tinha essas virtudes não porque não fora exposta a muitas oportunidades, mas porque era inerentemente humilde e modesta. As virtudes que admiramos em Maria não estão aí porque ela fosse limitada em experiência, mas, sim, porque não tinha limite naquilo que realmente importa — o amor.

Alguma vez pensei como deve ter sido a vida de Maria no Egito?
Posso imaginá-la?

EU SEI QUE POSSO CRESCER NA VIRTUDE, INDEPENDENTEMENTE DE ONDE EU ESTIVER OU DO QUE EU FIZER.

Solidão

Apesar da abundância de bens materiais, os americanos são, nas palavras de Madre Teresa de Calcutá, o grupo de pessoas mais pobres da terra. A pobreza e a fome a que Madre Teresa se refere não podem ser eliminadas fazendo-se compras num *shopping*. Elas não podem ser banidas com um cartão Visa Gold sem limite de crédito nem afugentadas com um bilhete de loteria premiado. A pobreza e a fome às quais Madre Tereza de Calcutá se refere são a pobreza de espírito, a fome da alma, uma profunda solidão.

Ao redor de nós existem pessoas que estão desesperadas por uma palavra amável, um toque amoroso, uma palavra de oração. Por trás das portas de casas ricas, famílias inteiras estão literalmente morrendo por falta de amor.

Estudos científicos nos mostram que uma célula sozinha conservada na forma de um peixe fossilizado simplesmente ficará alojada ali e acabará se destruindo. Porém, duas ou três células, mesmo situadas em cantos opostos do peixe fossilizado, começarão a multiplicar-se e a crescer. A lição é clara. Uma célula sozinha, mesmo quando recebe todo o material necessário para a sua sobrevivência, não consegue sobreviver. Morre de solidão. Mas duas ou três células, mesmo não estando perto, não só vivem como também florescem.

Da mesma maneira, os seres humanos não foram criados para viver isoladamente. Quando nos fechamos em nossas casas, carros e escritórios, nos tornamos como células isoladas e fossilizadas, morrendo literalmente de solidão.

Maria reforça continuamente essa verdade nas suas aparições. Ela nos diz repetidamente, nas palavras de seu filho, que somos todos ramos da mesma videira, partes do mesmo corpo. Nós precisamos uns dos outros, diz Maria, e quanto antes aprendermos essa lição melhor viveremos.

Estou sozinho?
Espero que os outros façam contato comigo ou procuro
eu mesmo entrar em contato com eles?

EU SEI QUE PARA TER UM AMIGO DEVO PRIMEIRO SER AMIGO.

Cumprimentos

Por Maria ter sido tão venerada durante anos, é difícil imaginar que alguém alguma vez a tenha criticado. Mas isso não é verdade. Seus vizinhos de Nazaré foram muito críticos. Mesmo que não a criticassem diretamente, eles criticavam seu filho e, como toda mãe sabe, dói mais quando criticam um filho seu do que a ela mesma.

Os vizinhos de Maria não gostavam da idéia de que Jesus era capaz de pregar e de ensinar com autoridade ou que pudesse curar doentes. Se ele não tivesse pregado, ensinado e curado, podem estar certos de que eles achariam outra razão para criticá-lo. É a natureza do ser humano. Ao mesmo tempo, quando Jesus fazia o que eles queriam, os vizinhos eram igualmente rápidos em elogiá-lo. Em certo sentido, fosse o que fosse que ele fizesse, sempre seria alvo de críticas.

Uma coisa que aprendemos à medida que crescemos é que não podemos agradar a todo mundo. Nem faz sentido tentar. O que leva você a receber elogios de uma pessoa pode muito bem provocar a crítica de outra. Assim, aprender a ser imparcial tanto nos elogios quanto nas críticas é o primeiro passo para a verdadeira liberdade interior. Realmente, todos nós temos de aprender a viver nossa vida, não com a intenção de receber elogios, mas com a intenção de sermos elogiados por Deus. Que tipo de ação agrada a Deus? O profeta Isaías nos dá uma pista: "Este é o meu maior desejo: Libertar os que foram presos injustamente, soltando-lhes as cadeias do jugo; libertar os oprimidos, quebrando cada jugo; partilhar teu pão com os que têm fome, dar abrigo aos oprimidos e aos sem morada; vestir os nus quando os vires, não dando as costas aos teus familiares."

Qual é a minha reação quando sou criticado?
Qual é a minha reação quando sou elogiado?

RECEBO TANTO AS CRÍTICAS COMO OS ELOGIOS COM AQUELE PROVERBIAL GRÃO DE SAL.

Caráter Multifacetado

A Igreja Católica reserva inúmeros dias durante o ano para homenagear Maria. Além das festas principais (como a da Imaculada Conceição e a da Assunção), todos os sábados, como também os meses inteiros de maio e outubro têm Maria como padroeira.

O que é interessante nos dias e meses dedicados a Maria é que cada um reflete um aspecto particular do seu caráter. Por exemplo, outubro é dedicado a Maria, Rainha do Rosário, enquanto maio é dedicado a Maria, Rainha do Céu.

Através dos tempos, cada geração pegou uma particularidade de Maria e adaptou-a à sua pessoa. Maria tem sido vista ora como humilde, serva submissa que docilmente se conformou com o desejo de Deus, ora como mulher forte e independente que insistiu para que seu filho fizesse alguma coisa com relação ao problema do vinho no casamento em Caná. Ela é vista como Rainha Imperial do Céu e como mãe dócil e gentil. Essa variedade de aspectos do seu caráter é tão grande que algumas vezes ela parece ser mais de uma pessoa.

Mas não é. É uma mulher única e complexa que mostra vários aspectos do seu caráter dependendo da situação em que se encontra. Limitá-la a uma única faceta – como a submissão ou a independência – seria minimizar toda a sua pessoa. E se Maria nos ensina algo, e esse algo é a integridade, então é o que está mais perto da santidade que podemos vivenciar.

Sou uma pessoa íntegra?
Que aspectos do meu caráter devo ou não reforçar?

VEJO MARIA COMO UMA MULHER DETENTORA DE MUITAS FACETAS.

Motivos

Quando Jesus estava sendo condenado por traição e sentenciado a ser crucificado, seus discípulos fugiram. Pedro, o líder dos doze, negou Jesus três vezes e depois não foi visto em parte alguma da Galiléia. Sabemos que o discípulo João estava escondido entre a multidão, pois Jesus chamou-o da cruz mas, aparentemente, as únicas pessoas que ficaram ao lado de Jesus até o amargo fim foram sua mãe Maria, a irmã de Maria e Maria Madalena – que se não tivesse abandonado a prostituição, teria sido possuída pelo diabo.

Maria estava lá porque... bem, que mãe *não* estaria presente quando seu amado filho estivesse morrendo? É impossível imaginar Maria ausente.

Por que a irmã de Maria estava lá é um mistério. Poderia ter estado presente por sua devoção a Jesus, mas é mais coerente pensar que ela estava lá por devoção à sua irmã. Bem, nunca saberemos seus motivos aqui, deste lado da eternidade.

Por outro lado, os motivos de Maria Madalena são claros. Estava lá porque amava Jesus, amava-o totalmente, apaixonadamente. Amava-o tanto, que não poderia suportar separar-se dele, chegando até a voltar ao seu túmulo depois de sua morte.

Algumas vezes, o comportamento das pessoas não faz muito sentido para nós. Balançamos a cabeça diante de seus atos, indagando a razão dessas atitudes. Porém, se tentássemos entender os seus motivos, aprenderíamos que a maioria das pessoas não age só por capricho. Elas se comportam dessa maneira de acordo com o que estão vivendo.

O que movia Maria Madalena era o amor. E o seu?

Qual é a coisa mais importante do mundo para mim?

MINHAS AÇÕES ESTÃO DE ACORDO COM MINHAS CRENÇAS.

A Mais Bem-aventurada Entre as Mulheres

Quando Isabel viu Maria vindo na direção da sua casa, ela gritou: "És a mais abençoada entre as mulheres"! Vejam que ela não disse: "Abençoada és entre as mulheres"; ao contrário, chamou-a "*a mais* abençoada". A saudação indica o *status* de Maria, mas também tem um sentido para todas as outras mulheres. Se Maria é a *mais* abençoada, então as outras mulheres também são. Talvez elas não sejam tão abençoadas quanto Maria, mas são abençoadas mesmo assim.

Você se sente abençoada? Se não se sente, talvez seja porque você não está contando as suas bênçãos. Um jeito de começar a reconhecer as bênçãos é fazendo uma lista delas. Algumas pessoas gostam de fazer essa lista de bênçãos num dia específico da semana; outras fazem listas enormes de bênçãos, acrescentando idéias que surgem; outras ainda colocam como meta um certo número de bênçãos – digamos, cem – e as vão registrando até atingir esse número.

Não importa como você pretende fazer a sua lista; ao anotar tudo o que é uma bênção para você supõe-se que seja uma bênção em si e por si. Você começará a perceber bênçãos que não reconhecera antes. Começará a perceber que tudo – até mesmo a adversidade – pode ser uma bênção.

Quanto mais você contar as suas bênçãos, mais bênçãos terá para contar. O que está esperando? Por que não começa a contá-las agora?

Há alguma situação difícil ou triste que por fim se revelou ser uma bênção para mim? Quando foi a última vez que contei as minhas bênçãos?

EU SEI QUE SOU ABENÇOADO MAIS DO QUE O NORMAL.

Talento

Quando falamos em talento, normalmente nos referimos a um determinado dom ou capacidade. Poderíamos dizer, por exemplo, que uma pessoa é talentosa tocando piano ou patinando no gelo. Hoje em dia os pais observam seus pequenos filhos, tentando determinar os talentos que se escondem dentro deles. Se eles ficam de olho numa habilidade específica – digamos, em ginástica ou futebol – imediatamente visualizam bolsas de estudo na escola e patrocínio. Se o talento existe, precisa ser desenvolvido – esse é o desejo dos pais – não importa se os seus filhos não têm nenhum interesse em ser ginastas olímpicos ou jogadores de futebol numa copa do mundo.

Maria deve ter visto inúmeros talentos em seu filho – tanto humanos quanto divinos. Deve ter reconhecido, à medida que passavam os anos, que Jesus poderia ter sido o que ele quisesse. Todavia, durante trinta anos ele foi um simples carpinteiro.

Caryll Houselander escreve: "Outras mães, vendo talentos tão singulares como os que Cristo deve ter tido... teriam com certeza se inquietado caso esse filho não tivesse demonstrado mais ambição e não tivesse construído uma reputação para si mesmo. Por que [deveria ele] ser só um humilde carpinteiro?

Para Maria, o fato de Jesus "estar fazendo o trabalho de seu pai" era suficiente. Ela não tinha que planejar a vida para ele; ela era capaz de deixar que ele se desenvolvesse ao seu modo e no seu próprio ritmo.

Nós, que somos pais, faríamos a mesma coisa pelos nossos filhos?

Se tivéssemos filhos, tentaríamos planejar a vida deles? Quão ativos os pais devem ser no planejamento do futuro dos seus filhos?

ESTOU DISPOSTO A NÃO INTERFERIR NA VIDA DE OUTRAS PESSOAS.

Humor

Maria tinha senso de humor? É difícil dizer, já que os escritores do Evangelho não acharam adequado mencionar esse aspecto. Passando, porém, à esfera da pura especulação, poderíamos supor que Maria *deve* ter tido senso de humor, pois Deus não teria gostado que Jesus tivesse sido criado por uma pessoa amarga e severa. No entanto, algumas vezes achamos que a piedade requer solenidade; acreditamos que a santidade é sinônimo de seriedade, enquanto a leviandade é a marca da imaturidade espiritual.

Muitos dos grandes santos tinham um divertido senso de humor. Os dois livros favoritos de São Felipe Néri eram a Bíblia e um livro de piadas. São João Bosco era famoso por suas piadas. Santa Teresa de Ávila, uma das duas únicas doutoras da Igreja Católica, é conhecida por ter orado assim: "Oh Senhor, afastai-me dos santos mal-humorados." O bem-aventurado Pier Frassatti, que morreu de poliomielite aos 24 anos, disse que a alegria é o assunto sério da eternidade.

Ver humor em qualquer situação é uma das maiores graças da vida. Ele nos ajuda a romper nosso egocentrismo e a perceber como a vida é divertida.

É claro que nada disso prova coisa alguma sobre o senso de humor de Maria. Mas, na falta de evidências, é bom pensar que ela deve ter tido senso de humor.

Tenho um bom senso de humor? Sou capaz de rir de mim mesmo?

EU NÃO ME LEVO MUITO A SÉRIO.

Eu Te Amo

"Eu te amo." Essas são as palavras mais fortes que alguém pode dizer. Dizer "eu te amo" é começar uma relação eterna com outra pessoa. Apesar de estarmos inclinados a pensar que amor e sexo são sinônimos, isso não é verdade. Podemos estar apaixonados por alguém e nunca chegar a estar sexualmente envolvidos.

Na tradição católica, acredita-se que Maria foi sempre virgem. Dizem que Maria e José nunca tiveram relações conjugais. Mas, mesmo não tendo expressado seu amor fisicamente, Maria e José deviam estar apaixonados um pelo outro — se não Deus não teria razão para deixar seu filho crescer numa casa onde os pais brigassem.

Embora não estejamos acostumados a pensar em amor sem envolvimento sexual, existem exemplos de amor casto entre os santos. Considere, por exemplo, São Francisco de Sales e Santa Joana Francisca de Chantal. Joana era viúva e mãe de seis filhos e Francisco era seu diretor espiritual. Amigos íntimos, os dois passavam horas falando sobre teologia e assuntos religiosos. Numa de suas cartas, Francisco escreve estas palavras para Joana: "Parece que Deus te entregou a mim. Tenho cada vez mais certeza disso à medida que passam as horas."

Se nos limitamos a acreditar que só podemos amar romanticamente, nos impedimos de viver a verdadeira transformação da vida pelo poder do amor.

Quando foi a última vez que eu disse "eu te amo"?
Alguma vez eu disse aos meus amigos quanto eles significam para mim?

EXPRESSO MEU AMOR EM AÇÕES E PALAVRAS.

Intercessão

Em 1988, o cardiologista Randolph Byrd publicou um estudo de dez meses sobre 393 pacientes. Metade dos pacientes tinham alguém orando por eles; a outra metade não. Os resultados dos estudos foram incríveis. Os pacientes que receberam orações (e que não tinham conhecimento disso) tomaram menos antibióticos, tiveram menos problemas cardíacos e redução no número de paradas cardíacas.

Conclusão: a oração intercessória funciona.

De alguma forma, nossas orações comoveram Deus que, de alguma forma, pôde milagrosamente (mas não magicamente) aliviar o sofrimento alheio. As evidências científicas são convincentes: a oração faz diferença. Por mais extraordinário que pareça, podemos interceder ("intermediar") na necessidade de outra pessoa junto a Deus, pedindo-lhe que a ajude.

E é o que Maria faz quando lhe pedimos que ore por nós. Porém, a maior diferença entre a intercessão de Maria e a nossa é que Maria (por estar no Céu) conhece claramente a vontade de Deus. Ela não precisa pedir com a mesma "fé cega" com que nós pedimos. Assim, podemos nos dirigir com confiança a Maria, acreditando que ela levará até Deus as súplicas que forem as melhores, tanto para nós quanto para os outros.

Há algo que eu quero agora e que estou disposto
a confiar na intercessão de Maria?

REZO PELOS QUE PEDEM AS MINHAS ORAÇÕES.

Escrever um Diário

Manter um diário exige compromisso, dedicação e persistência. Além disso, exige honestidade pessoal. Para que o diário seja mais que um registro de atividades diárias, temos de deixar as críticas de lado – o "observador" que, sobre os nossos ombros, julga o nosso trabalho. Temos de estar prontos para expor nossas emoções e sentimentos mais profundos.

Escrever um diário é como doar sangue gota a gota. O processo não parece tão doloroso no momento, mas, quando olhamos para trás, percebemos quanta energia vital foi despejada nessas páginas.

Se somos honestos em nosso diário, revelamos a verdade a nós próprios mesmo quando – talvez principalmente quando – nós não queremos reconhecê-la. Nas páginas do nosso diário, nós nos expomos a nós mesmos. Essa é uma das razões pelas quais reler um diário pode tanto ser instrutivo quanto doloroso. Sabendo claramente o que já aconteceu, podemos verificar até onde chegamos e calcular até onde poderíamos ter chegado.

Todos os dias, Maria escreve seu diário no coração dos seguidores do seu filho. Ela segue seu caminho de amor pela humanidade, seu desejo de graça e redenção na vida daqueles que ouvem suas sábias palavras e tentam pô-las em prática. Várias vezes ela repete o que disse na festa de casamento: "Façam tudo o que ele vos disser." Maria pode estar escrevendo as palavras no nosso coração, mas depende de nós dizê-las em voz alta.

Estou disposto a "fazer tudo o que ele me diz"?
Sei o que Jesus está me dizendo para fazer neste momento?

ESTOU DISPOSTO A DEIXAR QUE DEUS ME MOSTRE O QUE EU DEVO FAZER HOJE.

Dragões

"Um grande sinal apareceu no céu: uma mulher vestida do sol, tendo a lua debaixo dos pés e na cabeça uma coroa de doze estrelas. Ela estava grávida e gritava com dores sofrendo tormentos para dar à luz. Apareceu então outro sinal no céu: um grande dragão cor de fogo, com sete cabeças e dez chifres, e sobre as cabeças sete diademas. Sua cauda arrastava a terça parte das estrelas, lançando-as para a terra. Então o dragão colocou-se diante da mulher que estava para dar à luz, a fim de lhe devorar o filho tão logo nascesse."

APOCALIPSE 12: 1-4

Acredita-se que a mulher que se defronta com o dragão no Apocalipse seja Maria. A criança seria Jesus e o dragão é identificado como Satanás. Embora as imagens do último livro da Bíblia sejam metafóricas e poéticas, a sensação de que algo ruim pode acontecer é real.

Toda época tem os seus dragões. Da Peste Negra até a Aids, de Átila, o Bárbaro, até Hitler, da Era Glacial até a Era Atômica, os dragões esperam para nos devorar. No final dos anos 300, São Gregório Nazianzeno escreveu palavras que ecoam em nossa alma 1.600 anos depois: "Ai, Cristo querido, o dragão está aqui novamente. Ai, ei-lo aqui: o terror e o medo se apoderam de mim."

É simplesmente natural que, dados todos os dragões ocultos, sejamos tomados pelo terror. Contudo, a mensagem que Maria nos traz não é de medo, mas de amor. Maria nos diz que, apesar das aparências, não temos nada a temer, pois nas palavras da Sagrada Escritura: "Não há medo no amor, mas o amor perfeito afasta o medo." Se você ama, diz Maria, não precisa ter medo dos dragões.

Do que tenho mais medo?
Que dragão está cuspindo fogo na minha vida, neste momento?

NESSE DIA, COLOCO O AMOR ACIMA DO MEDO.

O Mês de Maria

Certa vez perguntaram ao compositor da famosa canção "Abril em Paris" por que ele achava que abril em Paris era uma maravilha, quando, na verdade, na maioria das vezes era frio e desagradável. Ele respondeu que sabia que Paris em maio era muito mais bonita, mas que maio não rimava tão bem na música.

Maio é o mês de Maria. E é bastante apropriado que um dos meses mais bonitos do ano seja dedicado à Rainha do Céu.

Um antigo costume da Igreja Católica durante o mês de maio é o de fazer o "altar de maio". Como dizem as orações, este é um estudo da simplicidade. A imagem de Maria é colocada num lugar de honra, e diante dela são postas flores frescas. Tudo o mais é opcional. Algumas pessoas rezam o Rosário diariamente diante da imagem de Maria. Outras se benzem rapidamente quando passam. Outras ainda se alegram trocando as flores que estão murchas.

O significado do altar de maio não consiste em acrescentar algo numa agenda já tão repleta, e certamente não é o de transformar Maria numa semideusa com essa seqüência de cultos. Não; a questão é lembrar que Maria é um modelo de valentia, de conforto, de inspiração e de fé a ser seguido. E também para lembrar que Maria não é só a mãe de Jesus; é a nossa mãe também. Como o Papa Paulo VI disse uma vez: "Pensemos sobre a indescritível ventura de podermos chamá-la de Mãe, de termos um vínculo com ela... [Nós]compartilhamos o hábito das crianças que a todo momento se voltam para suas mães e contam-lhes tudo."

Neste mês de maio, voltemo-nos para a nossa mãe em nossas necessidades, confiantes de que ela vai nos ouvir como mãe.

Penso em Maria como se fosse a minha mãe ou apenas como a mãe de Cristo?

QUANDO PRECISO DE AMOR MATERNO, VOLTO-ME PARA MARIA.

A "Verdadeira" Maria

No Evangelho, ninguém diz um simples "oi" para Maria. O anjo Gabriel a saúda desta forma: "Alegra-te cheia de graça!". Sua prima Isabel diz: "Bendita és tu entre as mulheres." Até Jesus, quando se encontrou com ela em Caná, disse: "Mulher, que tenho eu contigo?"

De algum modo, parece apropriado que todas essas saudações a Maria sejam tão incomuns. Afinal de contas, ela é única entre as mulheres.

Quem é Maria? O que acreditamos a respeito dela?

Sabemos, baseados estritamente nas informações da Bíblia, que era uma virgem que vivia em Nazaré. Estava noiva de um carpinteiro chamado José. Devido a um censo ordenado pelo governador da Síria, teve de viajar grávida para Belém, onde deu à luz o seu primeiro filho. Viveu durante algum tempo no Egito com sua família. Seu filho Jesus, que cresceu e passou a ser um pregador e um mestre, foi executado como traidor de Roma. Ela acabou morando com um dos amigos de seu filho — um homem chamado João.

Considerando o fato de que todos os cristãos têm basicamente a mesma informação bíblica, a diversidade de idéias e sentimentos com relação a Maria é espantosa. Desde um certo grupo de católicos (que têm tanto carinho por ela que chegam quase à idolatria) até os protestantes (que a rebaixaram como personagem menor na história de Jesus), Maria tem gerado todos os tipos de sentimentos e reações possíveis.

Mas quem é Maria realmente? Quais *devem* ser os nossos sentimentos com relação a ela? Que lições ela tem para nos ensinar? Essas não são as perguntas que alguém pode responder por nós. Nós é que temos de buscar as respostas, lendo as passagens sobre Maria nas Escrituras Sagradas, lendo o que outras pessoas têm escrito sobre ela, pedindo a ela que entre em nossa vida de uma forma real e profunda. Depois, e só depois, é que chegaremos a entender quem é Maria e que papel ela deve ter na nossa vida.

Em qual das idéias e sentimentos com relação a Maria acreditamos?
Maria é importante para mim?

BUSCO A VERDADE SEM ME IMPORTAR POR SABER AONDE ESSA BUSCA ME LEVA.

Sonhos

Quando Maria teve de receber uma mensagem de Deus, foi visitada por um anjo. Quando José precisou do conselho divino, ele teve um sonho. Embora as mensagens de Maria chegassem rapidamente, enquanto que as de José pareciam tardar, é mais provável que, para a maioria de nós, se formos honestos, as mensagens cheguem por meio de um sonho do que através de um anjo.

As mensagens vindas através dos sonhos são mais seguras do que as que vêm através dos anjos — sem falar que são mais aceitáveis socialmente. Afinal de contas, você pode falar sobre um sonho que teve na noite anterior. Mas, no momento em que começa a falar sobre visitantes celestiais, as pessoas se afastam.

Os sonhos são a fonte mais valiosa do conhecimento interior de uma pessoa. Freqüentemente, os sonhos nos revelam nossos conflitos interiores e nossos mais profundos anseios, assim como as soluções de problemas atuais. A dificuldade com os sonhos, porém, resulta muitas vezes do fato de eles chegarem envoltos em imagens simbólicas.

Vejamos, por exemplo, a mulher que sonhou várias noites seguidas que o seu relógio estava caindo. Finalmente, ela percebeu que o sonho estava tentando dizer-lhe que ela estava perdendo tempo ao insistir em continuar uma relação já acabada. Foi só depois que decifrou esses símbolos é que ela parou de ter os sonhos.

Apesar de haver livros que decifrem os símbolos oníricos, você é o melhor guia para os seus próprios sonhos. Se você quer saber que mensagens seus sonhos estão lhe enviando, mantenha uma agenda ao lado da cama e, pela manhã, antes de fazer qualquer outra coisa, anote o que você lembrar dos sonhos que teve. Procure padrões, imagens e temas que se repetem. Pergunte a si mesmo o que os sonhos parecem estar querendo dizer. A mensagem se esclarecerá, por fim.

Ah! Enquanto você estiver tentando decifrar um sonho, peça ajuda a José. Ele tem bastante experiência nisso!

Que mensagens recebi através dos sonhos?
Os meus sonhos estão tentando dizer-me alguma coisa agora?

ESTOU ATENTO À POSSIBILIDADE DE UMA MUDANÇA EM MINHA VIDA CHEGAR ATRAVÉS DE UM SONHO.

Preocupação

Ser pai significa preocupar-se. Isso é tão certo quanto trocar fraldas e passar noites em claro. Isso nada tem que ver com o fato de seus filhos serem maravilhosos. Mesmo os melhores filhos causam preocupação aos pais.

Jesus não foi nenhuma exceção. Maria e José ficaram deprimidos quando ele se perdeu depois de sua viagem a Jerusalém. Qualquer pai ficaria – um menino de doze anos perdido, sabe Deus (literalmente) onde. Nem mesmo pânico é suficiente para descrever os sentimentos de Maria e José antes de localizarem Jesus no Templo.

Mas esse episódio foi só um prenúncio da dor que Maria sentiria na Crucificação de Jesus. Lá estava seu filhinho (*todo* homem continua sendo sempre uma criança aos olhos da mãe, por mais velho que seja), ferido e sofrendo. Ela sabia que Jesus não tinha feito nada de errado, mas isso não importava. Não havia nenhum tribunal de apelação. Não haveria um segundo julgamento. Não haveria clemência. Só a cruz.

O entendimento de Maria do que significa sofrer não faz dela um simples exemplo a ser seguido, mas uma fonte de grande consolo. Você sempre percebe quando os esforços que alguém faz para consolar você vêm de uma experiência pessoal ou de uma mera extrapolação dos fatos. Somente quando uma pessoa passou pela experiência de chegar ao âmago da dor é que ela pode verdadeiramente consolar outra pessoa.

O consolo de Maria vem do seu próprio coração partido. Ela usa seu coração partido para nos consolar. Como Maria, podemos pegar nosso coração partido e consolar os que nos rodeiam. Podemos deixar que nossa dor absorva um pouco a dor da vida dos outros. A ironia de fazer isso é que não aumentamos a nossa própria dor; pelo contrário, nós a diminuímos, pois o sofrimento sempre diminui quando dividido com mais um coração.

Quem precisa do meu consolo hoje?
Estou disposto a permitir que o meu sofrimento seja usado
para consolo dos outros?

EU SOU DA OPINIÃO DE QUE SOFRIMENTO PARTILHADO É SOFRIMENTO DIVIDIDO.

A Porta do Céu

Porta do Céu é outra das denominações tradicionais de Maria. Isso, porém, não significa que ela está ao lado de São Pedro para nos receber. Em vez disso, o título refere-se ao papel de Maria como o caminho através do qual podemos começar nosso relacionamento com seu filho.

Protestantes e católicos muitas vezes discordam com relação a esse ponto. Os protestantes argumentam que podemos chegar diretamente a Deus e alegam que não há necessidade de fazê-lo através de Maria. Isso, com certeza, é verdade. Porém, a história narrada por São Luís de Montfort nos ajuda a esclarecer o papel de Maria dentro da doutrina católica. São Luís fala de um pobre fazendeiro que só tinha uma maçã bichada para dar de presente ao rei como pagamento do aluguel da fazenda. O fazendeiro sabia que a maçã era imperfeita, imprópria para a realeza. Ele levou a maçã até a rainha, que era sua amiga, e pediu-lhe que a entregasse ao rei. A rainha, que gostava do fazendeiro, cortou os pedaços estragados da maça, colocou-a numa bandeja de ouro e enfeitou-a com flores ao redor. O rei, ao ver a maçã tão adornada, ficou encantado e aceitou-a como pagamento.

Da mesma forma, podemos levar nossas necessidades e desejos, por mais estragados e defeituosos que estejam, a Maria, pedindo-lhe que os apresente a seu filho em nosso nome. Assim como o rei não recusaria a maçã da sua rainha, Jesus tampouco recusará nossos pedidos se forem apresentados por Maria.

Podemos fazer nossos pedidos diretamente a Deus? Com certeza. Temos sempre de fazê-lo? Não, desde que tenhamos Maria como amiga.

Se tivesse de fazer um pedido, qual seria?
Já pedi a Maria que levasse meu pedido a Deus em meu nome?

QUERO TER MARIA COMO MINHA AMIGA.

23 DE MAIO

Rainha da Paz

Antes de ser levado para o Céu, Jesus disse aos seus seguidores que lhes deixava a paz como presente.

O que significa a *paz* nesse contexto? Não só ausência de conflito, pois a abstenção da hostilidade (ou "guerra disfarçada", como John Dryden a chamou) pode estar ocultando muito *stress*. Pense nas difíceis tréguas que existem hoje em várias partes do mundo, por exemplo. A *paz*, no entanto, não significa acordo total. Numa relação entre duas pessoas, a não ser que uma das partes faça tudo o que a outra mandar, sempre haverá desentendimentos.

Então, o que Jesus quer dizer quando fala em *paz*, e por que Maria muitas vezes é chamada de Rainha da Paz?

A paz engloba qualidades como harmonia, concordância, boa vontade, silêncio, tranqüilidade, serenidade, relaxamento, contentamento e quietude. É um oásis para a alma, um estado de ser no qual sentimos a harmonia fundamental subjacente à criação. É por isso que ansiamos e é para isso que fomos criados.

Maria é chamada Rainha da Paz porque é a criatura que mais se aproxima da perfeição original criada por Deus. Não corrompida pelo pecado durante sua vida na terra, ela foi capaz de sentir a união com Deus de uma forma única, sem precedentes. Ao contrário de nós, ela não teve apenas *lampejos* de serenidade e harmonia; ela estava mergulhada neles.

Com certeza, também sentiu momentos de dor, frustração e tristeza. Não seria humana se não sentisse. Mas o amor transcendental de Deus colocou-a acima da dor.

Quando nos vemos presos no meio do caos da vida, só precisamos nos lembrar de que Maria conseguiu viver em paz porque trouxe a Paz para o mundo. Porque reina a Paz, nós também somos capazes de viver em paz.

Quando me senti completamente em paz?
O que posso fazer hoje para criar um "oásis" para a minha alma?

NÃO DEIXO QUE OS ACONTECIMENTOS MUNDIAIS PERTURBEM MINHA HARMONIA INTERIOR.

Dever

Dever. Que palavra chata. Ela evoca realmente imagens entediantes de pessoas entediantes fazendo um trabalho entediante. E quando as pessoas dizem: "Primeiro o dever, depois o prazer", muitas vezes querem dizer: "O dever *em lugar do* prazer."

Mas dever não significa necessariamente trabalho monótono. Maria cumpriu seu dever e ainda encontrou tempo para assistir a casamentos e cuidar em que não faltasse vinho. Jesus cumpriu seu dever e, obviamente, não estava entediado, ou seus inimigos não o teriam chamado de trabalhador incansável.

Basicamente, nosso dever é fazer o que somos chamados a fazer em determinado momento. O dever de um médico é cuidar dos doentes. O dever de um escritor é ordenar palavras. O dever dos pais é criar os filhos. Todo dever é sério, mas nem todo dever é solene. O dever do comediante, por exemplo, é fazer as pessoas rirem.

Quando estamos fazendo nosso verdadeiro dever — o dever ditado pelo coração — transbordamos de alegria. Sentimo-nos energizados e criativos, quer estejamos revisando informes sobre juros quer estejamos pintando uma obra de arte. É só quando tentamos fazer um dever imposto por alguém que o dever se torna um trabalho penoso.

Maria nos mostra claramente o que significa definir nossos deveres. Se ela tivesse perguntado a amigos e familiares o que precisava ter feito depois da aparição do anjo Gabriel, poderiam ter-lhe dito que seu dever era ser esposa de José e que deveria deixar para outra pessoa a salvação do mundo. Se ela tivesse perguntado ao serviçal, em Caná, se era dever dela trazer mais vinho, ele provavelmente lhe teria dito que se preocupasse com seus próprios problemas. Entretanto, Maria sabia qual era o seu dever — e, ao cumpri-lo, encontrou alegria.

Se você está se sentindo oprimido e deprimido, não será porque você está deixando que os outros definam os deveres para você?

Qual é o meu dever neste momento? Meus deveres me trazem alegria?
Sei com certeza qual é realmente o meu dever?

SEMPRE CUMPRO O MEU DEVER – O MEU *VERDADEIRO* DEVER.

25 DE MAIO

Livre-arbítrio

Se as pessoas estivessem criando um mundo, a maioria de nós votaria para sermos dispensados de ter de escolher livremente. Afinal de contas, o livre-arbítrio complica tudo. Permite que as pessoas tomem decisões erradas, como prejudicar e ferir, destruir sua própria vida e a do outro.Um mundo sem livre-arbítrio, onde todos fossem amáveis e amorosos, onde tivessem que fazer só a coisa certa, seria muito mais agradável. Mas seria superficial. Se não tivéssemos outra escolha que não fosse a de amar a tudo e a todos, o amor teria pouco valor.

Deus não poderia criar um mundo assim. Um lugar onde as pessoas tivessem que ser boas, amáveis e amorosas seria habitado por robôs, e Deus não queria robôs. Deus queria crianças, e as crianças já vêm com o livre-arbítrio.

Até os que estão mais perto de Deus dispõem de livre-arbítrio. Maria resolveu livremente dizer sim para o anjo Gabriel. Jesus resolveu livremente dizer sim ao Calvário.

O livre-arbítrio é o maior presente que Deus nos deu. É o que nos faz humanos. Mais do que ter a capacidade de criar ferramentas, mais do que a linguagem, mais do que o fogo, mais do que qualquer outra coisa que os antropólogos consideram um traço que nos separa dos outros primatas, o livre-arbítrio é nosso direito de nascença. Somos os únicos animais que têm capacidade de escolher entre o certo e o errado. Podemos (e freqüentemente o fazemos) escolher o errado. São Paulo, na sua Epístola aos Romanos, disse: "Não faço o bem que desejo, faço o mal que não quero" — mas podemos escolher o certo também. A capacidade de enxergar a coisa certa — e escolhê-la, apesar das nossas inclinações naturais — é o que permite que amemos a Deus livremente e o que permite que Deus nos ame.

Deixo que os outros exerçam seu livre-arbítrio?

AGRADEÇO POR TER LIVRE-ARBÍTRIO.

Ecumenismo

Embora a Bem-aventurada Virgem Maria desempenhe papel importante na doutrina e na tradição católicas, ela não é exclusividade dos católicos. Também é mencionada quarenta e duas vezes no Alcorão, foi vista e honrada por muitos muçulmanos numa aparição em Zeitoun, no Egito, e está começando a ser estudada seriamente nos círculos teológicos protestantes.

Apesar de ter sido durante séculos uma barreira para a união entre os cristãos, Maria recentemente se tornou a ponte para o ecumenismo. Ainda que existam muitas diferenças centradas nos ensinamentos católicos, como a Imaculada Conceição e a Assunção, tanto protestantes quanto católicos concordam com o papel essencial de Maria como *Theotokos,* ou Mãe de Deus. Nessa área pelo menos, Maria é, nas palavras de Martinho Lutero, "elevada acima de toda a humanidade".

Certamente, a própria Maria busca a união entre todos os crentes, como Charles Dickson, pastor protestante, ressalta em *A Protestant Pastor Looks at Mary*:

> A agonia que uma mãe vive quando seus filhos brigam entre eles pode ser uma boa analogia para descrever a agonia que a Bem-aventurada Virgem Maria deve ter sentido em meio às brigas que dividiram os discípulos do seu Filho. Em vista disso, não é de surpreender que o bispo de Osnabrück, na Alemanha, tenha sugerido que Maria seja considerada a "padroeira" do ecumenismo, o ponto de convergência no qual cristãos de todas as correntes possam encontrar a unidade, metas comuns e amor mútuo.

Sejam quais forem as nossas crenças a respeito de Maria, nunca devemos deixar que nossas crenças pessoais venham a ser um ponto de discórdia.

Deixarei com boa vontade que os outros pensem o que queiram a respeito de Maria? Busco estabelecer boas relações com os que estão de fora da minha fé?

DOU AOS OUTROS A LIBERDADE DE CRENÇA QUE EU GOSTARIA QUE ELES ME DESSEM.

27 DE MAIO

Humanidade Versus Divindade

Para muitos não-católicos, Maria é um empecilho, porque a honra a ela concedida parece chegar ao limite da adoração. Muitas pessoas não-católicas afirmam corretamente que algumas vezes os elogios são tantos e tão fortes que parece que só deveriam ser dados a Deus. Até mesmo alguns católicos têm problemas com orações como a de Santo Tomás de Aquino: "Virgem, cheia de bondade, Mãe de misericórdia, confio a vós o meu corpo, minha alma, meus pensamentos, minhas ações, minha vida e minha morte."

Não é culpa de Maria ser adulada com frases tão nobres. Ela tem recebido elogios de grande peso dados por homens e mulheres que tentam expressar um conceito impossível de expressar – a posição singular que Maria ocupa como Mãe de Deus e mãe da humanidade.

Contudo, jamais devemos esquecer que Maria era uma mulher *humana*. Como o Papa Paulo VI escreveu: "Nossa Senhora depende de Cristo em tudo o que ela possui." É verdade que foi escolhida para ser a mãe do Salvador, e que só essa honra é suficiente para lhe concedermos nossos maiores elogios. De fato, é precisamente por essa honra que muitos homens e mulheres a elogiam com tanto exagero.

Porém, se você não consegue usar frases efusivas e brilhantes para elogiar Maria, não há problema. Honrá-la como a Mãe de Deus é suficiente, pois essa expressão designa a maior glória que pode ser dada a qualquer ser humano.

Tenho dificuldade em ver Maria como um ser humano real, ou tenho mais dificuldade em vê-la como Rainha do Céu?

DOU A MARIA A HONRA QUE ELA MERECE.

Espontaneidade

Você é uma pessoa que improvisa no momento ou uma pessoa que planeja tudo detalhadamente? Gosta de marcar sua trajetória num mapa ou gosta de se aventurar?

É difícil dizer em que categoria Maria entraria; mas, quem estava disposta a dizer sim ao anjo com tão pouca vacilação, quem estava disposta a sair apressadamente para ver Isabel, a fazer as malas e se dirigir ao Egito, atendendo ao sonho de José, parece provável que tivesse pelo menos algum traço de espontaneidade na sua personalidade.

Quando foi a última vez que *você* fez algo completamente espontâneo? *Alguma vez* você fez algo genuinamente espontâneo? Se não fez, talvez agora seja o momento. Você não precisa fazer algo tão radical como tomar o próximo vôo para Viena; você pode começar a fazer uso da espontaneidade, comprando pequenas coisas, como uma maçã que pareça deliciosa, quando passar em frente a uma banca de frutas, ou até mesmo dando um abraço em alguém de quem você gosta — só porque sente vontade de fazê-lo.

A espontaneidade dá brilho à vida. Como o borbulhar de uma champanha, os risinhos dos bebês, o ronronar dos gatinhos, os movimentos engraçados dos cachorrinhos, os beijos dos namorados. Sem espontaneidade a vida cotidiana torna-se uma *rotina.* E o que é mais importante, introduzir um pouco de espontaneidade em nossa vida dá espaço para que Deus conceda bênçãos inesperadas. Se você não permite que a espontaneidade tenha o seu lugar, você está perdendo muito mais do que pensa!

Se eu pudesse fazer alguma coisa que eu quisesse fazer agora mesmo, o que seria? O que me impede de fazê-la?

ESTOU ABERTO PARA A CELEBRAÇÃO DA VIDA.

O Fim dos Tempos

No século passado, Maria apareceu mais vezes do que no restante de todos os outros séculos. Nas suas visitas a Medjugorje, dizem que ela anunciou que essa seria sua última aparição na terra. Praticamente todos os videntes receberam mensagens secretas relacionadas com o último capítulo da história. Acredita-se que o Terceiro Segredo de Fátima, até agora não revelado, contenha informações sobre o fim do mundo.

Serão as aparições de Maria um sinal do fim dos tempos? Muitas pessoas acreditam que sim, apontando para a sensação de urgência nas mensagens de Maria como um sinal do pouco tempo que nos resta. Mas resta o fato de que não sabemos quão perto estamos do fim. Poderíamos estar a um dia do apocalipse, mas as Sagradas Escrituras dizem que para Deus um dia é como se fosse mil anos e mil anos são como se fossem um dia.

As mensagens de Maria são urgentes, com certeza, mas não são mais urgentes que as de Jesus. Nada do que Maria disse é novo ou diferente da mensagem original de Jesus: arrependam-se, dediquem sua vida a Deus, rezem, jejuem, tenham esperança.

Por Maria não ter acrescentado nenhuma informação nova à mensagem básica do Evangelho, não há nada que temer em suas aparições. Todavia, precisamos ouvir seus avisos. Como ela mesma disse para Lúcia em Fátima: "É preciso que eles corrijam sua vida e peçam perdão pelos seus pecados."

Se hoje fosse o seu último dia na terra, o que você faria?
Se soubesse que só tem mais um mês de vida, o que você mudaria?

VIVO CADA DIA COMO SE FOSSE O ÚLTIMO.

Temperamento

Todos temos um temperamento e passamos por estados de ânimo variados. Sem temperamento, seríamos como Data, na série de tevê *Jornada nas Estrelas – A Geração Seguinte*, incapazes de sentir emoções. Data, porém, queria tanto ter sentimentos humanos que fez implantar um *chip* de computador que lhe permitia sentir emoções. Com a emoção, aprendeu a lição mais importante: não podemos sentir emoções sem ter temperamento.

Há, porém, uma grande diferença entre ter temperamento e ser uma pessoa temperamental.

O temperamento ou estado de ânimo são marcos significativos no caminho do desenvolvimento espiritual. Alguns estados de ânimo por que todos nós passamos incluem: assombro, mistério, determinação, tristeza, ansiedade, nervosismo, alegria e entusiasmo. Como os estados de ânimo são simplesmente estados de espírito, não exigem necessariamente ação da nossa parte. Precisamos reconhecê-los, porém, e tentar entender o que estão querendo nos dizer sobre a nossa vida e nossos relacionamentos.

Por outro lado, ser temperamental é um sinal de que precisamos trabalhar nossa alma. Indica que nossa bússola espiritual não está apontada para o Céu. É um aviso de que estamos sendo arrastados para os caminhos perigosos do egocentrismo e da auto-indulgência.

Conhecemos muito pouco a respeito dos estados de ânimo de Maria. Sabemos que estava com "problemas" quando Gabriel a visitou e "ansiosa" quando Jesus desapareceu no Templo, mas não muito mais. Podemos afirmar, porém, que ela sentiu todo tipo de emoções humanas (e seus correspondentes temperamentos).

Porém, uma coisa podemos afirmar: Maria nunca estava mal-humorada, pois sua bússola espiritual estava sempre apontando para o Céu.

Alguma vez me chamaram de temperamental?

ACEITO-ME COMO SOU, MAS LUTAREI PARA NUNCA SER UMA PESSOA TEMPERAMENTAL.

A Visita a Isabel

Imediatamente depois que Maria soube que ia ser a mãe do Salvador, atravessou o montanhoso país para visitar sua parenta Isabel, que também estava grávida, segundo lhe dissera o anjo Gabriel. Por que Maria se empenharia em fazer uma viagem dessas estando nos primeiros meses de gravidez, quando — se ela fosse igual à maioria das mulheres — estaria se sentindo enjoada e infeliz?

Algumas pessoas achavam que era porque Maria queria ajudar Isabel, e a sua preocupação foi provavelmente a razão de sua visita. Afinal de contas, Isabel era velha para os padrões da época — engravidara numa "idade avançada" —, e Maria sem dúvida poderia ajudá-la. Mas certamente havia outras mulheres que poderiam ter ajudado Isabel durante os últimos meses de gravidez.

Talvez a decisão de Maria de visitar Isabel tenha sido motivada tanto pela curiosidade humana natural quanto pelo seu desejo de servir. Talvez quisesse ter a certeza absoluta de que o que o anjo tinha-lhe dito era verdade. Se Isabel estivesse grávida, Maria teria a comprovação de que o que realmente estava sentindo era o Messias crescendo dentro do seu útero, e que não era só imaginação.

Quantas vezes pensamos que, se tivéssemos a fé de Maria, seríamos capazes de acreditar com mais facilidade. No entanto, a fé e a necessidade de comprovação não são incompatíveis. Nada tiraria a profunda aceitação de Maria da atuação milagrosa de Deus na sua vida, ainda que quisesse uma pequena prova concreta disso. Afinal de contas, a verdade sempre é capaz de resistir a uma investigação rigorosa.

Sinto-me culpado por desejar uma evidência do trabalho de Deus na minha vida? Sempre acho que minhas dúvidas humanas são um sinal de incredulidade?

NÃO HESITO EM PEDIR A DEUS COMPROVAÇÃO E ORIENTAÇÃO QUANDO ESTOU ME SENTINDO EM DÚVIDA OU DESCONFIADO.

Chuva de Verão

A diferença entre a chuva de inverno e a chuva de verão é quase tão grande quanto a diferença entre inverno e verão. A chuva de inverno é destrutiva; a chuva de verão é refrescante. A chuva de inverno causa inquietação; a chuva de verão alivia e tranqüiliza. A chuva de inverno significa tirar; a chuva de verão significa dar.

A essência da chuva de verão pode ser sentida mais profundamente depois de as nuvens terem passado: tudo clareia de novo e o solo se sente renovado. É como se tivessem dado um novo começo à vida.

Num mundo que muitas vezes é açoitado por tormentas de inverno, Maria aparece como uma chuva de verão. Chega com mensagens de amor, trazendo esperança e ânimo para todos os que a ouvem. Os que sentem a sua presença são purificados pela sua compaixão; mas o verdadeiro presente de Maria, como a chuva de verão, só é visto quando sua visão se dissipou na memória.

Se damos importância para as mensagens que ela traz, nossa existência se reveste de nova luz. À medida que vamos entendendo suas mensagens universais de amor, de perdão e de arrependimento, podemos literalmente mudar nossa vida.

O que Maria pede exatamente? Em todas as suas aparições, em cada palavra que pronunciou, em todas as mensagens que mandou, ela diz a mesma coisa: "Ame!" Ame seus vizinhos, ame sua família, ame os que têm ódio a você, ame os que você preferiria odiar. Acima de tudo, Maria diz, ame seu Deus.

Uma das grandes verdades da criação é que uma vez que estamos repletos do amor de Deus e de amor a Deus, começamos a ver todos os outros seres vivos através dos olhos de Deus. Quando isso acontece, não somos capazes só de amar a tudo e a todos; praticamente, somos *forçados* a isso.

Atualmente estou enfrentando "tempestades" na minha vida?
Alguma vez fui responsável por criar "tempestade" na vida dos outros?

SOBRE CADA TIPO DE VIDA DEVE CAIR UM POUCO DE CHUVA.
DOU AS BOAS-VINDAS À CHUVA NA MINHA VIDA.

Estrela da Manhã

Quando o planeta Vênus é visível ao amanhecer, é conhecido como a estrela da manhã. (Quando é visível ao crepúsculo, é chamado de estrela da noite, mas isso é só uma peculiaridade do céu.) Na Antigüidade, por não entenderem a órbita dos planetas, as pessoas achavam que Vênus aparecia e desaparecia como resultado da ação dos deuses.

Acreditava-se que o planeta Vênus era controlado por Vênus, a deusa do amor, talvez porque a estrela da manhã seja um dos mais brilhantes e encantadores corpos celestes. De alguma forma, parece apropriado que Maria seja chamada de Estrela da Manhã. Vênus, a primeira estrela, representa Maria, a primeira pessoa a acreditar que o Messias ia nascer, a primeira a conhecer o milagre de Jesus, a primeira a se encontrar com Jesus de corpo e alma.

A própria expressão *Estrela da Manhã* tem um tom poético. Sua concisão reflete a poesia essencial da vida de Maria. Enquanto Maria é a suprema estrofe do criativo poema divino da humanidade, somos todos versos desse poema. Você já pensou sobre o que o seu verso diz — não o que os outros pensam que seus versos deveriam dizer, mas o que você sabe sobre o que Deus escreveu no fundo da sua alma?

Freqüentemente, pelas pressões da vida e por insistência dos outros, escondemos os versos da nossa alma (assim como Emily Dickinson guardou para si sua poesia durante toda a sua existência). Nós fingimos que os versos que outras pessoas nos atribuíram são os que teríamos escrito para nós mesmos; mas talvez esse não seja o caso. Para que tenhamos nosso lugar correspondente na canção poética que é o universo, devemos primeiro aprender o que diz a nossa estrofe e depois começar a escrevê-la no nosso coração e incorporá-la à nossa vida, como Maria fez ao se tornar a Estrela da Manhã.

Estou fazendo o que eu quero da minha vida?
Se pudesse fazer qualquer coisa ou ser qualquer pessoa,
o que eu faria ou quem seria?

SOU UMA CRIAÇÃO ÚNICA.

Fracasso

Imagine a cena em Nazaré depois do julgamento e crucificação de Jesus. Como as notícias – especialmente as más notícias – voam, os vizinhos de Maria provavelmente logo teriam ficado sabendo que Jesus tinha sido detido por traição a Roma e condenado à morte. As fofocas, com certeza, teriam levado as más línguas a fazerem comentários do tipo: "Você ouviu dizer que o filho de Maria foi detido? E *crucificado*? Desde o começo eu sabia que ele não acabaria bem. Era sempre esquisito. Isso só vem comprovar que eu tinha razão!"

Para os que faziam parte do mundo de Maria, Jesus teria sido considerado um fracasso – e, por analogia, sua mãe também seria vista como um fracasso. Afinal de contas, se o seu filho é executado pelo governo, você deve ter cometido algum erro na educação dele!

Com que rapidez julgamos o sucesso e o fracasso pelos valores e padrões da sociedade! Se alguém alcança riqueza, poder e *status*, nós o chamamos de vitorioso. Mas alguém com um trabalho sem perspectiva, sem aposentadoria e sem futuro, nós o rotulamos de fracassado.

Mas os padrões de Deus com relação ao sucesso e ao fracasso são bastante diferentes dos nossos. Imagine uma mãe solteira que ganha dois salários mínimos para alimentar e vestir os filhos. O pai que recusa uma promoção porque significaria que teria de passar muito tempo longe da família. O executivo que opta por não crescer mais dentro da empresa e tornar-se padre ou pastor. Segundo os critérios de avaliação de desempenho vigentes na sociedade, as pessoas que tomam essas atitudes são consideradas perdedoras. Do ponto de vista de Deus, porém, são verdadeiros ganhadores. Nunca devemos esquecer que no caso de Jesus, depois do fracasso da Crucificação, veio o triunfo da Ressurreição!

Quem é a pessoa com mais sucesso que eu conheço?
O que eu considero o maior sucesso na minha vida?

USO OS PADRÕES DE DEUS AO AVALIAR A MINHA VIDA.

Satisfação

Cada um tem sua própria idéia do que constitui uma completa satisfação. Talvez isso envolva certo esforço criativo, como escrever um poema ou pintar uma aquarela. Talvez seja algo mais objetivo, como pintar o quarto ou limpar o jardim. Ou talvez tenha que ver com uma visão mais ampla, como criar uma família ou alcançar uma meta profissional.

Os sentimentos de satisfação nos chegam mais facilmente quando gostamos do que estamos fazendo. Infelizmente, a maioria de nós não consegue exatamente o que quer o tempo todo. De fato, na maior parte do tempo somos obrigados a fazer coisas que preferiríamos não fazer. Em face dessa necessidade, é possível sentir satisfação, não só uma vez ou outra, mas sempre?

Como Maria não falou em satisfação nas suas várias aparições, e no Evangelho esse assunto não é mencionado, podemos ter certeza de que ela estava satisfeita com a sua vida, pois seguiu uma regra simples: se você não pode fazer o que gosta, então goste do que faz. Maria provavelmente tinha planos para sua vida, que foram interrompidos por Gabriel. Contudo, está claro que uma vez que sua nova orientação fora estabelecida, ela aderiu plena e alegremente a ela. Todos podemos ter nossos planos de vida interrompidos por pessoas ou acontecimentos que estão fora do nosso controle. Mas nós, assim como Maria, sempre temos a opção de gostar do que fazemos, seja lá o que for.

Estou fazendo aquilo de que gosto? Gosto do que faço?

OPTEI POR GOSTAR DO QUE FAÇO (PELO MENOS NA MAIOR PARTE DO TEMPO!).

Imaculado Coração

Em duas passagens do seu Evangelho, Lucas fala que Maria guardava vários acontecimentos e lembranças "em seu coração". E foi a partir dessas duas referências que nasceu a devoção ao Imaculado Coração de Maria.

A devoção ao Imaculado Coração surgiu durante a Idade Média, quando o simbolismo religioso e o fervor espiritual estavam no auge. São Bernardino de Siena, algumas vezes chamado de Doutor do Coração de Maria, refletiu que no coração de Maria podemos ver sete fornalhas com sete chamas representando os sete atos de amor que são mostrados nas sete "espadas" de Maria no Evangelho. Essa devoção continuou granjeando adeptos ao longo dos séculos, até que finalmente, em 1944, a festa do Imaculado Coração passou a fazer parte do calendário universal da Igreja Católica.

Enquanto muitos que amam Maria encontram alegria e inspiração na devoção ao Imaculado Coração, essa não é a maneira predileta de outros fiéis verem Maria. Os não-católicos, em particular, freqüentemente a acham confusa e repugnante (ou ambos!).

Porém, a devoção ao Imaculado Coração de Maria é um dos grandes tesouros de Maria, porque nos mostra que Maria se apresenta de formas que atraem todo tipo de personalidade e de pessoas. Como mãe que é, Maria faz com que seu amor e sua mensagem sejam acessíveis para todos nós da melhor maneira que possamos receber isso — seja como uma humilde serva em Nazaré ou no mais elevado tom teológico do Imaculado Coração.

Inclino-me a ver a vida de uma maneira só? Tenho idéias preconcebidas sobre como Maria deveria apresentar-se para o mundo?

CELEBRO O FATO DE QUE NEM TODO MUNDO PENSA DO MESMO MODO QUE EU.

Legado

Se os cristãos fossem chamados para provar a existência de Maria pelas evidências arqueológicas, isso seria quase impossível. Ela não ergueu nenhum monumento nem teve uma placa erguida na cidade em que morava. Não escreveu nada. Viveu e morreu obscuramente, deixando apenas um rastro de evidências físicas para provar que existiu. Todavia, seu legado tem sobrevivido ao longo dos séculos, tanto na pessoa de seu filho como no exemplo dela mesma.

A maioria de nós deixará (se chegar a deixar) poucas evidências para que os arqueólogos possam provar a nossa existência. No entanto, cada um de nós, como Maria, deixará um legado, não necessariamente para os descendentes, mas no modo como nossa vida afetou a vida dos outros.

Nossa vida é como uma pedra lançada no lago da humanidade. Nenhuma pedra, por pequena que seja, pode ser jogada no lago sem que cause alguma mudança. Se a pedra for suficientemente grande, perturba toda a superfície e cria uma ruptura no fundo quando se assenta. Mas, até a menor das pedras, uma vez que as ondas tenham cessado, preenche o lago, secando-o e transformando-o num prado.

Podemos pensar que o que fazemos ou dizemos não tem muito efeito, mas nunca sabemos. O tempo que passamos ouvindo um amigo que está com problemas matrimoniais pode parecer uma enorme pedra que ainda tem pouco efeito e talvez não dure, enquanto uma pequena pedra de lindas palavras ou o sorriso dado ao empregado do mercado podem ser o momento decisivo na vida dessa pessoa.

Por não sabermos como nossas ações podem mudar as vidas que tocamos, é nossa responsabilidade (e nosso privilégio) viver como se tudo o que fazemos tenha conseqüências que durem para sempre.

Como me sinto em relação a mim mesmo hoje?
Sinto-me como se fosse uma parte essencial da humanidade?

TRATO TODO MUNDO QUE EU CONHEÇO COMO EU GOSTARIA QUE ME TRATASSEM.

Festividades

Por que os casamentos são tão populares no mundo todo? A resposta óbvia é que são ocasiões relacionadas com alegria, celebração, otimismo e esperança para a nova vida. Mas, mais do que isso, os casamentos são populares porque nos dão uma razão legítima para fazer uma festa.

Ficar com os amigos, rir, comer, beber, dançar, bater papo – essas atividades são características dos bons momentos da vida. E os casamentos nos oferecem uma boa razão para desfrutar essas atividades!

A contradição é que muitas celebrações religiosas que homenageiam Maria parecem mais funerais do que casamentos. (De fato, rezar o terço faz parte da maioria dos funerais católicos.) Isso é contraditório, porque no Evangelho a descrição que temos de Maria é a de uma imagem cheia de vida, não como mãe ou como esposa, mas como mulher, e essa é a descrição de uma festa de casamento. Maria não poderia ter ficado muito séria e entediada ou não teria percebido – e, o mais importante – não teria se preocupado com a falta de vinho no casamento.

Por estarem a religião e a espiritualidade relacionadas com os temas da eternidade, costumamos ter uma opinião muito solene e séria sobre eles. E muitas vezes o são: de fato, depois de ler a maioria dos textos de teologia, fiquei convencida de que a religião é um dos tópicos mais estéreis e entediantes que existem na face da terra.

Na realidade, porém, a religião e a espiritualidade deveriam trazer mais alegria do que monotonia. Com certeza os assuntos de que tratam não são brincadeira, mas a busca de Deus deveria ser tanto uma celebração como uma solenidade. Se Maria pôde fazer com que seu filho realizasse seu primeiro milagre numa festa, quem somos nós para ser um desmancha-prazeres na vida?

Penso na religião como um assunto sério, que deve ser praticado só aos domingos na igreja?

EU SEI QUANDO DEVO SER SÉRIO E QUANDO DEVO SER BRINCALHÃO.

Empatia

Num clássico episódio de *Jornada nas Estrelas*, o dr. McCoy se encontra na companhia de um verdadeiro "empático" – alguém capaz não só de se compadecer da situação alheia, mas também de realmente sentir o que a outra pessoa está sentindo. Nesse episódio, o "empático" acaba literalmente partilhando a dor do dr. McCoy.

Não gostaríamos todos de conhecer alguém que não só se compadecesse de nós, mas que realmente compartilhasse nossos sofrimentos?

Para a maioria de nós, Maria pode se tornar a nossa "empática". Não há sofrimento ou dor que ela não tenha experimentado. Portanto, ela pode compartilhar nossas dificuldades de uma maneira pessoal e particular. Porém, não podemos despejar nossos problemas em Maria e sair para dançar ao anoitecer. Depois que sentimos o bem-estar que provém de saber que nossos problemas são compartilhados, somos obrigados a adotar esse entendimento e usá-lo em benefício dos outros.

Num dos grandes mistérios da vida, quando estamos dispostos a não só ouvir alguém falar sobre a sua dor mas ainda a deixar que a dor dessa pessoa se torne a nossa dor também, Deus nos concede esse privilégio. Se o nosso desejo de ajudar for grande, começaremos a sentir realmente o que a outra pessoa está sentindo.

Mesmo sendo verdade que nunca poderemos chegar a uma empatia total, podemos nos aproximar muito mais disso do que pensamos. São João Bosco certa vez orava para que a doença de que um dos meninos da sua escola estava sofrendo passasse para ele, pois o menino deveria desempenhar um papel principal numa peça. O pedido lhe foi concedido, e imediatamente São João Bosco ficou doente como há muito não ficava. Depois de algum tempo, ele comentou em tom de brincadeira que, se soubesse como ficaria, talvez não tivesse rezado com tanta insistência. Assim, tenha cuidado quando se oferecer para compartilhar o fardo de alguém: você pode carregar mais do que pediu!

Estou disposto a compartilhar tanto a dor como a alegria das pessoas que amo?

DEIXO QUE MINHA FAMÍLIA E MEUS AMIGOS ME "USEM"
(NO BOM SENTIDO DA PALAVRA).

Orgulho e orgulho

Dos sete pecados capitais, o Orgulho foi sempre considerado o mais grave. Foi o Orgulho a causa de Satanás ter sido expulso do Paraíso e o Orgulho tem sido a ruína de muitos na história da humanidade.

Por causa de todos os avisos contra esse defeito que é o Orgulho (com *O* maiúscula), muitos de nós têm dificuldades com as virtudes do orgulho (com *o* minúscula). O Orgulho é pecaminoso, mas o orgulho é digno de elogios. O Orgulho é presunçoso, mas o orgulho é a expressão do amor-próprio. Porém, a maior diferença é que enquanto você tem *Orgulho*, você sente *orgulho.*

Está claro que Maria sentiu orgulho, mas é evidente que não sentiu nem um pouco de Orgulho em sua vida. Sua resposta a Isabel é uma clara evidência disso: "A minha alma engrandece o Senhor e o meu espírito exulta em Deus, meu Salvador, porque olhou para a humildade da sua serva. Pois desde agora todas as gerações me considerarão bem-aventurada, porque o Todo-poderoso fez grandes coisas por mim."

Maria entendeu que o reconhecimento das realizações e de *status* – mesmo reconhecendo um *status especial* – não constitui um problema, contanto que entendamos estes dois pontos: (1) nos são dados dons de realizações ou de *status*, não porque somos especiais mas porque Deus tem um propósito especial para nós, e (2) todas as boas coisas que temos provêm fundamentalmente de Deus.

Se conseguirmos ter em vista esses dois pontos, poderemos sentir um orgulho legítimo das nossas ações sem cair na armadilha fatal do Orgulho.

Qual é minha reação quando alguém me elogia?
Aceito os elogios tão facilmente como aceito as críticas?

TENHO *ORGULHO* DO MEU TRABALHO, MAS NUNCA CEDO AO *ORGULHO* NAS MINHAS REALIZAÇÕES.

Perdão

"Errar é humano; perdoar, divino." Esse antigo provérbio contém uma verdade interessante que não é tão óbvia assim. Quando resolvemos perdoar os que nos magoaram, transcendemos nossa natureza humana para partilhar da natureza divina de Deus.

Não é realmente surpreendente que Maria nos diga sempre para perdoar.

O perdão não vem naturalmente para nós, tampouco para Maria. Ela deve ter sentido fortes ondas de raiva quando viu seu filho, machucado, surrado e desonrado, morrer pregado numa cruz romana. Como mãe, seu primeiro instinto deve ter sido chicotear aqueles que se atreveram a ferir e machucar seu filho. Todavia, Maria foi capaz de perdoar, assim como seu filho também foi capaz de perdoar, porque antes ela reconheceu que o mal tinha sido feito.

Algumas vezes, nós temos a estranha sensação de que podemos perdoar as pessoas sem antes ter um reconhecimento de sua culpabilidade. Porém, não podemos perdoar alguém por fazer alguma coisa que nos recusamos a reconhecer que aconteceu. Por exemplo, digamos que você foi molestado quando criança. Você não pode perdoar a pessoa que o molestou enquanto não reconhecer que foi molestado por essa pessoa e que ela cometeu um erro e merece ser castigada. Se você não reconhece que algo ruim aconteceu, o que há para perdoar?

Já que reconhecer nossas feridas é tão doloroso, muitas vezes tentamos "pular" essa parte do perdão e ir diretamente àquele sentimento magnânimo de dizer: "Está tudo bem." Porém, do jeito que as coisas funcionam neste mundo, devemos primeiro reconhecer que o que aconteceu conosco não está certo. Olhe para Jesus. Ele não tentou encobrir a maneira pela qual foi tratado. Só depois de ter reconhecido a situação como horrenda é que pôde dizer: "Pai, perdoa-lhes pois não sabem o que fazem."

Existe alguém que tentei perdoar, mas não fui capaz de fazê-lo?
Será que reconheço (pelo menos para mim mesmo) a natureza
da ofensa antes de tentar perdoar?

PERDÔO AS PESSOAS QUE ME FERIRAM
(MAS TAMBÉM RECONHEÇO QUANDO SOU FERIDO).

Rainha da Paz

O Papa Paulo VI resumiu um ponto fundamental sobre a paz quando disse: "Se você quiser paz, trabalhe pela justiça." A paz é muito mais do que o simples cessar de uma luta. É o equilíbrio, a perfeição, a eqüidade para toda a humanidade. Realmente, não podemos ter paz sem justiça, porque a injustiça é uma das maiores causas da guerra e dos conflitos.

Quando chamamos Maria de Rainha da Paz, estamos simultaneamente chamando-a de Rainha da Justiça. Uma das muito reverenciadas, embora não reconhecida, aparições de Maria se deu em Medjugorje, no que antes era conhecido como Iugoslávia – uma parte do mundo dilacerada por conflitos políticos, religiosos e étnicos, muitos deles causados pela injustiça. Uma das mensagens de Maria nessa região dizia: "Amai vossos irmãos e irmãs muçulmanos. Amai vossos irmãos e irmãs sérvios ortodoxos. Amai aqueles que vos governam."

De uma forma indireta, Maria estava dizendo a mesma coisa que o Papa Paulo VI. Se nós amarmos aqueles que estão ao nosso redor, seremos incapazes de tomar decisões que os prejudiquem. Escolheremos opções que eliminem a injustiça e, conseqüentemente, promoveremos a causa da paz.

Promover a paz e a justiça não significa que tenhamos de fazer manifestações diante dos edifícios do governo, nem escrever cartas às organizações internacionais (embora essas reações sejam válidas). Cada um de nós pode começar a trabalhar pela paz e pela justiça nas nossas casas, na nossa vizinhança, nas nossas cidades. Uma boa forma de começar é examinando nossas atitudes em relação aos pobres. Não basta ter uma preocupação intelectual para com os menos afortunados; precisamos nos perguntar: (1) o que estamos fazendo para ajudar a acabar com a pobreza em nossa cidade, e (2) o que mais poderíamos e deveríamos estar fazendo.

Podemos passar nossa vida inteira rezando abstratamente pela paz, ou podemos trabalhar concretamente pela justiça. A escolha é nossa.

O que faço para promover a justiça na região do mundo onde vivo?
O que eu acho que Maria faria se atualmente ela morasse na minha cidade?

PORQUE EU QUERO A PAZ, TRABALHO PELA JUSTIÇA.

Fé

A palavra fé é mencionada mais de 250 vezes no Novo Testamento. É precisamente sobre o papel da fé que Martinho Lutero começou o discurso que separaria a Igreja cristã. Ainda hoje, católicos e não-católicos usam de sutileza para distinguir entre a salvação unicamente pela fé e a salvação pela fé combinada com as obras.

Dar o salto de fé necessário para acreditar em Deus é difícil. Afinal de contas, colocar seu futuro nas mãos de um Deus invisível, que faz promessas sobre a vida eterna e a felicidade é ir contra a razão. Todavia, para permitir que a fé reine, devemos deixar de lado a razão e entrar no desconhecido. É exatamente isso o que Maria fez quando se confrontou com Gabriel. Ela deixou de lado a razão, deixou de lado o conhecimento racional, que afirma que uma criança é resultado de uma união sexual entre um homem e uma mulher, que Deus não aparece para as pessoas comuns e que os milagres simplesmente não acontecem. Ao deixar de lado a razão, ela permitiu que todos nós chegássemos à fé.

Embora a fé seja importante, não é tão importante quanto outras virtudes maiores. Como São Paulo disse: "Ainda que eu tenha fé para mover montanhas, se eu não tiver amor, nada serei."

Maria, com toda a certeza, tinha fé. Ela tinha de ter uma fé enorme para crer na mensagem de Gabriel, para acreditar que as promessas de Deus se concretizariam através dela. Sua fé foi o grande presente que Deus lhe deu. Contudo, não é a sua fé que nos atrai para ela, mas o seu amor.

Quando você tiver dificuldade para acreditar, lembre-se de que a fé é um dom de Deus, mas que o amor é uma decisão. Se não conseguir acreditar, tome a decisão de amar.

Alguma vez invejei as pessoas que pareciam ter mais fé que eu?
Como posso me decidir por amar hoje?

PORQUE O AMOR É UMA DECISÃO, DECIDO-ME A AMAR.

Pessoas Diurnas

O mundo está dividido em pessoas diurnas e pessoas noturnas. Por alguma razão, as pessoas diurnas geralmente reivindicam uma inerente superioridade moral em virtude de acordarem cedo. Elas parecem pensar (e não neguem isso, amigos diurnos!) que, só porque a mente delas está alerta às cinco horas da manhã, elas têm com o Céu uma ligação especial que os dorminhocos não têm.

As pessoas diurnas adotam o poema de Benjamin Franklin como profissão de fé:

> Os galos cantam ao romper da aurora para que nos levantemos, /pois quem até tarde dorme nunca será sábio. /Dormir cedo e acordar cedo faz com que o homem seja saudável, rico e sábio. /Quem quiser prosperar deve acordar às cinco. /Quem já prosperou pode dormir até as sete, /e quem nunca há de prosperar pode dormir até as onze.

Obviamente, a maioria das pessoas que têm atribuído títulos a Maria são pessoas diurnas: ela é conhecida como Estrela da Manhã, Alvorecer da Nova Criação e a Estrela Que Dá à Luz o Sol, por exemplo. Porém, apesar desses títulos, não sabemos se Maria era uma cotovia ou uma coruja. Talvez já esteja na hora de as pessoas noturnas atribuírem a Maria alguns títulos que ressoem mais alto no silêncio da noite. Que tal Estrela da Meia-noite, Agradável Pôr-do-sol ou Mãe da Madrugada? (Quem sabe, talvez Maria fosse uma pessoa noturna e apreciasse algumas novas referências.)

Sou uma cotovia ou uma coruja? Quando eu trabalho melhor?
Alguma vez tentei fazer com que minha família seguisse
o meu horário só porque eu o prefiro assim?

EU SEI QUE A VIRTUDE NÃO DEPENDE DOS RITMOS BIOLÓGICOS.

Realidade

Numa tentativa de explicar a natureza do universo, os cientistas nos dizem que até o que parece ser sólido é na verdade uma imensidão de espaço. Entre os átomos e as partículas subatômicas, nada é como parece – é o que eles nos dizem. O que vemos *não* é o que temos!

Enquanto a ciência só agora está chegando a essa conclusão, a espiritualidade já sabia disso o tempo todo. A realidade não é o que tocamos, cheiramos e provamos; a realidade é Deus. E Deus não se parece em nada com o que imaginamos que seja. Deus não é uma luz brilhante ou uma voz onipresente. Deus não é um Super-homem com uma capa celestial ou um velho de barbas brancas sentado num trono feito de nuvens em algum lugar "no céu".

Embora não saibamos como Deus é, Maria sabe. Nas suas aparições ao longo dos séculos, ela veio à terra para nos ajudar a entender a natureza de Deus. Maria conhecia Deus como seu filho humano na terra, e agora conhece Deus na glória da Santíssima Trindade. Além do mais, ela quer que nós sintamos a realidade de Deus na nossa vida, porque sabe que, feito isso, nos transformaremos para sempre.

Se você tem dificuldade para se relacionar com Deus, Maria pode ajudar. Como São Maximiliano Kolbe disse: "Deus nos manda aquele que personifica o seu amor: Maria, a esposa do espírito – o espírito do amor maternal –, imaculada, linda, pura, mesmo sendo nossa irmã, a filha verdadeira da raça humana, Deus confiou a ela a comunicação da sua misericórdia para as almas."

Se você quer conhecer Deus, conheça Maria.

Estou disposto a aceitar uma nova visão da realidade?
Estou disposto a deixar que as antigas idéias vão embora?

SINTO A REALIDADE DE DEUS NA MINHA VIDA HOJE.

Dor

Na sua bem-sucedida pesquisa, Elisabeth Kübler-Ross introduziu o mundo nos estágios da dor. Ela ressaltou que aqueles que estão morrendo passam por estágios distintos e identificáveis de recusa, raiva, negociação, aceitação e finalmente paz. Além disso, ela afirmou que cada um que está sofrendo uma perda – seja ela grande ou pequena – passa por estágios semelhantes. Mesmo que todos nós expressemos os diferentes estágios de uma maneira particular, parece que seguimos um padrão inato para atravessar estes momentos.

De todas as perdas que sofremos, a morte de um ser amado é a mais devastadora. Como Dylan Thomas observou: "Depois da primeira morte não existe outra." Uma vez que tenhamos experimentado a morte em todo seu horror, mudamos para sempre. É nesse momento que podemos começar a reconhecer a dor pelo que ela é: o analgésico de Deus para aquilo que de outro modo seria literalmente insuportável.

Apesar do seu elevado *status* como mãe de Deus, Maria experimentou a dor da morte daqueles a quem amava. As mortes de seus pais e de seu marido, José, com toda a certeza, mas provavelmente houve outras. De alguma forma, talvez essas mortes a tenham ajudado a se preparar para a morte do filho. E, no entanto, como qualquer outra pessoa que tenha perdido um ser amado, por mais preparado que você esteja, mesmo assim a dor lhe dilacera o coração e faz você sentir como se também fosse morrer.

Quando estamos sofrendo, Maria compreende. Ela compreende o que é perder o pai ou a mãe, o marido ou a mulher, um filho ou uma filha. Ela sabe o que é sentir como se o seu coração estivesse se esvaindo de dor. Se você está chorando a perda de alguém que ama, Maria está sempre ao seu lado para confortá-lo com seu exemplo e seu amor.

Já passei pela "primeira morte" de que fala Dylan Thomas?

AGRADEÇO PELO FATO DE O SOFRIMENTO NÃO DURAR PARA SEMPRE.

A Ladainha de Loreto

Loreto, na Itália, é o berço de um dos mais velhos e venerados santuários marianos. De acordo com uma antiga tradição, a casa de Maria foi transportada milagrosamente de Nazaré (*transladada* é o termo oficial) para uma colina em Loreto em 1291. Desde sua aparição lá, Loreto tem sido o ponto de destino de peregrinos – incluindo o Papa João XXIII e o Papa João Paulo II – do mundo inteiro.

Porém, o mais conhecido aspecto do santuário não é a casa, mas a oração a ele associada: a Ladainha de Loreto. Consistindo numa série de títulos e de petições para as orações dedicadas a Maria, essa ladainha representa uma das devoções a Maria mais antigas e amadas.

Santa Maria, *rogai por nós.*
Santa Mãe de Deus,
Santa Virgem das Virgens,
Mãe de Jesus Cristo,
Mãe da divina graça,
Mãe puríssima,
Mãe castíssima,
Mãe intacta,
Mãe imaculada,
Mãe amável,
Mãe admirável,
Mãe do bom conselho,
Mãe do Criador,
Mãe do Salvador,
Virgem prudentíssima,
Virgem venerável,
Virgem louvável,
Virgem clemente,
Virgem fiel,
Espelho da justiça,
Sede da sabedoria,
Causa da nossa alegria,
Vaso espiritual,
Vaso honorífico,
Vaso insigne de devoção,
Rosa mística,

Torre de Davi,
Torre de marfim,
Casa de ouro,
Arca da Aliança,
Porta do céu,
Estrela da manhã,
Saúde dos enfermos,
Refúgio dos pecadores,
Consoladora dos aflitos,
Auxílio dos cristãos,
Rainha dos anjos,
Rainha dos patriarcas,
Rainha dos profetas,
Rainha dos apóstolos,
Rainha dos mártires,
Rainha dos confessores,
Rainha das virgens,
Rainha de todos os santos,
Rainha concebida sem pecado,
Rainha assunta ao céu,
Rainha do santíssimo Rosário,
Rainha da paz...
Rezai por nós, ó santa Mãe de Deus, *para que possamos nos tornar dignos das promessas de Cristo.*

Que título de Maria chama mais a minha atenção?

PEÇO A MARIA, A MÃE DE DEUS, QUE REZE POR MIM.

Experiências de Pico

Em seu maravilhoso discurso sobre a liberdade, o dr. Martin Luther King, Jr. falou a respeito de estar no alto de uma montanha vendo ao longe a terra prometida. Para ele, a possibilidade de direitos iguais para homens e mulheres de todas as raças era uma experiência de pico.

Maria teve experiências de pico também (além das aparições que dizem ter ocorrido no topo de montanhas!). Quando ela escalou o país montanhoso para contar a Isabel sobre a visita de Gabriel, quando ficou no alto do Monte das Oliveiras, vendo Jesus ser levado aos céus – essas experiências devem ter sido literal e figurativamente experiências de pico.

Como o dr. King e a Bem-aventurada Virgem, todos nós temos experiências de pico – acontecimentos que nos moldam e transformam de tal maneira que depois deles nada continua igual.

A tentação depois dessas experiências é a de querer permanecer com a cabeça entre as nuvens. De fato, é exatamente o que aconteceu a Pedro, a Tiago e a João quando Jesus os levou até a montanha e apareceu diante deles em glória, ao lado de Moisés e Elias. Pedro queria armar três tendas e acampar para sempre no topo daquela montanha.

Porém, *não* podemos permanecer no pico da montanha. A vista é estonteante, mas os picos de montanhas são lugares perigosos. Seres humanos não estão destinados a morar no topo. Só podemos visitar o pico das montanhas, beber em sua glória e depois guardá-lo na memória e prometer que levaremos essa glória conosco para nossos lares.

Sem experiências de pico, a vida não merece ser vivida, mas também devemos lembrar que a vida não pode ser vivida no pico de uma montanha.

Quando foi a última vez que estive no topo de uma montanha?
O que eu trouxe comigo dessa experiência?

AGRADEÇO PELAS MONTANHAS E PELOS VALES NA MINHA VIDA.

Amigos

Quando visualizamos Maria (exceto quando pensamos na Anunciação), tendemos a vê-la exclusivamente na companhia de Jesus e de José. Mesmo quando a imaginamos na festa de casamento em Caná, normalmente a imaginamos tendo aquela conversinha com Jesus; não a vemos na companhia de suas amigas, discutindo o vestido da noiva. E raramente a imaginamos em circunstâncias ainda mais comuns – rindo, por exemplo, enquanto ela e as amigas retiram água do poço, ou pechinchando com um comerciante na sua visita aos mercados de Jerusalém nos dias de festa.

Todavia, sabemos intuitivamente que Maria deve ter tido amigos. Edward Young chama a amizade "o vinho da vida" – e todos nós sabemos que valor Maria dava ao vinho!

Então, quem eram os amigos de Maria? Embora geralmente acreditemos que Maria era íntima de Isabel (a quem visitou logo depois que o anjo Gabriel chegou com as notícias) e de sua irmã (que ficou ao seu lado quando Jesus foi crucificado), não podemos saber se Maria era íntima dessas pessoas só porque eram familiares seus ou porque eram amigas também.

Cada um de nós tem a opção de se tornar amigo de Maria. Assim como vale para todas as amizades, porém, precisamos de tempo para conhecer e alimentar essa nova amizade passando o tempo na companhia dela. Uma das melhores formas de passar o tempo na companhia de Maria é rezando o Rosário. O caráter de meditação próprio do Rosário, assim como seu enfoque na vida de Maria e de Jesus, é ideal para começar ou continuar uma amizade íntima com Maria.

Quem são os meus amigos mais próximos?
Faço o que é necessário para construir e manter amizades?

EU NÃO SÓ *TENHO* BONS AMIGOS COMO *SOU* UM BOM AMIGO.

Mães e Filhos

As relações entre mãe e filho têm algumas qualidades universais. Primeiro, por mais velho que o filho seja, ele continua sendo o "filhinho". Segundo, aconteça o que acontecer na sua vida, um filho sempre tem um lugar especial no coração da mãe. Apesar da força do vínculo entre mãe e filho, mães e filhos nem sempre têm relações felizes ou tranqüilas. De fato, algumas vezes podem ocorrer sérios desentendimentos.

Nem mesmo Maria e Jesus estavam acima das tensões normais na relação entre mãe e filho. Tome como exemplo a festa de casamento em Caná: Maria queria que Jesus fizesse alguma coisa com relação ao problema da falta de vinho, mas Jesus claramente não se mostrou animado com a idéia.

Como M. Basil Pennington, afirmou: "As coisas não aconteceram exatamente como Ele deve ter planejado. 'Mãe, afinal de contas, você quer que no futuro seja dito que o primeiro sinal que o Filho de Deus executou na sua missão de salvação foi arranjar mais bebida para os rapazes depois que eles já tinham secado todo o estoque da casa?'"

Embora o Padre Pennington não responda à pergunta, está clara qual seria a resposta dada por Maria: "Ora, querido, é *exatamente* isso o que eu quero." Em seguida, podemos quase ouvi-la acrescentar: "E nos referimos a isso como *vinho*, querido, e não como *bebida*."

Freqüentemente, é muito mais fácil ser amável com pessoas estranhas do que ser amável com pessoas da própria família. Afinal, os membros da família são tão... *familiares*. Todavia, ser amável e respeitoso para com aqueles com quem temos contato mais freqüente é uma prova total de amor. Embora Jesus tenha questionado a interferência de sua mãe, ao final ele fez o que ela lhe pediu (e supomos que ele o fez amavelmente!).

Sou algumas vezes brusco e grosseiro com os membros da minha família? Trato a minha família diferentemente do modo como trato estranhos?

TRATO TODO MUNDO COM AMABILIDADE E RESPEITO.

Lar

O lar é o domicílio do coração.

ELBERT HUBBARD

Que lugar Maria chamou de lar? Nazaré, onde morou quando era menina? Belém, onde seu filho nasceu e seu marido tinha familiares? O Egito, onde morou recém-casada e foi mãe? Éfeso, onde se acredita que ela tenha passado os últimos anos de sua vida?

É difícil dizer. O lar não é um lugar físico, mas um vínculo emocional; é realmente "onde está o coração". Embora muitos de nós tenham profundo apego ao lugar onde crescemos, o lugar que fascina e chama nosso coração pode ser um lugar onde nunca estivemos antes. Sempre que vemos fotos ou um documentário na tevê sobre esse lugar, nosso coração grita: "Ali, esse é o *lar*!" Alguma coisa naquele lugar ressoa profundamente no nosso ser e cria uma profunda ansiedade.

Seja qual for o lugar que reconhecemos como lar, ele não passa de um reflexo do nosso lar celestial. Ele nos lembra que não vivemos realmente aqui na terra, que somos meros viajantes numa viagem cósmica, esperando, no final da viagem, encontrar nosso verdadeiro lar com sua lareira aconchegante e os fogos de boas-vindas. É precisamente porque podemos nos lembrar do nosso lar vendo um lugar onde nunca estivemos que podemos ter certeza de que, quando entrarmos no Céu, estaremos completamente, totalmente e finalmente em casa.

Se eu pudesse morar em qualquer lugar da terra, onde eu moraria?
Que tipo de lugar faz o meu coração cantar?

EU SEI QUE ESTOU APENAS DE PASSAGEM NA TERRA;
MINHA VERDADEIRA CASA ESTÁ NO CÉU.

Felicidade

"Não há dever que subestimemos mais do que o dever de ser feliz", escreveu Robert Louis Stevenson.

A maioria de nós não considera a felicidade um dever. É mais provável que pensemos nela como uma coisa difícil de ser alcançada, dando ênfase à expressão *difícil de encontrar*; mas a razão pela qual achamos a felicidade tão difícil de encontrar pode ser porque procuramos por ela nos lugares errados.

Temos a tendência de igualar a felicidade com as aquisições. Quanto mais temos e fazemos, mais felizes pensamos que seremos; porém, se quisermos ser felizes, deveremos viver de acordo com a famosa frase que o presidente John F. Kennedy citou: "Não pergunte o que a vida pode lhe dar, mas sim o que você pode dar à vida." A verdade é que a felicidade tem muito pouco que ver com o máximo que podemos arrancar *da* vida. Porém, tem tudo que ver com o que podemos dar *à* vida.

Ironicamente, quando começamos a nos dar livre e alegremente sem esperar retorno, descobrimos que, quanto mais damos, mais recebemos. Quando nos comprometemos com a vida por completo, ela começa a se comprometer reciprocamente conosco. Quando amamos sem restrições, descobrimos que somos amados incondicionalmente.

A vida de Maria representa um exemplo da regra fundamental da felicidade: para sermos felizes devemos, primeiro, nos dar por inteiro às outras pessoas, sem esperar nada em troca. Então, e só então, descobriremos que a felicidade não é algo que encontramos mas algo que vem ao nosso encontro.

Sou feliz? Que coisas achei que me fariam feliz e não me fizeram?
Qual foi o momento mais feliz da minha vida?

EU ME DECIDO A SER FELIZ HOJE.

Papéis Opostos

Os dois papéis pelos quais mais honramos Maria à primeira vista parecem diametralmente opostos. Afinal de contas, maternidade e virgindade não são geralmente consideradas situações compatíveis. Além do mais, como ensina a tradição católica, Maria não era virgem apenas quando Cristo nasceu, mas foi sempre virgem (embora casada); então, a contradição é maior ainda.

É tentador pôr de lado a situação de Maria como única na história da humanidade – e é claro que é! – mas a vida de Maria tem uma lição para cada um de nós também.

Sua vida nos ensina que, embora sejamos incapazes de conciliar as contradições em nossa vida, Deus não só pode como também as concilia. Um dos grandes mistérios de Deus é que Ele é capaz de permitir que duas realidades completamente diferentes coexistam simultaneamente. Raramente poderemos compreender tal coisa. De fato, a pergunta de Maria a Gabriel: "Como isso pode acontecer?" seria a nossa pergunta também. Já que a visão de Deus do que podemos ser é tão diferente da nossa, não podemos sequer conceber duas realidades ao mesmo tempo, assim como Maria não poderia conceber ser as duas coisas, virgem e mãe (jogo de palavras intencional!), ao mesmo tempo.

As realidades que Deus cria não são as do universo da ficção científica. Elas incluem a realidade de um casal profundamente ferido pela infidelidade e que são capazes de perdoar e esquecer. A realidade de uma criança que está morrendo e que irradia alegria para tudo o que está à sua volta. A realidade de um homem injustamente executado que grita de sua cruz: "Pai, perdoai-lhes pois eles não sabem o que fazem."

Alguma vez descobri duas realidades coexistindo na minha própria vida?
Que contradições eu gostaria que Deus me ajudasse a conciliar agora mesmo?

ACREDITO QUE NADA É IMPOSSÍVEL PARA DEUS.

Cruzes

A maioria de nós, que fomos criados num lar cristão, está familiarizada com a frase "Carrega a tua cruz". Aplicada a fardos e responsabilidades, essa frase destina-se a nos encorajar diante de situações difíceis. Então, por que algumas pessoas acham fácil carregar a própria cruz e outras não?

Talvez seja porque uma cruz é só uma cruz quando você não quer carregá-la.

Os pedaços de madeira que constituíam a cruz de Jesus não eram mais pesados do que qualquer uma das vigas que ele teria carregado ao longo de seu trabalho como carpinteiro. Mas o peso emocional deles era maior, pois deviam ser usados numa crucificação. Quando Maria via Jesus carregando uma viga na construção, com certeza não tinha a mesma reação que teve quando o viu carregando uma viga como parte de sua cruz. Não era a madeira que tinha mudado, mas a percepção que Maria tinha dela.

Da mesma maneira, as cruzes diárias que devemos carregar só são cruzes quando nós as vemos assim. Conquanto Helen Keller nunca subestimasse a desvantagem de ser cega, ela escreveu que ser surda era mais difícil para ela. Poderíamos dizer que, para ela, ser surda era uma cruz mais pesada do que ser cega.

Uma vez que abraçamos voluntariamente nossa cruz, seu peso automaticamente diminui; somos capazes de carregá-la com muito mais facilidade. É só quando relutamos em aceitá-las que elas se tornam insuportáveis de carregar.

A que cruzes estou resistindo na minha vida? O que acho que aconteceria se eu aceitasse essas cruzes sem resistência?

EU SEI QUE TENHO CRUZES QUE TENHO DE CARREGAR
E ESTOU DISPOSTO A ACEITÁ-LAS.

João Batista

Depois de assistir ao seu nascimento, alguma vez Maria negou algo à pessoa que João Batista – filho de Isabel – viria a ser? Se ele e Jesus se encontraram quando eram crianças, Maria se preocupou alguma vez com a influência de João sobre Jesus? Por ter sido quem foi quando adulto – aquele que foi comer amoras no deserto, criticou tanto a classe dominante que teve a cabeça cortada – não é preciso ir tão longe para saber que ele era um tanto problemático quando criança e também quando adolescente.

É possível que Maria e Isabel se encontrassem em reuniões de família com as outras mães para conversar sobre seus filhos e sobre como eles eram. Não seria de estranhar que tivessem discutido o fato de que a maternidade não fosse exatamente como esperavam que fosse.

A maternidade *nunca* é.

Ter um filho (ou filhos) cria um elo comum entre as mulheres. Uma mãe no Japão, outra na Austrália, uma terceira nos Estados Unidos e uma quarta na África – todas sabem como é dar à luz, cuidar de uma criança de colo, lidar com um adolescente. As diferenças culturais criam algumas variações, mas como as mães são mães e os filhos são crianças no mundo inteiro, temos mais semelhanças do que diferenças. Uma das grandes semelhanças é que o que projetamos da vida como futura mãe não é a vida real de uma mãe. Em alguns aspectos naturalmente, ser mãe é muito mais maravilhoso do que podemos imaginar. Mas, em outros, é muito mais difícil. Como Maria e Isabel eram mães de verdade, devem ter se sentido da mesma forma – pelo menos algumas vezes!

Como me sinto quando o futuro acaba não sendo como imaginei que seria? Estou disposto a viver no presente e deixar que o futuro se encarregue dele mesmo?

EU VIVO AQUI E AGORA.

Metas

Metas são uma coisa engraçada: uma vez que você as alcança, elas mudam. Mesmo que você trabalhe durante meses ou anos para alcançar algo, assim que isso se torna uma realidade, você já tem uma nova meta. Parte da razão pela qual temos esse tipo de sentimento ambivalente com relação a metas e realizações neste país é que a cultura ocidental não foi criada para desfrutar as realizações; foi criada para desfrutar a *busca* da realização. Sempre nos disseram que nunca deveríamos estar satisfeitos. Sempre devemos alcançar mais e mais e mais. Bom, se não há limite para o que devemos alcançar, a meta é apenas um patamar, com o nível seguinte aparecendo subitamente antes mesmo de nos darmos conta. Não admira que não tenhamos grandes satisfações na vida.

Um antídoto para essa mente voltada para a busca consiste em estabelecer metas espirituais, em vez de metas materiais.

Não há informação sobre quais foram as metas de Maria durante sua vida na terra. É claro que criar Jesus até sua vida adulta deve ter sido uma delas. Apesar de todas as promessas do Messias, a vida naqueles tempos era difícil. Jesus poderia ter morrido de qualquer causa, desde uma pneumonia até o capricho de Herodes. Maria provavelmente teve muitas outras metas, assim como metas diárias menos substanciais – talvez coisas como cardar a lã e tecer outras túnicas para Jesus e José. Essas metas eram, por sua natureza, transitórias.

Agora, porém, as metas de Maria são completamente espirituais – divulgar a mensagem de seu filho pelo mundo inteiro. Essa meta durará até o fim dos tempos. Se queremos algo mais que um sentimento fugaz de realização, nós também devemos complementar as metas que podemos realizar aqui e agora com metas que tenham como ponto final a eternidade.

As metas que me propus são uma mistura de metas terrenas e metas eternas?

DEDICO TEMPO PARA DEFINIR METAS PARA A MINHA VIDA.

Opções

Quantas vezes você ouviu alguém dizer: "Não tenho escolha?" Essa afirmação simplesmente não é verdadeira. Em todas as situações, temos opções, embora não gostemos das opções que temos. Tome como exemplo pessoas presas a empregos sem futuro. Elas podem dizer que não têm outra alternativa a não ser a de ficar onde estão, mas esse não é o caso; elas têm a opção de deixá-lo (mesmo achando essa opção inaceitável). Nesse caso, dizer "Não tenho escolha" significa, na realidade, "Não gosto das opções que tenho".

Maria teve uma escolha quando o anjo Gabriel lhe apareceu. Não obstante a vigorosa afirmação dele ("Eis que conceberás e darás à luz um filho a quem chamarás pelo nome de Jesus"), Maria poderia ter dito: "Não, acho que não." Ela teve a opção de recusar. A história da humanidade teria sido alterada, o plano de Deus para a salvação teria sido diferente – mas Maria *poderia* ter dito não. É uma bênção para nós ela ter dito um retumbante sim.

Quando você se encontrar numa situação que parece não lhe deixar escolha, siga o exemplo de Maria. Maria fez perguntas bastante diretas a Gabriel antes de concordar em ficar grávida. Da mesma forma, podemos tomar o tempo que for necessário para avaliar as opções que temos. Tendo feito isso, podemos concluir que todas as nossas escolhas, exceto uma, são inaceitáveis. Embora ter uma única escolha viável pareça ser a mesma coisa que não ter nenhuma, é muito diferente: examinando nossas opções com consciência e deliberação e depois selecionando livremente aquela que sabemos ser a melhor (ainda que não gostemos dela), somos mais capazes de tornar nossa opção uma realidade sem rancor ou arrependimento.

Acredito que sempre tenho uma escolha, seja qual for a situação?

EU SEI QUE SEMPRE TENHO ESCOLHAS,
ATÉ MESMO QUANDO ELAS PARECEM NÃO EXISTIR.

Oração

Alguma vez você rezou pedindo alguma coisa, e o que recebeu foi uma resposta completamente inesperada – uma resposta que, embora não fosse decepcionante, foi totalmente imprevisível?

Nesse caso, talvez o que foi respondido foi uma "oração por trás da oração".

A oração por trás da oração é o que nós realmente gostaríamos que tivesse acontecido. Precisamos apenas ser totalmente honestos e, algumas vezes, só fazendo um retrospecto é que podemos reconhecer esse desejo oculto. Vamos supor, por exemplo, que a um dos nossos amigos mais próximos foi proposta uma transferência para o outro extremo do país. Você reza com todo o seu fervor para que ele não tenha de se mudar; mesmo assim o caminhão de mudança um dia chega e seu amigo parte; porém, você continua mantendo contato com ele depois de ele ter-se mudado, talvez pelo e-mail. Depois de alguns meses, vocês dois acabam se encontrando na mesma cidade para uma convenção, e você adora passar a semana toda com ele. Se você analisar cuidadosamente o que você gostaria que tivesse acontecido quando rezou para que seu amigo não se mudasse, perceberá que o que você queria era manter a amizade. *E foi isso o que aconteceu.* Apesar da distância, vocês continuam bons amigos. A oração por trás da oração foi respondida.

Aprender a rezar a oração que está por trás da oração está no âmago destas palavras de Jesus: "Pedi e recebereis." Você consegue o que *realmente* está pedindo, e não o que *acha* que quer.

A chave para reconhecer as respostas de Deus às nossas orações é sermos completamente honestos com nós mesmos e com Deus. Nas suas poucas conversas registradas com Jesus, Maria foi totalmente honesta. Ela dizia exatamente o que pensava. Quando se aborreceu no Templo, ela o disse. Quando quis mais vinho, ela o pediu. Maria conseguiu o que pediu, assim como nós conseguiremos se aprendermos a rezar com humildade.

Tento enganar Deus para que Ele me dê o que eu quero
fingindo querer outra coisa?
Alguma vez dei às minhas conversas com Deus "um verniz sagrado"?

SOU HONESTO COM DEUS NAS MINHAS ORAÇÕES, MESMO QUANDO O QUE ESTOU DIZENDO NÃO PARECE "SAGRADO".

Escolhas de Carreira

Os consultores profissionais nos dizem que, para ter sucesso numa carreira, devemos chegar a uma conclusão sobre o que queremos fazer, elaborar um plano e depois executá-lo. Temos de traçar o curso da nossa vida, dizem eles, ou seremos arrastados pelos ventos do destino.

A vida de Maria nos mostra um modelo bem diferente. Maria diz que, em vez de traçar nosso rumo (seja ele qual for) numa direção particular, devemos nos deixar vogar com o vento do Espírito, entregues a novos e inesperados rumos.

Uma antiga tradição nos conta que Maria tinha planejado ser uma virgem devota. Ela e José poderiam ter sido jovens idealistas que planejavam servir no Templo juntos, ou (como alguns relatos sugerem) José poderia ter sido um homem mais velho que se casou com Maria para que esta preservasse sua virgindade. Seja como for, a tradição nos conta que a maternidade não fazia parte do futuro de Maria. Deus, obviamente, pensava de outra forma, e hoje Maria é honrada sobretudo como a Mãe de Deus.

Todos nós precisamos abrir novos caminhos na vida, especialmente porque a expectativa de vida continua subindo. Não temos mais de decidir o que queremos fazer aos dezoito anos e manter essa escolha até morrer. *Nunca* é tarde demais para começar de novo ou para seguir uma nova carreira. Talvez você esteja passando por esse problema agora – sentindo um impulso para tomar uma nova direção, mas achando que é tarde demais para fazer uma mudança, que você já investiu muito para experimentar algo novo. Se for assim, pergunte se você será mais feliz daqui a dez anos se *não* fizer o que tem vontade de fazer agora. Se a resposta for não, então você não tem nada a perder se tentar um novo rumo.

Alguma vez procurei entender as razões por que não posso mudar agora?
Estou disposto a aceitar algo menor do que eu quero só porque é conveniente?

ESTOU DISPOSTO A EXPERIMENTAR COISAS NOVAS E A BUSCAR NOVOS RUMOS.

Submissão

Escritores religiosos ao longo dos séculos têm elogiado muitas das virtudes de Maria, incluindo sua submissão. Ela é considerada um modelo de obediência e docilidade, sendo suas palavras a Gabriel – "Faça-se em mim segundo a tua palavra" – consideradas como prova indiscutível disso.

A boa notícia é que sim, Maria era submissa em todos os sentidos da palavra. Deixou que Deus lhe mostrasse o caminho que devia seguir. Deixou que Deus agisse nela e através dela para cumprir as promessas da salvação. Ela curvou-se à vontade de Deus.

A má notícia é que, quase invariavelmente, a submissão de Maria tem sido usada como desculpa para dominar, e isso está errado.

Maria era submissa a Deus, mas não era *dominada* por Deus. Deus não obrigou Maria a fazer coisa alguma. Deus não transformou Maria num capacho a ser estendido diante da Porta do Céu. Deus pediu a Maria que renunciasse livre e espontaneamente aos seus desejos na hora de pôr o plano divino em ação. Com a sua submissão, Deus a elevou tanto que Maria se tornou a própria Porta do Céu.

A verdadeira submissão não significa jamais hastear a bandeira branca, dobrar o corpo e desistir. A verdadeira submissão significa transformar o seu coração e a sua mente para que você esteja pronto para fazer o que é necessário a fim de cumprir um bem maior.

Se você conclui que seus direitos estão sendo negados e que você está algemado, você não está sendo submisso: está sendo dominado. E se Maria é a prova indiscutível de *alguma coisa*, é porque, embora Deus nos conclame a ser submissos, Ele jamais nos pede que nos deixemos dominar.

Sou da opinião de que tenho de renunciar ao meu próprio ser para ser submisso a Deus? Sempre deixo que as outras pessoas me dominem?

SUBMETO-ME À INTERVENÇÃO AMOROSA DE DEUS NA MINHA VIDA.

Promessas

Na maioria das vezes, uma promessa feita é uma promessa não cumprida. Sendo a vida como é, não temos muita experiência de promessas que são cumpridas. Como resultado, freqüentemente esperamos que a promessa seja, senão quebrada, pelo menos um pouco alterada. Isso é verdade, especialmente para as promessas cuja realização está num futuro distante. Às vezes, supomos que uma promessa do tipo "Algum dia faremos..." é meramente ilusória e incerta. É difícil acreditar em promessas vagas, porque não existe nenhuma evidência de que elas acontecerão enquanto realmente não acontecerem.

Maria deve ter tido experiências parecidas. Ela já sabia da promessa imemorial de que o Messias viria, por exemplo, mas essa promessa pairava no ar há séculos. Não havia nada que demonstrasse que a promessa chegaria a se realizar durante a sua existência – e certamente nada havia que indicasse que *ela* seria o meio pelo qual a promessa seria mantida.

As pessoas têm especulado durante várias gerações sobre a razão pela qual Maria foi a escolhida. Claro que não há como saber por que Deus a escolheu, mas pode ter sido porque, de todas as mulheres, foi a que mais acreditou plenamente na promessa de salvação de Deus. Talvez ela fosse a pessoa que mais confiou em que a palavra de Deus se cumpriria. Visto que ela estava tão receptiva a Deus, Ele foi capaz de realizar o maior dos milagres através dela. Talvez ela tenha sido escolhida não porque *esperava* que Deus cumprisse sua promessa, mas sim porque *sabia* que Deus a cumpriria.

Acredito – e não apenas espero – que as promessas de Deus se cumpram?

CUMPRO TODAS AS PROMESSAS QUE FAÇO.

Graça

"Ave, Maria, cheia de graça. O Senhor é contigo." Estas palavras – a saudação do anjo Gabriel a Maria – servem de linha de abertura da Ave-maria, provavelmente a segunda oração mais famosa do Cristianismo (o Pai-nosso sendo a primeira, naturalmente). Até os não-católicos, muitos dos quais não se sentiriam à vontade rezando a Maria se sua vida dependesse disso, já ouviram falar da oração.

Mas o que realmente significam essas palavras? Mais especificamente: o que significa quando dizemos que Maria é "cheia de graça"?

Através dos séculos, inúmeros textos teológicos foram escritos a respeito da graça – de fato, alguns estudiosos dedicaram toda a sua existência tentando decifrar-lhes os mistérios – de modo que não existe, evidentemente, uma resposta fácil. Porém, destilada na sua essência, a locução "cheia de graça" significa completamente plena da presença de Deus. Diferentemente de todos nós, Maria não tinha nenhum pecado negro, desalentador, nos recessos de sua alma. A alma de Maria estava completamente iluminada pelo amor de Deus.

Embora não nos tenha sido concedida a especial infusão da graça de Maria, podemos nos tornar cheios de vida, de luz e de amor. É o que Deus quer para cada um de nós, e é para isso que fomos criados – para sermos repletos da graça de Deus.

Esse estado de abundância não é tão fácil de levar a efeito quanto encher um copo com água da torneira. Ele requer que cooperemos com o plano de Deus no sentido de voltar nosso coração e nossa mente para o que é bom e positivo, e rejeitar as coisas destrutivas e negativas. Significa que temos de escolher diariamente, até mesmo a cada hora, fazer aquilo que é certo e abrir os canais por onde a graça de Deus possa entrar em nossa vida.

De que jeito posso ficar mais cheio de graça hoje?
Que escolhas posso fazer para fortalecer a vida em vez de destruí-la?

SEI QUE DEUS QUER QUE EU FIQUE CHEIO DE GRAÇA.

Espelhando Deus

Qual é a aparência de Deus? Através dos séculos, os artistas tentaram, com variados graus de sucesso, criar representações visuais de Deus. Alguns optaram por descrevê-lo como um homem velho de barbas brancas e compridas; outros, por imagens mais abstratas, como um triângulo com um olho no centro ou até como uma luz brilhante.

Então como é Deus fisicamente? No Gênesis, o primeiro livro do Antigo Testamento, está escrito que fomos criados à imagem de Deus. Isso não significa, porém, que, se víssemos Deus, veríamos uma figura humana. Embora muitas religiões tenham tentado transformá-Lo numa pessoa de carne e osso, a imagem de Deus, em cuja semelhança fomos criados, não é física; ela é, ao contrário, a própria *essência* de Deus.

Uma vez que todos fomos criados à imagem essencial de Deus, todos nós refletimos Deus uns para os outros, de alguma maneira. Porém, o espelho *absoluto* de Deus – isto é, a pessoa que mais se parece com Deus – é Maria. Quando olhamos para Maria, não só vemos o melhor que a natureza humana pode produzir, mas também o que significa ser criado à imagem de Deus.

Em Maria, vemos os atributos divinos como amor incondicional, perdão, misericórdia e compaixão. Contudo, é importante lembrar que, mesmo que Maria se espelhe em Deus com maior perfeição do que qualquer outra pessoa, ela não é divina. O fato de ela ser humana como todos nós deveria nos proporcionar um grande estímulo para que nós também cheguemos a espelhar Deus com mais perfeição.

Quando as pessoas me olham, que aspectos de Deus elas vêem em mim?
Que aspectos de Deus eu gostaria que elas vissem?
O que posso mudar para que eu espelhe mais claramente Deus para os outros?

ESPELHO DEUS PARA TODOS OS QUE ENCONTRO.

Veneração

Uma das sete maravilhas do mundo antigo era a imensa estátua de Zeus em Olímpia. Não só os habitantes do lugar a cultuavam, mas vinha gente do mundo todo deslumbrar-se diante dela. Naturalmente, histórias sobre acontecimentos extraordinários que afirmavam ter acontecido ali começaram a se espalhar. Sem dúvida alguma, pelo menos algumas das pessoas que foram ver a estátua estavam à espera de uma cura milagrosa para suas doenças, a cicatrização de uma relação malsucedida ou outros favores que pediam a Zeus.

É claro que a estátua não tinha nenhum poder inerente, e se algum milagre aconteceu em resposta a pedidos feitos com o coração, foi pela aprovação do único Deus verdadeiro, e não de Zeus.

A tentação de atribuir poderes milagrosos a algo ou a alguém que não seja Deus ainda está em nós. Lamentavelmente, Maria é um dos alvos favoritos. A linha que separa a devoção a Maria da adoração a Maria às vezes se confunde. O que deveria ser propriamente honra torna-se idolatria quando Maria é adorada, não como Mãe de Deus, mas como uma espécie de deusa.

Maria sem dúvida está frustrada porque as pessoas a idolatram. Ela passou toda a vida na terra, indicando o caminho para Jesus e para a mensagem dele. Ver pessoas com a atenção voltada para ela, e não para Jesus, deve tê-la aborrecido muito (supondo, é claro, que as pessoas no céu possam ficar aborrecidas!).

Reverenciar Maria como a mãe de Jesus (e, por extensão, como nossa mãe), elogiá-la pelo seu exemplo e virtudes, pedir-lhe intervenção e orações — essas são ações boas e adequadas; mas, quando Maria se torna mais importante do que Jesus para nós, os sinais de advertência devem aumentar. O amor por Maria deve fazer parte do caminho até Jesus, e não constituir um fim em si e por si mesmo.

Qual a importância de Maria na minha vida espiritual?
Alguma vez fiquei tentado a pensar que ela poderia fazer milagres por si mesma?

VENERO MARIA COMO MÃE DE DEUS, E A AMO COMO SE FOSSE A MINHA PRÓPRIA MÃE.

Liberdade de Crença

Um dos princípios da Constituição dos Estados Unidos da América é a liberdade de crença. É garantido por lei aos americanos o direito de escolher a religião que eles quiserem. De fato, os Estados Unidos foram fundados por imigrantes que conseguiram fugir da perseguição religiosa nos seus países de origem.

Muitas vezes, porém, interpretamos liberdade religiosa como a liberdade de tentar fazer outras pessoas acreditarem no que acreditamos. Isso faz não só com que haja atrito entre as diferentes religiões, mas também conflito entre pessoas de diferentes convicções religiosas.

Na tradição católica, as aparições de Maria são um foco de desentendimento. Algumas pessoas não são capazes de se imaginar vivendo uma vida católica cristã sem acreditar que Maria apareceu e continua aparecendo no mundo todo. Outros católicos passam toda a vida sem dedicar um simples pensamento às modernas aparições de Maria. As discussões entre essas duas facções podem "pegar fogo". As que acreditam consideram essa descrença um insulto à sua mãe, e os que não acreditam sentem que essa crença reforça a credulidade.

Nenhum dos lados vai convencer o outro, nem deveria tentar. É disso que trata a liberdade de religião — do direito de concordar ou discordar no que tange a assuntos que não são fundamentais para a salvação. Certos princípios, como o nascimento de uma virgem ou a Ressurreição de Jesus são essenciais para ser um cristão. Quando, onde e se Maria está aparecendo hoje não são.

Seja qual for a nossa crença pessoal a respeito das aparições de Maria, a liberdade de religião exige que deixemos que outras pessoas tomem suas próprias decisões sem a nossa interferência.

Considero uma afronta pessoal quando alguém não acredita, como eu acredito, nas aparições de Maria no mundo contemporâneo?

EU SEI QUE ACREDITO EM MARIA E EM SUAS APARIÇÕES,
MAS RESPEITO OS QUE DISCORDAM DE MIM.

Campos de Trigo

Há alguma coisa de eterno nos campos de trigo ondulando suavemente com a brisa morna do entardecer. As delicadas espigas e os ricos talos dourados do trigo nos fazem recordar a aurora da agricultura, quando nossos remotos antepassados pela primeira vez abandonaram a caça e a coleta para se tornarem agricultores. Os campos de trigo que vemos hoje, apesar de alguns melhoramentos genéticos, são basicamente o mesmo cultivo que Maria teria visto na sua época.

Se você tiver dificuldade para se sentir próximo de Maria, uma forma de se conectar com ela seria pensar nela quando você estiver passando por situações comuns do dia-a-dia por que ela teria passado.

Da próxima vez que olhar para um campo de trigo, para um vinhedo ou um rebanho de ovelhas espalhadas por uma encosta – pense em Maria. Da próxima vez que sentir o cheiro de feno fresco, de uvas tépidas ou de narcisos coloridos – pense em Maria. Da próxima vez que ouvir o quebrar das ondas nas margens de um lago, o arrulhar de uma pomba, o sussurro do vento – pense em Maria. Da próxima vez que sentir o gosto de pão fresco, de um bom vinho, de mel ainda no favo – pense em Maria. Da próxima vez que tocar numa peça de lã suave, num pote de cerâmica feito a mão ou no rostinho de um bebê – pense em Maria e saiba que, através dos séculos e através das barreiras do tempo e do espaço, ela está com você.

Quando me sinto mais próximo de Maria?
Quando me sinto mais próximo das outras pessoas?
Qual dos cinco sentidos desperta em mim lembranças mais fortes?

EU ADORO AS COISAS COMUNS.

Tempo Comum

Na tradição católica, os períodos em que se divide o ano litúrgico recebem nomes específicos. O período que precede o Natal, por exemplo, é chamado de Advento. Os quarenta dias antes da Páscoa recebem o nome de Quaresma. Os dias que sucedem a Páscoa são denominados de Tempo Pascal. Nem todos os dias do ano, porém, têm um evento especial relacionado com eles. Essas datas do ano que não estão relacionadas com uma data específica — o verão, por exemplo, que é uma época em que nada de extraordinário acontece — são chamadas de tempo comum.

À primeira vista, parece um tanto irônico que muitas das grandes festas de Maria aconteçam no tempo comum: Nossa Senhora de Lourdes, a Anunciação, a Visitação, o Imaculado Coração, a Assunção, a Coroação de Maria e Nossa Senhora do Rosário, só para mencionar algumas. Maria, a mais extraordinária mulher de todos os tempos, situa-se às vezes no meio do tempo comum.

Quando pensamos nisso, percebemos que Maria *pertence* ao comum. Afinal de contas, é nos momentos comuns de nossa vida — nessa monotonia diária, levantar cedo, ir para o trabalho, voltar para casa — que temos a tendência de perder de vista o plano da eternidade. É fácil ficar tão apegado aos detalhes diários que nos esquecemos que a vida é só uma parte da viagem cósmica para a eternidade. E é então que Maria e seu exemplo se tornam essenciais. Durante sua vida, Maria não fez um único milagre. Alcançou sua santidade andando todo santo dia na companhia de Deus. Fazendo isso, transformou não só a si mesma mas mudou também o curso do mundo inteiro.

Anseio por emoção? Entedio-me facilmente?
Arrisco-me para dar dinamismo às coisas?

RECONHEÇO A IMPORTÂNCIA DO COMUM EM MINHA VIDA.

Maturidade

Uma das grandes heresias que marcavam o Cristianismo quase desde o seu início alega que Jesus não poderia ser completamente humano uma vez que era divino. Até hoje essa heresia exerce certa atração. Estamos inclinados a ver Jesus através do seu filtro divino, esquecendo que ele também era humano no sentido total da palavra.

Considere a história de Jesus que ficou para trás no Templo depois da festa da Páscoa.

Maria obviamente achou que Jesus estava em algum lugar na caravana – talvez com José e os outros homens. José obviamente pensou que Jesus estivesse com Maria e as outras mulheres, ou com as outras crianças.

E Jesus obviamente pensou... bom, não está claro o que ele pensou. Pode ser que ele tenha pensado que Maria e José não se importariam se ele ficasse para trás. Pode ter pensado que uma das outras crianças teria dito aos seus pais onde ele estava. Ou é possível que ele não tivesse pensado nada. Afinal de contas, ele tinha doze anos naquela época, e uma criança de doze anos não se sobressai pela clareza e astúcia no que diz respeito aos pais, mesmo quando destinada a ser o Messias.

O fato de que Jesus poderia ter agido antes de pensar quando ele era um menino não tira o mérito da sua divindade. Afinal de contas, não existe nenhum pecado em simplesmente ser imaturo, e Jesus foi uma vez imaturo. De fato, o Evangelho de Lucas diz que, depois do incidente no Templo, "Jesus cresceu em sabedoria, estatura e graça diante de Deus e dos homens".

Quando agimos sem pensar, devemos nos confortar com a idéia de que até Jesus cometeu alguns erros no caminho para a plena maturidade.

Culpo-me excessivamente pelos meus erros?
Tenho a tendência de colocar os erros na mesma categoria dos pecados?

PERCEBO QUE DEVO CRESCER EM MATURIDADE TODOS OS DIAS DA MINHA VIDA.

Contato

A *Pietà* de Michelangelo é uma das maiores obras de arte de todos os tempos. Retratando Maria e Jesus depois de o corpo deste ter sido retirado da cruz, ela capta a dor de Maria e a humanidade de Jesus de uma forma que só um expectador sem sentimentos não se comoveria.

Talvez uma das razões pela qual a *Pietà* é tão comovente é que ela nos mostra o toque de ternura com o qual Maria abraça o filho. Todos os seres humanos precisam de ternura. Os bebês que são privados de contato físico não conseguem sobreviver mesmo que outras necessidades sejam preenchidas. Além disso, estudos têm mostrado que crianças que crescem em lares onde a afeição é demonstrada através de abraços, massagem nas costas e outros contatos não-sexuais, são menos propensas a se envolver numa experiência sexual precoce. Uma vez que sua inata necessidade humana de contato físico é satisfeita, essas crianças têm mais facilidade para diferenciar entre sexo e amor.

Infelizmente, a cultura moderna se tornou tão obcecada por sexo que até o toque mais inocente pode ser mal-entendido. Alguns pais demasiadamente escrupulosos evitam tocar muito em seus filhos por medo da acusação de abuso de menores. Amigos mantêm distância por medo de que pensem que estão se aproveitando. Colegas de trabalho são cautelosos na hora de qualquer contato físico por medo de serem acusados de assédio sexual. A conclusão é que a sociedade está obcecada por sexo e quase sem contato físico.

Embora ninguém esteja sugerindo que você saia por aí tocando todas as pessoas que encontrar, praticar o "toque seguro" na forma de abraço, tapinha ou massagem nas costas é um meio de aliviar as tensões na sociedade contemporânea.

Como me sinto quando alguém que não conheço bem toca em mim?
Como me sinto ao tocar em outras pessoas de modo não-sexual?

NÃO TENHO MEDO DE ME APROXIMAR E DE TOCAR EM ALGUÉM.

Brincar

Quando foi a última vez que você saiu para brincar? Não para participar de um evento desportivo organizado, mas só para brincar – correr na praia, fazer bolhas de sabão, relaxar e fazer algo sem nenhuma preocupação.

Se você é como a maioria dos adultos, então faz tempo que você não brinca. Uma das muitas razões pelas quais paramos de brincar é porque isso não parece ser uma atitude digna e madura. Outra razão, para algumas pessoas, é que brincar não parece "sagrado". Afinal de contas, compare o número de vezes que você já viu uma imagem de Maria ou de Jesus rezando com as vezes que você viu uma imagem de um deles brincando. A proporção, provavelmente, está em torno de dez mil a zero.

Embora seja verdade que não temos registro direto nem de Maria nem de Jesus brincando, o que você supõe que acontecia nas festas de casamento naquela época? Para começar, teria havido música, dança, boa comida e bom vinho (pelo menos em alguns casamentos!).

Brincar é uma forma de aprender a despertar para o entusiasmo de viver, de ver as coisas de uma maneira nova e diferente, de se religar com a criança que existe dentro de você. Apesar de enfatizarmos muito a importância de ser maduro, Jesus pensa diferente. Ele diz para seus seguidores: "Em verdade, eu vos digo: quem quer que não aceite o reino de Deus como uma criança não entrará nele."

Embora Jesus certamente não esteja justificando a infantilidade, está nos dizendo que temos de dar a nós mesmos permissão para ver a vida através dos olhos de uma criança, para celebrar a maravilha da criação – sim, para brincar!

Quando foi a última vez que saí para brincar?
Se eu pudesse pedir a alguém para brincar comigo, a quem pediria?

SEI QUANDO DEVO TRABALHAR , MAS TAMBÉM SEI QUANDO DEVO BRINCAR.

Culpabilidade e Inocência

O sistema judicial americano baseia-se na pressuposição de inocência: uma pessoa é inocente até que se prove o contrário. O peso da prova não recai no acusado mas na acusação. Conquanto o objetivo do sistema seja o de assegurar que nenhum inocente seja condenado acidentalmente, há um outro efeito menos desejado: quando uma pessoa não é considerada "culpada", esse veredito não significa necessariamente que ela ou ele é inocente; pode significar meramente que a promotoria não conseguiu provar sua acusação. Assim, pode haver uma enorme diferença entre não ser culpado e ser inocente.

Pôncio Pilatos reconheceu o fato de que os promotores da acusação de Jesus não provaram sua causa quando ele disse: "Eu não o considero culpado de nenhum crime capital." Todavia, Jesus foi mais do que meramente "não-culpado"; ele era completamente inocente.

Como deve ter sido difícil para Maria saber que seu filho era inocente, vê-lo declarado "não-culpado" e, *mesmo assim*, vê-lo condenado à morte. A absoluta iniqüidade e escárnio da justiça devem ter pesado na sua alma, porém não lemos em nenhum lugar que ela pronunciasse uma só palavra de protesto.

Por quê? Por que Maria não teria se manifestado em favor de seu filho?

A resposta óbvia é que, sendo mulher, ela não teria sido ouvida pelos homens dos tribunais — mas esta não é toda a história. Maria não falou porque sabia que a justiça de Deus prevaleceria. Mesmo que não tivesse entendido por que seu filho precisava morrer, tinha fé em que seria feita a vontade de Deus e que finalmente, a justiça se cumpriria. Oxalá tivéssemos, quando nos vemos diante de uma injustiça ou iniqüidade, metade da confiança que Maria teve.

O que eu faço quando estou sendo injustiçado?

ACREDITO QUE A JUSTIÇA PREVALECERÁ NO FINAL.

Sentimentos Negativos

Alguma vez você teve curiosidade para saber que sentimentos negativos Maria teve? Conta-se que ela ficou muito perturbada quando o anjo apareceu. Sabemos que estava preocupada quando Jesus se perdeu em Jerusalém e presumimos que estava com o coração partido quando ele foi levado à morte; porém, raiva, frustração, mágoa, decepção — essas não são emoções que normalmente associamos a Maria, talvez por causa de sua Imaculada Conceição. Porém, o fato de ter nascido livre da tendência natural para pecar não significa que nunca tenha tido nenhum outro sentimento negativo além da tristeza.

Tome a decepção como exemplo. É natural sentir decepção quando as coisas não acontecem do jeito que queremos ou esperamos que aconteçam. Sem dúvida, Maria ficava decepcionada quando o pão não crescia do jeito que ela queria ou quando chovia no dia em que planejara pendurar a roupa para secar.

Ou considere a frustração. Se uma ovelha tivesse fugido três vezes numa mesma manhã e Maria tivesse de trazê-la de volta para casa, provavelmente teria se sentido um tanto frustrada com o animal. Se chamasse Jesus ou José para jantar e eles demorassem a vir, é provável que se sentiria frustrada vendo a sopa de lentilhas esfriar.

Como todos os outros sentimentos, os sentimentos negativos não são bons nem ruins. Simplesmente *são.* É o que fazemos com eles o que os torna bons ou ruins. Bater na ovelha ou gritar com Jesus ou José teria sido impensável para Maria. Mas sentir-se frustrada ou aborrecida — isso simplesmente faz parte da natureza humana.

Costumo julgar meus sentimentos ou os sentimentos dos outros?
Alguma vez eu disse: "Você não deveria se sentir assim"?

TENHO DIREITO AOS MEUS SENTIMENTOS.

A Busca de Qualidade e de Quantidade

Às vezes, quantidade e qualidade estão situadas em pólos opostos – tempo qualitativo *versus* tempo quantitativo, por exemplo; mas, na realidade, qualidade e quantidade não precisam ser conflitantes; há tempo e espaço para cada uma. Um agricultor precisa de uma quantidade exata de sementes para produzir a colheita para o mercado, por exemplo. Uma semente de qualidade não seria suficiente para a quantidade de sementes que seriam necessárias. Algumas vezes, porém, a qualidade é mais importante do que a quantidade. Uma jaqueta cara e de bom corte servirá para várias ocasiões sociais, enquanto que um armário cheio de roupas baratas e da moda será uma confirmação de que provavelmente nunca você está adequadamente vestido para *nenhuma* ocasião.

Em nossas orações, também qualidade e quantidade têm seu lugar. Invariavelmente nas suas aparições, Maria pede: "Rezai sempre." Esse conselho aponta claramente para a necessidade de orações em *quantidade*. Ela diz que, com constantes e insistentes orações, até guerras e desastres naturais podem ser evitados, instando seus seguidores a assistirem à Missa regularmente e a rezar o Rosário diariamente.

Ao mesmo tempo, Maria chama a atenção para a necessidade de orações de qualidade. Numa das suas aparições, acredita-se que ela tenha dito: "Não preciso de duzentos Pais-nossos. É melhor rezar um, mas com o desejo de encontrar Deus." Em outra ocasião, ela deu este conselho: "Quando você rezar, não fique olhando para o relógio o tempo todo."

Maria entende que precisamos tanto da qualidade como da quantidade nas orações se quisermos conhecer, amar e servir a Deus, assim como precisamos tanto da qualidade quanto da quantidade na comunicação em qualquer relação significativa.

Gosto de rezar?
Tenho mais facilidade para falar com Deus ou para recitar orações prescritas?
Há algum momento especial do dia que dedico para rezar?

Força de Vontade

Apesar dos nomes extravagantes e das estratégias de *marketing* enganosas, a maioria das dietas dependem de uma coisa: força de vontade. Ainda que uma dieta exalte excessivamente o poder que a uva ou o repolho têm de queimar as gorduras, a importância de 20 minutos de exercício por dia, ou a magia das bebidas de baixas calorias, tudo se resume a uma coisa: ter força de vontade para comer menos e fazer mais exercícios. Uma vez que a força de vontade vem naturalmente para pouquíssimos de nós, as dietas, em sua maioria, estão fadadas ao fracasso. Fazer as coisas usando nossa força de vontade geralmente significa viver com mais determinação. Se relaxarmos por um instante, estamos perdidos. Isso pode ser visto mais nitidamente com os alcoólatras. Os que dependem inteiramente da sua força de vontade para ficarem sóbrios geralmente acabam se rendendo ao vício mais cedo ou mais tarde. Os que não caem em tentação às vezes se tornam tão rigorosos com a necessidade de manter o controle que são incapazes de viver a vida plenamente.

A resposta para o dilema da força de vontade é simples: pare de tentar resolver tudo sozinho. Maria não dependia da sua força de vontade para sobreviver. Ela deixou que Deus cuidasse das coisas de que Ele sabe cuidar melhor. Tome como exemplo informar José sobre sua gravidez. Maria nem sequer tentou explicar. Deixou que Deus cuidasse da situação enquanto ela estava visitando sua prima Isabel.

Deixar que Deus assuma o lugar da nossa própria força de vontade vai contra a natureza humana. É difícil acreditar que Deus realmente nos ama o suficiente para cuidar das nossas situações difíceis. Mas até que aprendamos a deixar acontecer e deixar que Deus faça o que tem de ser feito, estaremos condenados a essa luta incessante contra a nossa própria falta de força de vontade.

Estou disposto a confiar em Deus nas minhas batalhas mais difíceis?

FAÇO TUDO O QUE POSSO E DEIXO QUE DEUS FAÇA O RESTO.

Estrela de Luto

Maria é normalmente chamada de Estrela da Manhã, pois uma nova aurora da criação começou com a sua aceitação do chamado de Deus; porém, ela poderia ser chamada também de Estrela de Luto, porque, embora brilhe como um sinal luminoso nos céus, ela continua de luto até que toda a criação se junte sob o império de seu filho.

Estamos começando a redescobrir o luto como um *processo*. O luto não é algo que pode ser concluído num tempo designado, e certamente não pode ser compactado nos tradicionais três dias que designamos entre a morte e o funeral.

Diferentemente do sofrimento, que tem vários passos definidos, o luto flui e reflui, às vezes ao longo de toda uma existência. Podemos continuar nos lamentando durante muito tempo depois que nossa aflição acabou. Embora o luto faça parte do modo como lidamos com a perda, ele também nos alerta para o fato de que ainda temos algum trabalho espiritual e emocional a fazer em nossa vida. Uma vez que tenhamos completado esse trabalho, não teremos mais a necessidade interior de nos lamentar.

Se você atualmente está de luto, tente compreender o que as lições da vida estão tentando lhe ensinar. Se, por exemplo, você está lamentando a perda de um parente, talvez você esteja sendo gentilmente forçado a aprender como proteger, apoiar e confortar a si próprio. Existe sempre uma lição por trás do luto, assim como por trás do lamento de Maria está o desejo de que todos os filhos de Deus estejam unidos num vínculo comum de amor.

Atualmente estou de luto pela perda de algo ou
de alguém importante na minha vida?
Que lições, suponho, eu deveria estar aprendendo agora?

DOU A MIM MESMO O TEMPO NECESSÁRIO PARA ME LAMENTAR.

Confiança

"Confie em mim nisto!" No instante em que você ouvir essas palavras, a melhor coisa a fazer é correr para a montanha. Quando alguém pede para você confiar nele ou nela, é muito provável que você acabe desejando não ter confiado. Porque todos nós já passamos por várias formas de desapontamento, aprender a confiar em Deus pode não ser uma coisa que aconteça facilmente. É só uma questão de lógica: se não conseguimos confiar na pessoa que conhecemos e podemos ver, como poderemos começar a confiar em Deus, que *não* podemos ver?

Se Maria nos ensina alguma coisa, esta é confiar em Deus. Maria confiou em Deus na Anunciação, confiou no seu filho em Caná, confiou na Ressurreição. Ao longo de toda a sua vida, confiou até mesmo quando a lógica exigia que duvidasse.

Como Maria aprendeu a confiar em Deus? Da mesma forma que cada um de nós aprende — simplesmente, confiando. Não há segredo. Você não pode misturar duas partes de esperança, uma parte de conhecimento e três partes de confiança e descobrir uma fórmula mágica para confiar. E você não pode perguntar às outras pessoas como o fizeram e depois copiar-lhes a técnica. A única forma de confiar em Deus *é confiando em Deus.*

É fácil? Claro que não.

É assustador? Mais do que o filme *Parque dos Dinossauros* e o videoclipe *Thriller* juntos.

É possível? Certamente.

Se você se mostra cauteloso em confiar em Deus, peça a Maria que reze para que você tenha coragem de dar o passo necessário para a fé. Peça a ela para dividir com você a confiança absoluta que ela tem no poder de Deus. Peça a ela para ajudá-lo a ter confiança para se lançar nos braços amorosos de Deus.

Confio em Deus? Por que sim ou por que não?
Já tentei confiar em Deus sem reservas?

CONFIO EM VÓS, MEU DEUS. AJUDAI-ME NA MINHA DESCONFIANÇA.

Monte Carmelo

Conhecido em hebraico como Ha-Karmel, o Monte Carmelo é uma montanha sagrada a noroeste de Israel. Desde o século VI da era cristã, ele tem sido associado à veneração de Maria. Nesse lugar, por volta do ano 500, os monges gregos construíram uma igreja e um mosteiro, e aí também foi fundada a ordem dos Carmelitas, aproximadamente em 1154. Segundo a lenda, Maria apareceu para São Simon Stock em Cambridge, em 1251, e revelou-lhe que quem usasse o escapulário marrom dos Carmelitas seria salvo do inferno e levado aos céus por Maria no primeiro sábado após sua morte. Embora a Igreja Católica nunca tenha confirmado a veracidade dessa lenda, a devoção ao escapulário é considerada a mais antiga das devoções a Maria.

O escapulário marrom dos Carmelitas é um dos dezoito escapulários usados pela Igreja Católica. Enquanto os frades e as freiras Carmelitas usam hábito longo constituído de duas partes: uma que cobre a cabeça e os ombros e a outra colocada sobre a frente e as costas, que se estende quase até os pés, os leigos, por sua vez, usam ao redor do pescoço uma versão bastante modificada constituída de pequenas peças de pano — uma na frente, a outra atrás — amarradas por dois cordões.

Embora o escapulário seja apenas uma peça de pano por dentro e por fora, simboliza o desejo da pessoa que o usa de estar unida em mente e objetivo com Maria e com todos os outros que dedicam a vida a viver de acordo com o chamado do Evangelho. Assim como o anel de casamento simboliza a união entre marido e mulher, também o escapulário indica a união espiritual entre os fiéis. Não é um talismã ou um amuleto da sorte, é um símbolo pessoal de fé e um lembrete interior para viver de acordo com essa fé no dia-a-dia.

Se alguém viesse ver a minha casa, ele ou ela veriam algum símbolo que indicasse minha crença religiosa ou meus compromissos espirituais?

NÃO TENHO MEDO DE MOSTRAR A MINHA FÉ .

Maria como Feminista

A palavra *feminista* tem tido má reputação. A feminista costuma ser vista como uma mulher que tem aversão ao homem, uma rebelde que rejeita toda a tradição e que leva a igualdade entre os sexos a conclusões ilógicas.

Dada essa interpretação, é surpreendente que Maria não seja conhecida como feminista. No entanto, no mais verdadeiro sentido da palavra *feminista*, é exatamente o que ela é.

A verdadeira feminista não é alguém que procura destruir os papéis tradicionais da mulher ou que nega as diferenças dadas por Deus aos homens e às mulheres. Melhor dizendo, uma verdadeira feminista procura liberar o espírito humano através da expressão do que há de melhor em ambos, homem e mulher. Partindo dessa perspectiva, Maria era e continua sendo uma ardente feminista.

A mensagem de Maria para todas as pessoas através dos séculos — igualmente para homens e mulheres — é a de que se tornem integrados, criativos, únicos e individuais. Ela não nos pede que nos encaixemos em papéis preestabelecidos. Em vez disso, nos encoraja a descobrir nossos talentos e usá-los para o bem da criação. Olhe só para alguns santos que tiveram uma profunda devoção a Nossa Senhora. Você não poderia encontrar duas pessoas mais diferentes do que S. Maximiliano Kolbe, que deu sua vida no lugar de outro prisioneiro em Auschwitz, e Santa Gertrudes, a Grande, abadessa e erudita em latim que viveu no século XIII. Ou São Domingos Sávio, o menino místico, e São Felipe Néri, o brincalhão. Ou ainda o Papa João XXIII, o alegre camponês, e o Papa Paulo VI, um erudito reconhecido pela sua seriedade.

Maria não quer que nos tornemos fotocópias uns dos outros; antes, quer que descubramos quem somos e o que fazemos melhor do que as outras pessoas. No seu desejo de fazer com que cada um de nós realize as capacidades que Deus nos dá, Maria é o exemplo de uma verdadeira feminista.

Quem sou eu? Se eu pudesse ser alguém quando crescer, quem gostaria de ser?

EU SEI QUE SOU ESPECIAL E QUE TENHO DONS PARA PARTILHAR COM OS OUTROS.

Chorar

Ela estava de pé, a Mãe das dores,
chorando ao pé da cruz,
de onde pendia seu filho.

(do hino *Stabat Mater,* de Jacapone da Todi)

Não faz muitos anos, era bastante comum (e aceito) que as mulheres chorassem e muito incomum que os homens chorassem. Em anos recentes, porém, à medida que as mulheres passaram a ocupar posições tradicionalmente mantidas pelos homens, as lágrimas femininas se tornaram cada vez menos aceitas socialmente. Hoje em dia, chorar geralmente é visto como um sinal de fraqueza; não é comum nem para os homens nem para as mulheres chorar em público.

Que perda! Um dos maiores presentes que Deus nos deu foi a capacidade de chorar. Quando as pessoas dizem que se sentem melhor depois de um bom choro, estão dizendo a verdade. Apesar dos olhos vermelhos e das narinas entupidas, nós nos sentimos melhor depois que choramos.

E não é só a nossa imaginação. Os cientistas descobriram que as lágrimas de dor que derramamos têm uma composição química diferente das lágrimas que derramamos por causa da vergonha, do constrangimento, da raiva ou do riso. As lágrimas de dor têm, realmente, um efeito catártico: ajudam a limpar nosso corpo das substâncias químicas que produzimos quando estamos sob tensão extrema.

Da próxima vez que você tiver vontade de chorar, não se faça de forte escondendo seus sentimentos. Deixe as lágrimas saírem, pois junto com elas também virão o conforto e o alívio.

Quando foi a última vez que chorei muito?
Quando alguém chora perto de mim, como me sinto?

EU NÃO TENHO VERGONHA DAS MINHAS EMOÇÕES.

Saúde

Santidade e saúde não andam de mão dadas. Muitos santos sofreram de doenças graves, e mesmo os que tinham boa saúde não foram poupados do desgaste natural da vida. Assim, parece inteiramente possível que Maria pudesse ter sofrido de artrite, bursite e de outras doenças que normalmente aparecem na velhice. Talvez, por ser a mãe de Deus, não estivesse sujeita às debilidades normais da condição humana, mas não há nenhuma evidência que indique que ela estivesse milagrosamente imune às gripes, viroses e outras infecções. Pensar que seu corpo não obedecia às mesmas leis da natureza dos outros corpos (imaginar, por exemplo, que ela não tivesse inchaço quando fosse picada por uma abelha ou que não tivesse de se proteger contra infecções se acidentalmente se cortasse com um caco de louça) a eleva a uma condição sobrenatural.

A despeito de ser verdade que ela era sobre-*humana*, na medida em que representa todo o potencial do ser humano, ela não era sobre*natural*. O próprio fato de ser humana faz dela um exemplo ideal para nós. Jamais poderemos esperar emular criaturas sobrenaturais como anjos, porque não fomos criados com seus dons e capacidades. Maria, no entanto, é uma de nós. Perfeita, resguardada e superior, com toda a certeza — mas também uma de nós, sem dúvida. Ela sabe o que é ser infeliz, triste; por isso é que tem tanta compaixão pelos doentes e feridos. Sabe o que é sofrer; por isso é que pode ser um conforto para quem está sofrendo. Ela sabe o que é ser plenamente humano; por isso é que pode nos ensinar como desenvolver o nosso potencial.

Concordo em passar por todo tipo de experiência humana?

PERCEBO QUE UMA BOA SAÚDE É UM PRESENTE DE DEUS.

Mãe e Filho

Quando os artistas querem apresentar uma imagem cálida e terna de Maria e de Jesus, este é normalmente representado como um bebê. Dependendo das convenções da época do artista, Jesus pode ser qualquer coisa, desde um bebê desenvolvido até uma criança de colo mimosa, mas raramente é retratado com mais de um ou dois anos de idade.

O que quase nunca se vê é Jesus como um adolescente – e por um bom motivo. Quem é que fica enternecido ao ver uma criança com uma barba rala e espinhas no queixo? Um bebê adorável é uma imagem muito mais agradável do que qualquer adolescente poderia ser.

Jesus, porém, teve de passar pela adolescência com todas as mudanças emocionais e físicas que ela traz. Ele não pulou do estábulo para o Templo e daí para a missão de sua vida. Ele passou por todos os estágios normais pelos quais todos passam, incluindo a adolescência.

Todas as crianças crescem. É o que se supõe que devam fazer. Não podemos mantê-las para sempre na sua moldura de bebê. Além do mais, deixando que Jesus cresça em nossa mente, permitimos que Maria amadureça também; permitimos que ela se torne uma mulher sábia, mais do que uma adolescente virgem.

Por que é importante que deixemos Maria amadurecer? Porque, na medida em que aceitamos Maria como nossa mãe em todos os estágios da nossa vida, nós também somos forçados a crescer. Se víssemos Maria apenas como a mãe de um bebê, seríamos incapazes de aceitá-la como nossa mãe, uma vez que começaríamos a crescer tanto que as nossas crenças infantis não nos serviriam mais.

Quando penso em Maria como minha mãe,
quantos anos imagino que tenho?

EU SEI QUE PRECISO CRESCER E EVOLUIR EM MATÉRIA DE FÉ.

Estrelas

Alguma vez ainda quando pequena, Maria fez um pedido a uma estrela? Não temos como saber, é claro; mas sabemos que, quando olhamos para o céu à noite, vemos quase o mesmo espetáculo que Maria teria visto.

Uma das coisas mais impressionantes quando olhamos para as estrelas é que o que vemos não é o presente, mas o passado. Já que a luz das galáxias mais distantes leva milhões e milhões de anos-luz para chegar até nós, o que vemos é o universo como era no passado. Pelo que sabemos, as estrelas que normalmente vemos podem ter se extinguido há séculos. De fato, o universo pode já ter acabado sem que o saibamos!

No seu ensaio *A Última Noite do Mundo*, C. S. Lewis diz algo parecido. Ele fala como se a vida fosse semelhante a uma peça de teatro e assinala que, apesar de acharmos que conhecemos a enredo, na verdade não o conhecemos. Não sabemos em que ato estamos, não sabemos quem atua no papel principal e não temos idéia de quando a peça vai terminar. De fato, nem sequer temos certeza se saberemos do fim quando este chegar. "Quando acabar, talvez sejamos avisados", diz Lewis.

Uma vez que não podemos conhecer o futuro, temos forçosamente de viver no presente. Fazer pedidos às estrelas é uma coisa; viver com a cabeça nas nuvens é outra bem diferente.

Eu me preocupo com o fim do mundo?
Se esta fosse a última noite do mundo, eu estaria pronto?

VIVO CADA DIA COMO SE FOSSE O ÚLTIMO.

Os Santos e Maria

Embora muitas igrejas católicas tenham o nome de Santa Maria, a Bem-aventurada Virgem não é normalmente citada dessa forma na conversação diária comum. De fato, se você dissesse que Santa Maria apareceu em Fátima ou em Lourdes, soaria um pouco estranho aos ouvidos dos católicos. As pessoas poderiam até perguntar de quem você estava falando.

Por definição estrita porém, Maria é realmente uma santa. De acordo com o *Catholic Dictionary*, santos são:

1. As pessoas no Céu, canonizadas ou não, que viveram vidas de grande caridade e de virtude heróica. Elas agora vivem para sempre com Deus e partilham de Sua glória.
2. As pessoas, de acordo com São Paulo, que seguem Cristo (cf. Col. 1: 2).

Como Maria não só viveu uma vida de muita caridade e seguiu Cristo, mas também sabe-se que está no Céu (em virtude de sua Assunção), ela é evidentemente uma santa.

Embora poucos de nós futuramente sejam canonizados como Santos com *S* maiúsculo, somos todos chamados a nos tornar santos com *s* minúsculo. Todos nós somos chamados a viver uma vida caracterizada pela caridade e pela virtude, e todos somos chamados a seguir os passos de Cristo — mesmo se, como Maria, não sejamos oficialmente incluídos.

Como eu acho que são os santos?
Alguma vez pensei em mim como santo?

TODOS OS DIAS EU DEDICO UMA PARTE DO MEU TEMPO À VIDA ESPIRITUAL.

Transplante de Coração

Quando Maria e José apresentaram o menino Jesus no Templo, o profeta Simeão disse a Maria que o coração dela seria transpassado. Maria deveria saber o que era esse transpasse no coração, porque golpear o coração com uma lança era o ato final da crucificação romana (as crucificações eram relativamente comuns no primeiro século em Israel.). De fato, é bem possível que Maria tivesse testemunhado esse fato; mas, detalhes à parte, a profecia de Simeão não era só um aviso de dor iminente. Ele prossegue explicando *por que* o coração de Maria teria de ser transpassado: "Para que se revelem os pensamentos íntimos de muitos corações."

Se Simeão estivesse fazendo essa profecia a Maria hoje, em vez de prever que o seu coração seria transpassado por uma espada, talvez previsse que Maria seria doadora de um transplante de coração, "para que a vida de muitas pessoas pudessem ser salvas".

Um transplante de coração é uma imagem que podemos associar mais facilmente do que o golpe de misericórdia numa execução romana. Todos nós já lemos ou vimos na televisão documentários sobre transplantes de coração. Apesar do fato de que a maioria de nós não será nem o doador nem o receptor de um verdadeiro transplante de coração, quando nos arriscamos a estabelecer relações íntimas com alguém tomamos parte em um tipo diferente de transplante de coração. Quando nos apaixonamos, nos ligamos a uma alma gêmea, geramos um filho ou formamos uma relação íntima e profunda, entregamos nosso coração, ou pelo menos parte dele. Algumas vezes o transplante acontece e recebemos tudo o que demos; outras vezes o tecido não é perfeitamente compatível e acabamos nos magoando. Na maioria das vezes, porém, a recompensa do amor vale a pena de todo o risco e toda a dor.

Tenho medo de amar?
O que eu acho que aconteceria se eu me dispusesse a amar e ser amado?

ESTOU DISPOSTO A CORRER O RISCO DE AMAR.

Abnegação

Vivemos numa cultura de auto-satisfação. A única área em que estamos dispostos – na verdade, ansiosos – a expressar a abnegação é a parte física. Estamos decididos a nos negar comida, lazer, descontração e algumas vezes até relações para ter corpos esbeltos e bem-torneados. Podemos achar que estamos negando a nós mesmos, mas de fato estamos nos satisfazendo, porque nosso motivo básico somos nós mesmos – mais especificamente, o nosso corpo. Nossa abnegação não passa de um pequeno disfarce da auto-satisfação.

A genuína abnegação tem "outro" enfoque. Desistimos de alguma coisa que queremos com o objetivo de deixar que uma outra pessoa tenha algo. Maria poderia ser chamada de Rainha da Abnegação. Ela negou seus sonhos para se tornar a Mãe de Jesus. Embora não saibamos quais eram seus sonhos, sabemos que estava disposta a se negar pelo bem de toda a humanidade.

Costumamos ter medo de que Deus exija muito de nós, de que Deus nos tome o braço se lhe oferecermos a mão; porém, Deus raramente nos pede o sacrifício supremo do martírio e, mesmo nesses casos, Deus dá aos crentes força e graça para suportar. Para a maioria de nós, os sacrifícios são muito menos onerosos – negar a nós mesmos um doce com café a fim de dar umas moedas a um menino de rua que pede esmolas, recusar-nos a comprar uma roupa de que gostamos porque foi feita numa fábrica que explora a mão-de-obra no Terceiro Mundo, deixar de ver nosso programa favorito de televisão para dar atenção a um parente idoso.

O que Deus está me pedindo para deixar de fazer hoje?
Tenho medo de que Deus exija de mim mais do que eu posso dar?

ESTOU DISPOSTO A NEGAR A MIM MESMO PARA O BEM DOS OUTROS.

Objetividade

Aprender a distinguir distanciamento de desinteresse é uma das lições mais duras da vida adulta. Todos nós sabemos como é se sentir desinteressado, mas distanciamento é outra história. Desprender-se do apego emocional ao resultado ao mesmo tempo que ainda se preocupa apaixonadamente com o processo, parece uma total contradição em termos. Como você pode estar completamente envolvido com alguma coisa e ainda assim estar alheio ao resultado? Como você pode querer ser contratado para um trabalho que sabe que adoraria, por exemplo, e ainda assim ser capaz de desejar sem reservas que a pessoa mais bem qualificada para o trabalho seja contratada (mesmo que não seja você)?

Não é fácil, mas é possível — com a ajuda de Deus. Deus quer nos ensinar como nos distanciar do resultado final enquanto fazemos todo o possível para alcançá-lo. Esse é o modo pelo qual Deus operou na vida de Maria e esse é o modo pelo qual Deus opera hoje.

Maria desejou profundamente que as promessas que Deus fez aos profetas se cumprissem. Estava disposta a fazer todo o possível para ajudar a fazer com que acontecessem, e ainda assim estava disposta a deixar que Deus cumprisse as promessas na hora e do modo como Ele quisesse. Estava apaixonadamente envolvida na formação de seu filho, no entanto, foi capaz de deixar que ele cumprisse seu destino.

Quase sempre, pensamos que estar distanciado significa não se importar. Isso não é verdade. *Desinteresse* significa que não nos importamos; *distanciamento* significa que nos importamos tanto que estamos dispostos a deixar que Deus faça as escolhas por nós. É uma diferença que podemos levar a vida toda para resolver.

Alguma vez fui capaz de experimentar a liberdade que vem de deixar que Deus faça a escolha certa para mim?

EU ME DISTANCIO DE TODAS AS COISAS, EXCETO DA VONTADE DE DEUS.

O Céu (na Terra)

Onde está o Céu? A maioria de nós acha que está em algum lugar "lá em cima". Um jornal sensacionalista publicou recentemente fotos de uma suposta cidade no espaço exterior vista de relance por cosmonautas russos. O artigo sugeria que a cidade entre as nuvens poderia ser o Céu.

Em muitas de suas aparições, Maria indicou que o Céu não é um lugar qualquer "lá fora", mas um lugar dentro de cada um de nós. Jesus disse praticamente a mesma coisa quando disse a seus discípulos que o reino dos céus estava perto.

A maioria de nós tem pequenos vislumbres do Céu na terra – nos olhos de uma criança, nas palavras de um amante, nos acordes de uma sinfonia. Mas esses relances são curtos e fugazes. Muito depressa voltamos à nossa rotina na terra.

Se queremos conhecer o Céu na terra de que Maria e Jesus falaram, não podemos esperar que outras pessoas criem o Céu para nós. Devemos procurar o Céu na nossa própria alma, pois o Céu, mais do que um *lugar*, é um *estado de ser* – um estado marcado pela paz, pela tranqüilidade e pela fé.

Insistentemente, Maria nos diz que, se quisermos conhecer o Céu, primeiro temos de mudar nossa vida. Temos de nos afastar do pecado e da cobiça e concentrar a atenção na oração e na penitência. Uma vez feito isso, conheceremos o Céu na terra por nós mesmos.

Como vejo o Céu?
Percebo que tenho um papel na criação do Céu – pelo menos aqui na terra?

PROCURO O CÉU, MAS NÃO EM QUALQUER LUGAR "LÁ FORA".

Rumos Inesperados

De vez em quando, você conhece uma pessoa que fixa um rumo para a sua vida bem cedo e o segue sem se desviar. Para a maioria de nós, porém, a vida é uma série de altos e baixos e de curvas, de becos sem saída e de desvios, ocasionalmente com um caminho reto. Em geral, estamos num lugar onde nunca esperamos ir na companhia de pessoas que nunca esperávamos encontrar.

Se você está se sentindo assim agora, Maria pode, sem dúvida alguma, entender a sua situação. A vida dela sem dúvida tomou um rumo inesperado quando Gabriel apareceu. Com umas poucas palavras, Deus entrou na vida de Maria de uma forma nova e diferente, e nunca mais nada foi o mesmo.

O que é verdadeiro para Maria é verdadeiro também para nós: quando deixamos que Deus entre na nossa vida, precisamos estar prontos para tomar direções inesperadas. Deus nos levará por caminhos que nem sequer sabíamos que existiam. Ao longo do caminho, encontraremos desafios, tristezas e lutas, mas também encontraremos alegrias inimagináveis. O que Deus planejou para nós é muito mais maravilhoso que qualquer coisa que tivéssemos planejado por nós mesmos.

Para sentir a maravilha de Deus, não só temos de estar dispostos a ir a lugares que nunca esperamos, como também devemos estar dispostos a manter os olhos e os ouvidos abertos para sinais que indiquem o rumo que devemos tomar. Os sinais podem ser sutis, mas quando estamos abertos às sugestões do Espírito não deixaremos de percebê-los.

Quando deixei que Deus conduzisse a minha vida, qual foi o resultado?
Tenho medo de deixar que Deus fixe o meu rumo?

CREIO QUE A MINHA VIDA ESTÁ SE DESENVOLVENDO EXATAMENTE COMO DEVERIA.

Profecias

Os jornais sensacionalistas gostam de profecias, que vão do improvável ao impossível. Muitas vezes, as profecias são tão ridículas que é difícil imaginar que alguém acredite nelas – mas alguém deve acreditar, ou os jornais não continuariam a publicar suas escandalosas manchetes.

Tendemos a pensar nas profecias como previsões de acontecimentos iminentes (normalmente os desagradáveis), mas as profecias no sentido espiritual não são bolas de cristal que prevêem o futuro: são mensagens de Deus que apontam o caminho para uma nova criação.

A mensagem de Gabriel a Maria é um exemplo ideal de profecia bíblica. Embora contenha algumas informações sobre o futuro, foi mais uma pré-estréia das próximas atrações do que uma sinopse detalhada. A pequena parte das notícias reais ("Terás um filho") não era tão importante quanto o resto da mensagem ("Ele será grande e será chamado Filho do Altíssimo; o Senhor Deus lhe dará o trono de Davi, seu pai; ele reinará para sempre na casa de Jacó, e o seu reinado não terá fim").

Deus não faz profecias só para que saibamos o que está por vir. Deus faz profecias para que possamos ter uma vida nova e de fartura.

Nas suas aparições, Maria nos lembra de algumas profecias de Deus às quais podemos nos apegar nos momentos difíceis. Por exemplo, rezar pode mudar o mundo, Deus tem um plano para cada um de nós, e o amor é a resposta para todas as perguntas.

Se eu pudesse, optaria por saber o meu futuro?
Estou disposto a deixar o meu futuro nas mãos de Deus?

ESPERO FELIZ POR CADA NOVO DIA.

Santidade

O dever da vida de cada pessoa é tornar-se santo. Que afirmação enganadoramente simples!

Uma das dificuldades é que, apesar de cada um de nós ser convidado à santidade, não existe tal coisa como a santidade em si. Maria é um exemplo de santidade, mas ela é a sua própria e única forma de santidade. Podemos olhar para a vida de Maria em busca de direção, podemos pedir-lhe que nos ajude, mas temos de descobrir que tipo de santidade Deus quer para *nós*.

Deus não nos pede que nos tornemos "cópias" de Maria. Somos convidados a tornar sagrado o nosso próprio ser, o que significa que cada um de nós tem um caminho diferente a percorrer. A mãe tem um caminho de santidade diferente do do pai, por exemplo, mesmo quando partilham a formação dos filhos. O marido tem um caminho diferente do da mulher, do de um trabalhador; um caminho diferente do de um aposentado, do de uma pessoa rica; um caminho diferente do de uma pessoa pobre. Cada um de nós tem o seu próprio e único caminho.

Temos de ser santos, sim, mas santos à nossa maneira se quisermos ser autênticos. E Deus quer filhos autênticos, não clones de alguém – nem mesmo de Maria. Podemos admirar Maria, podemos reverenciar Maria, podemos emular Maria, mas não podemos *nos tornar* Maria.

Como Deus quer que eu me torne santo?
Alguma vez pensei sobre o caminho de santidade que devo seguir?

EU SEI QUE DEUS ME MOSTRARÁ O CAMINHO PARA A SANTIDADE.

Noite

Antes da invenção do fogo, a noite era aterrorizante. Nossos ancestrais, fracos e vulneráveis, sem presas ou garras para se protegerem, estavam à mercê de bestas que rondavam na escuridão. Com a descoberta do fogo e seu uso, sob a proteção da luz das fogueiras, a noite ainda tinha terrores indescritíveis. Até mesmo em termos espirituais, a noite representa o medo e o sofrimento primordiais. Na sua obra-prima, *A Noite Escura da Alma*, São João da Cruz fala sobre a "amarga e terrível" noite dos sentidos e sobre a "horrível e medonha" noite da alma.

Com a descoberta da luz elétrica, não temos mais tanto medo da noite. No entanto, incontáveis gerações deixaram impressa sua marca na nossa alma coletiva. A noite é ainda a hora em que nos fechamos e nos recolhemos. A noite é a hora em que mais facilmente se trocam confidências, em que mais facilmente se quebram barreiras, em que mais freqüentemente se dizem palavras de amor.

Esta noite, em vez de tentar banir a noite com o clarão da tevê, dê um tempo para apreciar a quietude que se espalha. Deixe sua alma ficar em silêncio e ser alimentada pelas estrelas, pelos animais noturnos, pelos sons tranqüilos que foram abafados pelo tumulto do dia. Quando fizer isso, pense em Maria, que com certeza passava o tempo à noite olhando para o céu, procurando a estrela que anunciou o nascimento do seu filho, pensando exatamente que destino os aguardava. Finalmente, na rica plenitude da noite de verão, abençoe a escuridão enquanto ela abençoa você com sono e paz.

O que eu faço quando de repente acordo no meio da noite?
Já passei uma noite inteira rezando?

EU SEI QUE ESTOU SEGURO NOITE E DIA.

Refeições

Há mais de vinte referências na Bíblia a "uma terra abundante em leite e mel". Para os antigos, essa terra era uma metáfora de segurança e prosperidade; porém, se você pensar a respeito, um lugar com tanto mel e leite seria pegajoso, emporcalhado e cheirando azedo. De fato, se parece um pouco com o chão da cozinha depois que se deu de comer a um bebê!

Preparar refeições para bebês é um trabalho relativamente ingrato. Se eles gostam da comida, costumam fazer uma bagunça enorme. Se não gostam da comida, também costumam fazer uma bagunça terrível. Na verdade, preparar refeições para a família costuma ser um trabalho relativamente ingrato, independentemente da idade das pessoas que estão comendo. As refeições são – digamos –, tão *diárias*... Três vezes ao dia, a cozinheira tem de pensar em algo para preparar com os ingredientes que tem. Em certos dias, estamos inspirados; noutros, nada parece bom.

Quando Jesus e José chegavam à porta da casa em Nazaré e perguntavam, "O que há para comer?", Maria alguma vez ficou tentada a dizer: "Não sei"? Como as comidas industrializadas ainda não tinham sido inventadas, ela não poderia pedir que lhe entregassem comida a domicílio. E como provavelmente não havia nenhum restaurante em Nazaré, não poderia sugerir que os dois saíssem para comer fora. Talvez, nesses dias em que Maria não estava a fim de cozinhar, ela lhes servisse leite e mel, além de um pedaço de pão!

Olho para as refeições que devo preparar como uma forma de servir àqueles que vivem comigo ou como uma tarefa que prefiro evitar?

AGRADEÇO PORQUE TENHO COMIDA SUFICIENTE PARA PREPARAR UMA REFEIÇÃO.

Lidar com Excesso de Trabalho

O verão é a época em que a maioria de nós tem vontade de cantarolar: "Há tanto que fazer e tão pouco tempo." Tudo, desde o jardim, a casa, até a família, exige a nossa atenção. Em agosto, começamos a perceber que não vamos conseguir fazer nem a metade das coisas que tínhamos planejado fazer neste verão, mesmo se trabalharmos muito nas semanas restantes. Além do mais, a maioria de nós ainda tem um gosto inato pela programação da escola e não gosta de ter de trabalhar durante o verão.

Quando nos sentimos sobrecarregados de trabalho e sem tempo, é fácil ficar irritados e mal-humorados. É natural. Depois, quando a pressão aumenta, expressamos nossa frustração às pessoas que estão mais perto de nós — bem, *esperamos* expressar a nossa frustração. O que freqüentemente acontece é que descarregamos nossos sentimentos nas pessoas que nos rodeiam.

Se a narrativa bíblica do Encontro no Templo serve de indicação, Maria às vezes se sentiu tão estressada, cansada e irritada quanto nós nos sentimos. Contudo, Maria entendeu a diferença entre expressar seus sentimentos e descarregá-los. Porque conseguiu dizer a Jesus exatamente como se sentia (preocupada e ansiosa), ele entendeu a mensagem e foi capaz de responder apropriadamente (levantando-se e indo para casa).

Nesta época do ano, quando começamos a ficar irritados e mal-humorados, vamos pedir a Maria que nos ajude a ficar calmos, a expressar nossos verdadeiros sentimentos, a ter uma reação apropriada.

Programo mais coisas do que posso realizar?
Qual é a minha reação quando me sinto acuado e sob pressão?

EU FAÇO TUDO O QUE POSSO E NADA MAIS.

Esperteza

Algumas pessoas parece que nasceram espertas, enquanto outras adquirem essa habilidade com a prática. (Algumas pessoas parecem que *nunca* conseguirão isso, mas elas não contam!). Quando se trata de assuntos de fé e religião, todos nós precisamos de um pouco de esperteza divina.

Em toda parte aonde vamos, charlatães tentam nos convencer de que têm uma mensagem "real" de Deus. Às vezes, os embusteiros descem tão baixo que usam Maria como parte da intriga. Dizem que tiveram uma visão ou ouviram uma voz, ou viram uma estátua chorar, e depois tentam impingir suas idéias como se elas tivessem vindo de Maria.

Embora seja verdade que Maria apareceu em alguns lugares para certas pessoas ao redor do mundo, nem todos os que afirmam que viram Maria tiveram uma experiência mística. Essa é a razão pela qual a Igreja católica leva tanto tempo para confirmar qualquer suposta aparição.

Olhando para as aparições de Maria, é importante usar nosso senso de esperteza divino. Se a mensagem de Maria se opõe de alguma maneira ao Antigo ou ao Novo Testamento, então a aparição não pode ser real. Igualmente, se a mensagem de Maria contradiz qualquer das suas mensagens anteriores, então a aparição deve ser tratada com ceticismo. Finalmente, se a mensagem de Maria aponta para qualquer outro lugar que não seja aquele designado por Cristo, a aparição deve ser rejeitada no mesmo instante.

Apesar de amiúde desejarmos ter uma prova concreta do místico, temos de ser perspicazes com relação àquilo que aceitamos como verdadeiro. Dizer simplesmente que algo aconteceu não o faz verdadeiro. Temos de estar dispostos a submeter todas as supostas aparições de Maria aos mais rigorosos testes, confiando em que aquelas que forem reais sobreviverão a toda e qualquer dúvida.

Sou crédulo em relação a experiências místicas?
Alguma vez senti que não é prova de piedade submeter
as supostas aparições de Maria a testes subjetivos?

USO MINHA DIVINA ESPERTEZA NO QUE DIZ RESPEITO ÀS APARIÇÕES DE MARIA.

Trabalho

Todos temos um trabalho a fazer, uma tarefa para a qual fomos chamados neste momento particular. Talvez o seu trabalho seja o de uma dona de casa. Talvez seja o de presidente de uma empresa. Não importa a natureza exata do trabalho, pois todo trabalho honesto é válido. O dever de um médico não é mais honroso do que o de um escritor. A função de um executivo principal não é mais valiosa do que a de um zelador. Como São Paulo disse aos habitantes de Corinto: "Se o corpo todo fosse um olho, onde estaria o ouvido? Se o corpo todo fosse um ouvido, onde estaria o olfato?... Se o conjunto fosse um só membro, onde estaria o corpo? Há, portanto muitos membros, mas um só corpo." Do mesmo modo, no esquema geral da vida, cada um de nós tem um trabalho particular a fazer.

Nisso, Maria é uma de nós. Ela tem o seu próprio trabalho também. Uma grande tentação que enfrentamos é ver o trabalho de Maria sendo idêntico ao do seu filho. Quando fazemos essa associação, corremos o risco de interpretar mal Maria. Maria, por exemplo, não cura. Acredita-se que ela disse, em Medjugorje: "Eu não posso curar. Só Deus cura. Eu não sou Deus." –, deixando claro que ela não faz milagres por si mesma.

Então, qual é o trabalho de Maria agora? Seu trabalho hoje, como durante sua vida terrena, é nos chamar a atenção para seu filho. Ela diz a cada um de nós o que disse em Caná: "Fazei tudo o que ele vos mandar."

Respeito o trabalho que faço porque ele me foi dado por Deus?
Acho que meu trabalho é tão valioso quanto o de qualquer outra pessoa?

EU SEMPRE FAÇO O MELHOR TRABALHO QUE POSSO.

Visões e Sinais

Junto à maioria dos principais santuários dedicados à Virgem, como o de Lourdes, vendedores de *souvenirs* enchem as ruas, vendendo suas (muitas vezes bregas) mercadorias. Terços que brilham no escuro, garrafas de plástico com água benta, ostentosas fotos e todos os tipos de lembranças de mau gosto estão à venda. Como peregrinos na Idade Média que compravam um frasco de leite da Virgem ou um pedacinho da roupinha do menino Jesus, alguns peregrinos modernos compram bijuterias na esperança de que elas possam estar impregnadas de poderes milagrosos.

Embora seja fácil rir da credulidade alheia, uma pequena parte de nós secretamente espera que a nossa estátua de Maria verta lágrimas de verdade ou que nosso terço de prata se transforme em ouro. Não há nada errado com essa esperança; ela é compatível com o nosso desejo natural de ter visões e receber sinais. Já que pode ser tão difícil acreditar, gostaríamos de receber um sinal concreto para ajudar nossa incredulidade. Uma imagem que chora ou um rosário de ouro parecem pouco para sustentar a fé.

Mas o que acontece se *não* conseguimos receber um sinal ou ter uma visão? O que acontece se o nosso terço continua prateado e a única umidade que aparece na estátua que temos é a do café derramado? E se, o que é ainda pior, conhecêssemos pessoas que receberam sinais e milagres? Onde ficamos?

Lembre-se das palavras de Jesus: "Bem-aventurados os que não viram e acreditaram." Como é mais importante ser bem-aventurado do que ver sinais e maravilhas, podemos nos confortar e continuar mantendo nossa fé na ausência de visões e de milagres.

Se eu pudesse, gostaria de ter uma visão de Maria?
Acho difícil acreditar sem ver?

NÃO PRECISO DE SINAIS PARA ACREDITAR.

Fazer Diamantes

Em essência, um diamante é apenas um pedaço de carvão transformado por uma enorme pressão. De um combustível comum nascem jóias extraordinárias.

Maria é o diamante perfeito da humanidade. Ela foi feita do mesmo "material" que nós; todavia, desse material comum, a pressão divina gerou uma criatura extraordinária.

Apesar de Maria ser extraordinária, Deus não limita toda essa pressão transformadora só a ela. O mesmo espírito que a transformou também pode nos transformar. Quando deixamos que o Espírito de Deus entre em nosso coração e em nossa alma, nós também podemos nos tornar algo mais que apenas carne e osso. Podemos nos tornar filhos de Deus.

Porém, existe um problema aí. Assim como um pedaço de carvão precisa ser submetido a uma enorme pressão antes que sua estrutura molecular seja transformada na de um diamante, nosso processo de transformação também requer que sejamos submetidos a uma pressão esmagadora.

Jesus não nos prometeu uma vida fácil aqui na terra. Maria não se cansa de repetir o mesmo aviso. Talvez tenhamos de passar por muita tristeza, perdas, dor, aflição e angústia à medida que nos transformamos de uma natureza em outra. Quando a pressão parece insuportável, reflita no que você prefere usar no seu dedo — um pedaço de carvão ou um diamante — e não desista. No fim, a luta terá valido a pena.

Alguma vez me senti tentado a desistir de tudo,
quando as pressões da vida pareciam insuportáveis?
Vejo minhas lutas como parte da
minha transformação numa nova criatura?

EU SEI QUE SOU UM DIAMANTE QUE ESTÁ SENDO LAPIDADO.

Pureza

Um dos títulos tradicionais de Maria é “Virgem Puríssima”. Maria não era só uma virgem completa; era a virgem mais pura que jamais existiu.

O fato de Maria ser virginal no nascimento de Cristo tem tido algumas interessantes repercussões práticas para nós. Por causa da virgindade de Maria, um dos maiores representantes da Igreja pressupôs que a virgindade representa um estado mais puro que o próprio casamento (pelo menos, um casamento consumado).

A pureza, contudo, não depende da experiência sexual nem da falta dela. Uma pessoa pode ser impura sem nunca ter feito sexo. Por exemplo, os franceses se referem à mulher que se envolveu numa atividade sexual sem chegar ao coito como “semivirgem”. Por “não ir até o fim”, ela consegue manter uma frágil aparência de virgindade; mas chamá-la de “pura” seria faltar à verdade.

Na verdade, a pureza se refere a viver a nossa vida honestamente e de acordo com nossa condição. Alguém que está casado não só pode, como deve expressar amor para com seu cônjuge através das relações sexuais. Alguém que é solteiro deve abster-se de usar o sexo como forma de expressar amor. Pureza é algo simples: faça o que Deus mandou você fazer neste momento particular da sua vida.

Estou vivendo uma vida pura de acordo com o meu estado?
Encorajo outros a viver uma vida pura com
as minhas palavras e o meu exemplo?

FAÇO O POSSÍVEL PARA VIVER COM PUREZA E HONESTIDADE.

Tudo Está no Nome

O mar da Galiléia não é realmente um mar. Mar, na definição comum, é uma extensão de água salgada que circunda um continente. Uma vez que o mar da Galiléia é cercado de terras e tem água doce, é na verdade um lago, apesar de que lago da Galiléia não soa tão poético quanto mar da Galiléia.

Ele não é só um lago, tampouco um grande lago – tem cerca de trinta e duas milhas de circunferência. Mas, devido ao seu nome, muitas pessoas acham que o mar da Galiléia é uma grande massa de água.

Tudo está no nome.

Cientistas sociais dizem que o nome de uma pessoa pode ter um efeito radical no seu futuro. Uma Gertrudes nunca será considerada tão atraente quanto uma Jennifer, por exemplo. E é improvável que um Horácio tenha uma ascensão tão grande no mundo dos negócios quanto um Roberto.

Maria teve seu nome escolhido pelos pais, mas o nome de Jesus foi anunciado pelo anjo Gabriel: "Eis que conceberás e darás à luz um filho a quem chamarás pelo nome de Jesus." O nome *Jesus,* que significa, segundo a opinião geral, "Deus é a salvação", refere-se ao papel que o filho de Maria desempenharia na história do mundo. A propósito, o nome *Cristo* não é seu sobrenome; é um título que significa "o ungido". O sobrenome de Jesus, se é que teve um, teria sido algo parecido com *Ben Joseph,* que quer dizer "filho de José".

Nosso nome também tem um significado especial. Não é à toa que Deus chama cada um de nós pelo nosso próprio nome.

O que significa o meu nome?
Se eu pudesse ter outro nome, como me chamaria?

SEI QUE DEUS ME CHAMA PELO NOME.

A Oração

Conta-se que Maria disse aos videntes em Medjugorje: "Rezem sempre antes de começarem a trabalhar e rezem sempre quando terminarem de trabalhar. Se fizerem isso, Deus abençoará vocês e o trabalho de vocês. Estes dias vocês têm rezado muito pouco e trabalhado demais. Rezem, portanto. Na oração, vocês encontrarão descanso."

É um dos grandes paradoxos da fé que o tempo dedicado a rezar não é perdido; ao contrário, de alguma forma misteriosa, ele nos é devolvido. Descobrimos que podemos de fato realizar mais em um dia cercado de orações do que inversamente.

Temos escassos registros a respeito da vida de oração de Maria depois do nascimento de Jesus. Mais do que alusões a coisas que ela guardava no seu coração, a única referência bíblica de Maria rezando a coloca na Sala Superior na companhia dos discípulos, esperando o Espírito Santo: "Todos eles dedicaram-se unanimemente à oração, junto com algumas mulheres e com Maria, a mãe de Jesus..." Todavia, sabemos que ela deve ter sido uma mulher de oração, porque a oração anda de mãos dadas com a santidade.

Às vezes, temos a idéia de que precisamos dizer orações prescritas, como o Rosário ou o Pai-nosso, para estar realmente rezando. Mas rezar nada mais é do que uma conversa com Deus. Quando conversamos com nossos amigos íntimos, a única vez em que usamos fórmulas fixas é quando estamos com pressa: "Como vão as coisas?", "O que está acontecendo?", "Como você está?" No resto do tempo, deixamos a conversa fluir à vontade, sabendo que o que importa não são as palavras mas a comunicação. Da mesma forma, não precisamos usar orações preestabelecidas com Deus; podemos simplesmente deixar a conversa fluir em conseqüência da nossa amizade.

Como é a minha vida de orações?

QUANDO REZO, CONVERSO COM DEUS DE CORAÇÃO.

Preocupações de uma Mãe

Imagine a cena: Jesus conta cerca de dois anos e meio, está exatamente naquela idade em que as crianças querem "ajudar". Ele quer entrar na oficina e "ajudar o papai". José olha para Maria esperando o veredito dela, e Maria pensa: *Serrotes! Pregos! Lascas de madeira! Pranchas pesadas! Coisas perigosas para o meu bebê!* Por mais que ela confie em que José fique atento em Jesus, ela é mãe, e as mães se preocupam com a segurança dos filhos. Mas ela admite seus receios e deixa que Jesus ande pela oficina e aprenda com José.

Avance no tempo, agora Jesus está com doze anos. Na ida a Jerusalém para as festas da Páscoa judaica, ele pergunta à mãe se pode se juntar, no caminho, aos homens e aos outros meninos, em vez de caminhar junto com as mulheres e as crianças pequenas. Maria olha para ele e pensa: *Más influências! O deserto é perigoso! Meu menino pode se perder, pode se machucar!* Apesar do seu temor, ela admite seus receios e o deixa ir. (Mas não vamos falar do que ela poderia ter dito depois que ele ficou para trás, no Templo.)

Agora, avance duas décadas. Jesus está com trinta e três anos. Ele diz à mãe que as coisas estão ficando difíceis com os fariseus, mas ele precisa ir a Jerusalém para a Páscoa. Ela olha para ele e pensa: *Tempos perigosos! Meu menino pode ser ferido, pode ser morto!* Sabendo, porém, que o destino o aguarda, ela admite seus medos e o deixa ir.

Não podemos proteger as pessoas que amamos dos perigos do mundo, por mais que tentemos. Chega a hora em que só o que podemos fazer é admitir o nosso medo e deixar que nossos entes queridos se vão, como fez Maria.

Qual é a minha primeira reação quando
alguém a quem amo está em perigo?
Sei quando intervir e quando não intervir?

DOU ÀS PESSOAS A QUEM AMO A LIBERDADE DE TOMAR SUAS PRÓPRIAS DECISÕES.

César Augusto

Já que Maria pertence a todas as épocas, às vezes deixamos passar despercebido o fato de ela ter vivido num período histórico específico. Como era o mundo em que Maria viveu?

Antes de mais nada, era dominado pela Roma imperial. Em razão da Pax Romana, a influência dos romanos se estendia por todo o mundo mediterrâneo. Até um país atrasado como a Judéia tinha sido enlaçado pelos tentáculos do poder de Roma. César Augusto, sobrinho-neto (e filho adotivo) de Júlio César, regia o império. Ainda que sua influência fosse grande, Augusto governava diretamente só algumas províncias do seu vasto império. Uma dessas províncias era a Judéia.

Na época de Maria e de Jesus, as legiões romanas estavam estacionadas em Sebaste (na Samaria) e na Cesaréia (no litoral). Apesar de os judeus terem muita liberdade, era Roma que designava o dirigente do Sanhedrin (a principal assembléia política judaica) e escolhia o sumo sacerdote judeu. Ademais, Roma arrancava altos impostos do povo judeu, incluindo um imposto territorial, um imposto geral e um imposto ou tributo individual. Foi por causa deste último que Maria e José tiveram de viajar para Belém para serem recenseados. ("Naqueles dias, César Augusto baixou um decreto ordenando o recenseamento de todo o mundo habitado.") César Augusto morreu quando Jesus estava no fim da sua adolescência. Foi sob o governo de Tibério, genro do imperador, que Jesus foi condenado e executado.

Inserir corretamente Maria no seu período histórico não nos ajuda apenas a concebê-la com mais exatidão, também nos permite ver como o tempo em que vivemos concorre para a formação de nossa vida.

Qual é o evento histórico mais importante de que me lembro?

AGRADEÇO PELO TEMPO E PELO LUGAR EM QUE NASCI.

Exemplos

A vida de Maria é uma coleção de exemplos para as mulheres em praticamente todas as situações da vida: filha, mãe solteira, mãe adolescente, segunda esposa, madrasta, viúva, avó espiritual. Pela sua própria experiência de vida, Maria é capaz de se identificar com as alegrias e tristezas das muitas fases de vida de uma mulher. Apesar de alguns estágios serem prontamente evidentes – o de filha, por exemplo – outros podem não ser tão óbvios.

Maria era muito jovem quando o anjo a visitou – talvez uma jovem de quatorze anos, segundo a opinião de alguns –, o que faria dela uma mãe adolescente. Já que não era casada na época, teria sofrido o estigma de ser mãe solteira. Sendo as pessoas como são, muitos vizinhos provavelmente ficaram contando os meses que se passaram entre o casamento e o nascimento do seu filho.

A condição de Maria como segunda esposa está sujeita a conjecturas. Muitas tradições antigas dizem que José fora casado antes e que Maria era sua segunda esposa. Se é esse o caso, de fato, os irmãos e irmãs identificados na Bíblia poderiam ser meio-irmãos de Jesus, tornando assim Maria madrasta deles (com todas as circunstâncias que acarreta o fato de ser madrasta).

Finalmente, uma vez que José morreu antes dela, Maria soube o que é ser uma viúva; e embora não tenha tido netos, ela foi sem dúvida alguma uma avó espiritual para os filhos dos "irmãos" e "irmãs" de Jesus, assim como de alguns dos discípulos.

Que alívio saber que, seja qual for a situação de vida em que nos encontremos, Maria não só nos compreende mas também tem estado diante de nós!

De que maneiras posso usar o exemplo de Maria como um modelo para as fases da minha vida?

EU ME ALEGRO EM CADA PASSO DA JORNADA DA MINHA VIDA.

Paixão

A palavra *Paixão* tem um significado teológico específico, referindo-se aos acontecimentos que cercaram o julgamento, a tortura e a crucificação de Jesus. Ainda que em geral pensemos na Paixão com relação a Cristo, ela também está intimamente ligada a Maria.

Em certo nível, aquela primeira Semana Santa foi a época mais gloriosa da vida de Maria, pois foi nesse momento que sua resposta ao anjo Gabriel – "*Fiat!*" ("Faça-se") – foi levada plenamente a cabo. Mas no nível humano, foi a pior época – sem exceção – que ela poderia ter imaginado.

Começou com a Última Ceia. Por ser mulher, ela provavelmente não estava no mesmo aposento que Jesus durante a ceia – teria ficado em outro aposento com as outras mulheres. Porém, ainda que ela não estivesse ao lado dele, ela deve tê-lo ouvido dizer estas palavras sinistras: "Agora não estarei mais no mundo, mas eles estão no mundo, enquanto que eu vou para vós." Maria deve ter ficado preocupada quando Jesus e os discípulos partiram para o Jardim de Getsêmani. Sem dúvida ela esperou com as outras mulheres, perscrutando a escuridão, à espera de que Jesus e os outros voltassem. Quando os discípulos voltaram sem Jesus, dizendo que ele fora preso e levado a julgamento, Maria quase deve ter sido esmagada por um sentimento de aflição e abatimento.

Depois, vieram o caminho do Calvário, a Crucificação e a morte de Jesus. Nesse instante, não teria nenhuma importância para Maria o fato de ela ter a esperança segura da salvação. Seu filho estava morto! O coração dela estava partido! É nesse momento que Maria se parece muito conosco – e é na nossa maior tristeza que Maria, nossa mãe, está mais perto de nós.

Alguma vez já pensei o que a Paixão de Cristo significou para Maria?
Suponho que, porque ela sabia que as coisas acabariam bem,
a Paixão não foi tão difícil para ela?

QUANDO ME AFLIJO, PEÇO A MARIA SUA COMPREENSÃO E CONFORTO.

Aniversários

Na nossa cultura, os aniversários são dias de festa importantes para as pessoas. Damos presentes, fazemos festas e (dependendo do aniversário que está sendo comemorado) importunamos o aniversariante sem piedade. É uma época em que costumamos extravasar e que só por isso nos divertimos pra valer.

Não sabemos a data de aniversário de Maria, ainda que ele seja celebrado tradicionalmente em 8 de setembro. Além do mais, é improvável que Maria celebrasse seu aniversário como algo que se assemelhasse à maneira moderna, já que os aniversários não eram tão importantes naquela época quanto o são hoje. De fato, não podemos ter a certeza de que as pessoas em geral comemorassem os aniversários. No entanto, sabemos que os ricos os comemoravam: foi numa celebração do aniversário de Herodes que Salomé executou a dança que o deixou tão encantado que deu a ela a cabeça de João Batista numa bandeja.

Sabemos que Maria gostava de comemorações e de festas em geral por causa do que nos conta o Novo Testamento sobre a festa de casamento em Caná. Evidentemente, Maria sabia o que era preciso para se divertir. Quase sempre, pensamos em religião como uma coisa séria. O exemplo de Maria na festa de casamento nos mostra que é correto a gente se divertir. Deus está próximo de nós quando choramos, mas também está presente quando rimos.

Hoje, tire férias do assunto sério em que a religião pode vir a se transformar e celebre a graça da fé. Alegre-se com a criação e com o dia que o Senhor criou!

Sou tentado a pensar que uma conduta severa e séria agrada
mais a Deus do que as festas e o divertimento?
Se eu pudesse comemorar o meu aniversário
do jeito que eu quisesse, o que eu faria?

APROVEITO TODA OPORTUNIDADE LEGÍTIMA PARA FESTEJAR.

Devoção Mariana

A mais antiga prece mariana conhecida é a *Sub Tuum Praesidium*, composta por volta do ano de 250. Nessa oração primitiva, os cristãos pediam a Maria sua ajuda e intercessão. Numa época em que muitas nuances teológicas ainda estavam sendo criadas, a devoção a Maria já estava firmemente estabelecida. Maria já era vista por todos os cristãos como mãe, virgem, protetora e intercessora.

A devoção a Maria tem uma simplicidade e uma clareza que transcendem a teologia. Ela se concentra no amor de mãe por seus filhos e na confiança dos filhos no cuidado e na preocupação de uma mãe amorosa.

Quando nos sentimos oprimidos pela barreira de diferenças teológicas e divididos entre ideologias conflitantes, recorrer a Maria e pedir a ela ajuda talvez seja a atitude mais sábia que possamos tomar. Nessas ocasiões, rezemos as seguintes palavras proferidas pelos crentes dos primeiros tempos da Igreja:

Acorremos à vossa proteção,
Ó santa Mãe de Deus.
Não menosprezeis nossas súplicas em nossas necessidades,
Mas livrai-nos de todos os perigos,
Ó Virgem para sempre gloriosa e abençoada.

Estou tentado a procurar pensar *meu caminho de fé?*
Se eu tiver dificuldade em crer no amor de Deus por mim,
serei capaz de crer no amor de Maria?

QUANDO ME SINTO PRESSIONADO PELA VIDA, PEÇO A AJUDA DE MARIA.

A Assunção

Um dos chistes clássicos no catolicismo romano é que a Festa da Assunção é o dia em que a Igreja "supõe" que Maria tenha sido levada de corpo e alma para o céu.* Apesar de ser verdade que essa é a *suposição* sobre a Assunção, essa festa é mais do que um reconhecimento de um dos privilégios mais especiais de Maria. Trata-se, na verdade, da celebração da importância do nosso corpo.

A teologia cristã nos ensina que estaremos unidos com o nosso corpo na vida após morte. (Muitos de nós estão inegavelmente esperando ansiosamente por uma nova e melhorada versão.) A Assunção de Maria é a prova de que não é só nossa alma que é importante – mas que nosso corpo também têm valor.

Às vezes, estamos inclinados a ir a extremos com o nosso corpo. Ou o acostumamos mal e lhe fazemos as vontades, ou lhe aplicamos severa disciplina para manter nossa vil natureza sob controle, como fez São Francisco de Assis. (Para glória de São Francisco, no fim da vida ele pediu perdão ao seu corpo, chamando-o Irmão Asno e admitindo que fora excessivamente severo nas suas penitências.) Os dois extremos são prejudiciais; antes, porém, devemos dar ao nosso corpo a atenção e o cuidado que ele merece, lembrando-nos que uma disciplina moderada é sempre o ideal. Afinal de contas, vamos nos reencontrar com esse corpo na nossa próxima existência.

Maltrato o meu corpo, não o alimentando devidamente,
não fazendo exercícios adequados,
ou não lhe dando repouso suficiente?

DOU AO MEU CORPO AQUILO DE QUE ELE PRECISA HOJE E TODOS OS DIAS.

* No original inglês, há aqui um jogo intraduzível entre as palavras *Assumption* (Assunção) e *assumption* (suposição). (N.T.)

Avaliando a História

"O riso é a coisa mais próxima da graça de Deus", segundo Karl Barth. Se isso for verdade, Maria deve ter rido muito (embora não tenhamos nenhum registro de sua alegria), já que ela está mais próxima da graça de Deus do que qualquer outra pessoa.

Fazer conjecturas sobre Maria e procurar imaginar como realmente era ela pode parecer engraçado para algumas pessoas. Ironicamente, a ênfase nessa questão surge porque os cristãos crêem que tudo o que está na Bíblia é verdadeiro. No entanto, há uma grande diferença entre *conter a verdade* e *conter TODA a verdade.* Que algo está nas Escrituras, isso é verdade, sim; mas o fato de que algo *não* está nas Escrituras não significa que isso seja necessariamente falso.

Por exemplo, as Escrituras não dizem nada sobre o sono de Maria, mas o bom senso nos revela que ela precisava dormir. Elas tampouco mencionam que ela trocava as fraldas de Jesus, preparava as refeições, passeava, conversava com José ou ia ao mercado, porém sabemos que ela tinha de fazer essas coisas também, ainda que a Bíblia silencie a respeito desses assuntos.

A Bíblia é a principal fonte cristã da instrução de Deus para a humanidade. Nela, Deus nos dá os conceitos de que precisamos para tomar firmemente decisões morais, mas Deus não nos dá detalhadamente todas as informações de que precisamos para tomar cada decisão, por mais simples que seja, na vida. É para isso que serve a nossa inteligência. Temos de tomar nossas próprias decisões sobre muitas coisas, desde as mais triviais (o que temos para jantar) até as mais complexas (com quem me casar). Não é que Deus não se importe com essas coisas: Deus se importa com *todas* as nossas decisões. Deus, porém, não quer que consultemos um livro quando precisamos de orientação. Deus quer manter um diálogo ativo, criativo conosco quando formulamos nossas decisões vitais.

Sempre ajo como se a Bíblia fosse a única fonte de conhecimento?
Quando preciso tomar uma decisão,
utilizo todos os recursos que Deus me deu?

EU VALORIZO A BÍBLIA PELO QUE ELA É, NÃO PELO QUE ELA NÃO É.

Atalhos Espirituais

Você já ouviu alguma vez um companheiro de viagem dizer, "Vamos por este caminho; parece um atalho"? Se já ouviu, sabe que os atalhos raramente funcionam. Eles acabam sendo, na melhor das hipóteses, caminhos mais longos e, na pior, desastres. O recado de Maria ao mundo é que não existem atalhos no caminho para o Céu. A estrada tem sido a mesma desde o início dos tempos: prece, jejum, penitência e fé.

Considere algumas mensagens atribuídas a Maria pelos videntes em Medjugorje:

"Que a prece seja o seu alimento diário."

"Se você rezar e jejuar, conseguirá tudo o que pede."

"Reze, jejue, faça penitência e ajude os fracos."

"Os homens precisam reconciliar-se com Deus e uns com os outros. Para que isso aconteça, é necessário crer, rezar, jejuar e confessar-se."

Embora um atalho possa parecer tentador, raramente vale a pena o tempo que se toma para voltar e recomeçar (o que é o que, quase inevitavelmente, acontece!).

Quando se trata da nossa jornada para o Céu, é não só melhor como mais seguro tomar o caminho que Maria e os santos têm assinalado nos últimos dois mil anos. A longo prazo, ele é muito mais rápido do que qualquer atalho jamais poderia ser.

Estou sempre tentado a procurar um caminho "mais fácil" para o desenvolvimento espiritual do que aquele que Maria tem me mostrado?

PASSO O TEMPO REZANDO, JEJUANDO E FAZENDO PENITÊNCIA.

Uma Metáfora para Deus

Metáfora é uma expressão poética que compara ou combina duas coisas dessemelhantes sem usar as palavras *como* ou *tal qual*. Por exemplo, "o coração é um caçador solitário" é uma metáfora. Ninguém pensa que um coração seja na verdade um caçador, solitário ou não, mas a metáfora ajuda a criar na nossa mente uma imagem que pode nos dar uma compreensão profunda do coração humano. A idéia de uma pessoa apaixonada estar sozinha na sua busca pelo ser amado ajuda-nos a entender um pouco a natureza essencial do amor.

De um modo mais ou menos parecido, Maria pode ser pensada como uma metáfora para Deus. Certamente, ninguém acredita que Maria *é* Deus, mas olhar para ela nos ajuda a compreender a natureza de Deus e o modo como Deus lida com a criação.

Vamos examinar dois exemplos:

Deus jamais nos obriga a fazer algo contra a nossa vontade. Deus nos pede que participemos do plano divino, assim como pediu a Maria que se tornasse a mãe do Messias. Nós sempre temos a escolha de dizer não, assim como Maria teve essa escolha.

Deus jamais nos dá uma provação sem também nos dar uma saída. Maria foi mãe solteira numa cultura em que esse tipo de comportamento podia ser punido com a morte. Deus a protegeu intervindo junto a José, assegurando a ele que ele podia casar com Maria.

Quando olhamos para a vida de Maria, vemos Deus.
Pode-se dizer o mesmo a respeito da nossa vida?
De que modo minha vida reflete a bondade de Deus?
Como posso ficar mais parecido com Maria
(e dessa forma mais parecido com Deus)?

VEJO O ROSTO DE DEUS EM TUDO O QUE ENCONTRO.

Um Bom Parecer

Maria às vezes é chamada a Mãe do Bom Parecer. Para dizer isso em linguagem mais moderna, poderíamos chamá-la de Mãe do Bom Conselho. De todos os títulos e funções de Maria, Aquela Que Dá Bons Conselhos é um dos mais confortantes, pois, quem dentre nós não precisa de um bom conselho?

Uma das dificuldades para pedir ajuda a Maria consiste em aprender a ouvir a sua resposta. A exemplo do que ocorre com muitos outros assuntos do reino espiritual, é difícil separar as vozes conflitantes que ecoam na nossa cabeça. Dependendo de nossas experiências de infância, assim como de outros fatores, vários conselhos divergentes podem estar tocando no nosso "rádio mental". É Maria que ouvimos, ou é a nossa própria mãe? É a voz da Mãe do Bom Parecer, ou é a voz da Igreja? É Maria, ou são nossos próprios desejos?

Como poderemos saber qual conselho vem de Maria e qual vem de outras fontes, talvez menos confiáveis?

Em primeiro lugar, o conselho de Maria será sempre amoroso. Ela jamais lhe dirá para fazer algo que seja mau para você ou para os outros. Em segundo lugar, o parecer de Maria sempre conduzirá você a um lugar de mais união e santidade. Ela guiará você de modo a permitir que você seja mais autêntico, mais real, mais você mesmo. Por fim, a sabedoria de Maria será cercada de uma sensação de paz e de centramento. Se você sentir um nó no estômago quando procurar seguir um conselho, pode ter certeza de que ele não veio de Maria.

Há algo que está me perturbando neste exato momento que eu poderia usar um conselho de Maria para resolver? Alguma vez pedi ajuda a Maria? Se não, por quê?

ACREDITO QUE O CONSELHO DE MARIA ATENDE SEMPRE O MEU MELHOR INTERESSE.

Sabedoria

Quando Maria finalmente encontrou Jesus no Templo com os sacerdotes, ela ficou espantada com a sabedoria de Jesus. (Que pais não ficariam, ao descobrir seu filho de doze anos de idade conversando à vontade com os mais eruditos homens da época!) No entanto, a mais notável parte da história não é a sabedoria de Jesus, mas sim a de Maria.

Maria foi sábia o bastante para não abdicar de sua responsabilidade como mãe simplesmente porque tinha um filho que era capaz de discorrer com sabedoria no Templo. Ela não deixou que a sabedoria de Jesus fizesse a sabedoria dela vacilar.

Às vezes, fugimos às nossas responsabilidades pois nos falta confiança para fazer aquilo que Deus nos concedeu fazer. Deixamos que nosso medo nos domine e, ao mesmo tempo, deixamos que a sabedoria saia pela janela.

Maria sabia que ela devia educar Jesus para ser um homem. Ainda que ele tivesse mais conhecimento espiritual do que todos os sacerdotes do Templo juntos, ele não poderia simplesmente educar a si mesmo. Maria compreendeu isso, de modo que ela fez o que devia fazer: cuidar para que seu filho recebesse uma educação adequada. Ela teve a sabedoria para entender qual era a sua responsabilidade — e para cumpri-la.

Jesus talvez tenha demonstrado sua erudição espiritual e sabedoria divina quando falou com os sacerdotes no Templo em Jerusalém; Maria, porém, demonstrou sua sabedoria materna quando o forçou a ir para casa.

Creio que Deus me deu a sabedoria de que preciso
para tomar decisões corretas na minha vida?

USO A SABEDORIA QUE DEUS ME DEU PARA
CUMPRIR MINHAS RESPONSABILIDADES.

A Busca de Visão

Maria tem uma visão para o mundo – uma visão que ela repete várias vezes em suas aparições. É fácil expressar essa visão mas é difícil alcançá-la: paz, amor, harmonia e crença no seu filho e na mensagem dele. Muitos dos grandes santos tiveram uma visão semelhante para a humanidade. De fato, quem quer realizar algum bem durável neste mundo deve ter uma visão semelhante à de Maria.

Uma marca registrada da espiritualidade dos índios norte-americanos é a busca de visão. Apesar de essa atividade variar de tribo para tribo, em geral essa busca de visão exige que o jovem parta sozinho e passe algum tempo num lugar ermo, à espera de uma revelação e compreensão divinas. O jovem (com menor freqüência uma jovem) suporta o frio, a fome, as intempéries e outros sofrimentos até que enfim o corpo físico perca o domínio sobre o espiritual e a alma se liberte para receber novas e profundas revelações. O resultado é uma clareza de compreensão e uma sensação de unidade e integridade com toda a criação.

Os norte-americanos não-aborígines não costumam fazer buscas formais de visão, mas todos nós precisamos achar nossa visão singular da vida de alguma maneira. Como os índios norte-americanos que saem em busca de uma visão, devemos esperar muito esforço e sacrifício à medida que tentamos reconhecer claramente a nossa visão. Temos de estar dispostos a pôr a vida em risco – embora talvez não tão literalmente como fazem os que passam dias em lugares ermos – para obter a compreensão de que precisamos. Ela não acontece simplesmente, pois requer um trabalho consciente, ativo de nossa parte. Só depois que tivermos alcançado a nossa própria visão de vida é que podemos começar a partilhar essa visão com os outros.

Alguma vez dediquei tempo para compreender qual é a minha visão?
Seria eu capaz de empreender algum tipo de busca de visão?

SEI O QUE EU QUERO PARA MIM E PARA AS PESSOAS QUE ESTÃO AO MEU REDOR.

A Realeza de Maria

Muitas pessoas têm muita dificuldade para conceber Maria como Rainha do Céu. Haver uma rainha pressupõe a presença de um rei, e um rei e uma rainha parecem compor um conjunto equilibrado, mais ou menos iguais em poder e posição. Assim, se Jesus é o Rei e Maria a Rainha do Céu, tem-se a impressão de que Maria é igual a Jesus.

É claro que isso é uma heresia. Maria não é agora – nem jamais poderá ser – igual a Jesus, que é tanto Deus como homem. Embora os teólogos tenham oferecido muitas explicações sobre o porquê de Maria ser a Rainha do Céu (incluindo a razão óbvia de que a mãe de um rei é uma rainha à revelia), muitas pessoas ainda têm dificuldade com essa denominação, em parte por causa de seu equívoco em relação ao que constitui um monarca, particularmente um "monarca justo", no sentido bíblico.

No antigo Oriente Médio, a justiça ideal não consistia tanto em formular as leis com imparcialidade quanto em providenciar para que fossem concedidas ajuda e proteção aos membros mais fracos da sociedade. Portanto, um monarca justo era um que exercesse a sua função pelo exemplo de assistência aos pobres. Uma vez que Maria nos leva a compreender nossas responsabilidades para com os menos afortunados, ela age como uma soberana justa no sentido bíblico. Logo, Maria é uma rainha: e já que ela está no Céu, é a Rainha do Céu.

Concluindo, porém, pouco importa se somos ou não capazes de pensar em Maria como Rainha do Céu. O que de fato importa é que você siga o exemplo dela de cuidar dos que necessitam do seu amor e de sua atenção.

Como reajo quando encontro um mendigo na rua?
Assumo pessoalmente a responsabilidade de ajudar os necessitados?

COMPREENDO, QUANDO VEJO A POBREZA E O SOFRIMENTO, QUE
"SÓ PELA GRAÇA DE DEUS É QUE EU EXISTO".

Protelar

Lendo as entrelinhas da narrativa bíblica da festa de casamento em Caná, podemos perceber que Maria estava ficando um tanto impaciente com a relutância de Jesus em continuar sua missão. É quase como se ela lhe desse um empurrãozinho de mãe para apressá-lo a agir.

"Mãe, eu ainda não estou pronto!", Jesus protestou.

"Confie em mim: você está. Agora, faça alguma coisa a respeito da situação do vinho."

Há um tempo para a paciência e um tempo para a pressa. Maria parece ter compreendido a diferença e dado ao filho um "empurrãozinho" quando ele estava protelando.

Às vezes, todos precisamos de um empurrãozinho, ainda que se trate de Jesus.

De vez em quando, embora saibamos o que deveríamos estar fazendo (por alguma razão), não deixamos de lado nossas desculpas – continuamos a sustentá-las. Algumas vezes, protelamos porque temos medo do fracasso; outras vezes, protelamos porque temos medo do sucesso. E ainda outras vezes protelamos simplesmente por protelar.

Analisar os motivos de protelação pode nos ajudar a descobrir como evitar situações semelhantes no futuro, mas isso de pouco adianta para eliminar a protelação atual. Se você está evitando fazer algo que sabe que deveria estar fazendo, só existe um remédio: comece a fazê-lo. Por falar nisso, Maria disse quase a mesma coisa a Jesus!

Existe algo que eu venho adiando fazer e que eu sei que devo fazer?
O que está me impedindo de "fazê-lo"?

NÃO DEIXO QUE A PROTELAÇÃO
COMANDE A MINHA VIDA.

Unidade

Sabemos muito pouco a respeito da vida de Maria na Palestina, e sabemos menos ainda – na verdade, absolutamente nada – a respeito da vida dela no Egito depois que ela e José fugiram da ira de Herodes. Não sabemos para onde eles foram, o que fizeram quando chegaram lá ou quanto tempo ficaram. Tudo o que sabemos é que eles foram para o Egito e ficaram lá pelo menos até que Herodes morreu. (Aliás, visto que Herodes morreu no ano 4 antes da era cristã, alguns estudiosos acham que Jesus deve ter nascido por volta do ano 6 antes da Era Cristã.)

Durante esse período muito obscuro da vida de Maria, ela foi uma estranha morando em terra estranha. De que modo essa experiência moldou Maria? Que revelações lhe trouxe?

É difícil dizer, mas essa estada como estrangeira deve ter tido algum efeito. É interessante observar que atualmente os egípcios não-cristãos dedicam uma especial devoção a Maria. Em Zeitoun, onde a tradição antiga sugere que a Sagrada Família ficou durante a fuga para o Egito, diz-se que milhares de pessoas testemunharam inúmeras aparições de Maria sobre a Catedral cóptica de Santa Maria entre 1968 e 1971. Em 1986 milhares de outras pessoas alegaram ter visto a Bem-aventurada Virgem dentro e acima da igreja em Damiana.

Afirma-se que Maria disse aos videntes em Medjugorje: "Amai vossos irmãos e irmãs muçulmanos. Amai vossos irmãos e irmãs sérvios ortodoxos. Amai os vossos governantes."

Maria, a judia, que viveu na terra que havia escravizado seus ancestrais, nos diz por palavras e pelo exemplo o que São Paulo expressou na sua carta aos Gálatas: "Não existe judeu nem grego, não existem escravos nem livres, não existe macho nem fêmea, pois todos vós sois um só em Jesus Cristo."

Alimento preconceitos ocultos?

EU CREIO QUE TODAS AS PESSOAS SÃO IGUAIS AOS OLHOS DE DEUS.

25 DE AGOSTO

Dinheiro

Na nossa cultura, o dinheiro faz o mundo girar. Tentar viver sem nenhum dinheiro é quase impossível. Todo o nosso sistema econômico é baseado na troca de moeda. No entanto, Deus diz que o dinheiro é a raiz de todo mal, certo?

Bem, não. Na verdade, o amor pelo dinheiro é que é a raiz de todo mal. O dinheiro em si não é bom nem ruim. É o que fazemos para conseguir dinheiro e o que fazemos com ele depois que temos o que é bom ou ruim.

Tomem Maria como exemplo. Ela tinha dinheiro. No mínimo, tinha uma razoável quantidade de ouro dado pelos Reis Magos, sem falar do incenso e da mirra. Durante algum tempo pelo menos, Maria teria tido dinheiro mais do que suficiente, mas obviamente isso não lhe causou nenhum efeito danoso.

A razão por que algumas pessoas possuem mais dinheiro do que poderiam gastar enquanto outras têm de lutar na penúria é um mistério. É tentador supor que os que possuem mais dinheiro são mais abençoados por Deus, mas não existe nenhuma correlação entre riqueza material e crédito celestial. A alguns dos vilões mais desprezíveis que o mundo já conheceu não tem faltado coisa alguma, ao passo que muitas das pessoas mais santas têm sido pobres até a penúria (às vezes voluntariamente!).

Jesus deixa claro que a prosperidade financeira não constitui uma garantia de recompensa espiritual. "Bem-aventurados os pobres, pois é deles o reino de Deus." Não é errado querer a bênção do dinheiro, porém ter dinheiro não representa uma garantia da bênção de Deus.

Até que ponto o dinheiro é importante na minha vida?
Eu uso o dinheiro, ou deixo que o dinheiro me use?

EU SEI QUE TENHO O BASTANTE PARA ATENDER ÀS MINHAS NECESSIDADES.

Medo

Muitas das mensagens atribuídas a Maria em suas aparições têm um sabor claramente apocalíptico. Elas se referem ao fim dos tempos e ao juízo final, com nítidas visões do inferno e do purgatório. Falam sobre os tormentos dos demônios e sobre eventos catastróficos que acontecerão à Terra. E contêm mensagens secretas que só os videntes podem conhecer.

Não é de admirar que, a par de grande devoção, as aparições de Maria freqüentemente causem uma sensação de medo. Alusões a coisas terríveis que podem estar por vir naturalmente fazem as pessoas sentir medo. Para algumas pessoas, o medo se traduz no esforço para mudar de vida; elas começam a mudar de vida rezando mais, jejuando, praticando boas obras e voltando-se para Deus. Em outras, contudo, o medo exerce o controle; o terror as leva à inércia.

Se você é o tipo de pessoa inspirada pelas mensagens de Maria, então vá em frente, leia e reflita sobre elas. Se, no entanto, é do tipo que fica dominado pelo terror quando lê a respeito de castigos iminentes, não perca seu tempo meditando sobre elas. Leia-as, se precisar, mas depois ponha-as de lado e toque a vida para a frente.

Maria quer que reformemos a nossa vida e voltemos o nosso coração para seu filho. Ela não quer que fiquemos sentados sem fazer nada, mortos de medo em função do futuro. As mensagens dela têm a intenção de nos incentivar à virtude. Se causam o efeito oposto em alguém, então talvez não sejam destinadas a essa pessoa.

Quando leio o que algum vidente afirma que Maria disse, como isso me faz sentir? Sinto-me estimulado ou morro de medo?

DEIXO QUE DEUS ME FALE DO MODO QUE ELE SABE QUE É O MELHOR PARA MIM.

Rugas

É interessante que as rugas do rosto pareçam duras e ásperas, porém, quando se toca nelas, elas são muito suaves. Por serem uma reação natural à idade e às intempéries, elas acrescentam profundidade e personalidade a um rosto. Um rosto jovem, sem manchas, tem uma espécie de beleza etérea, mas um rosto mais velho tem a personalidade inscrita em cada linha. Pense em Madre Teresa de Calcutá, por exemplo. Sua vida de amor e sacrifício pode ser vista claramente nas linhas de seu rosto.

Apesar de a maior parte das pinturas e estátuas da Virgem Bem-aventurada a mostrarem sem rugas, elas não podem ser descrições da Maria mais velha. Vivendo no Oriente Médio, estando exposta ao clima, passando pelos sofrimentos e tribulações que teve de enfrentar, Maria deve ter tido sua cota de rugas. Sua vida deve ter sido estampada em seu rosto, assim como a vida de Madre Teresa está estampada no seu.

Embora não tenhamos condições de escolher o tipo de rugas que vamos ter, as opções que fazemos nos afetam as linhas do rosto. Se mostramos uma expressão carrancuda ou se franzimos o rosto, temos linhas diferentes das que teríamos se ríssemos ou sorríssemos. Nem todas as rugas de Maria devem ter sido causadas por sofrimento e tristeza. Certamente, ela deve ter tido linhas formadas pelo riso no canto dos olhos e da boca também. Já que a maioria de nós terá pelo menos algumas rugas durante a vida, certifiquemo-nos para que parte delas sejam criadas pela alegria!

Que tipo de rugas estou desenvolvendo?
Que acontecimentos da vida eu mostro no meu rosto?

DEIXO QUE A ALEGRIA, ASSIM COMO A TRISTEZA, SE ESTAMPEM NO MEU ROSTO.

Paciência

Uma virtude que todos devemos aprender a cultivar é a paciência. Maria não é uma exceção. Ela teve de ter paciência enquanto esperava que José descobrisse que ela estava grávida, teve de ter paciência enquanto eles moravam no Egito; teve de ter paciência quando ela e José procuraram pelo filho por três dias, teve de ter muita paciência esperando que ele fizesse algo a respeito de ser o Messias; teve de ter paciência até a Ressurreição; e agora tem de ser paciente até o final dos tempos.

Não há razão para supor que Maria seja naturalmente mais paciente do que o restante de nós, uma vez que paciência implica espera e esperar não tem graça, sobretudo quando não sabemos o que estamos esperando, ou suspeitamos que não vamos gostar do que acontecerá no final da espera.

Muitas vezes, queremos apressar o andamento das coisas, saltar adiante, até o último capítulo do livro da vida, mas não podemos. Temos de deixar que o tempo se desenvolva no seu próprio ritmo. Temos de acreditar que Deus está conosco enquanto esperamos e que um dia toda espera fará sentido.

Juntos com Maria, temos de aprender a ter paciência.

Sou uma pessoa paciente ou impaciente?
Como me sinto quando minha paciência é posta a prova?

EXERCITO A PACIÊNCIA DURANTE TODOS OS DIAS DA MINHA VIDA.

As Perguntas Certas

Um dos truísmos de um negócio bem-sucedido é que, para se ter as respostas certas, é preciso fazer as perguntas certas. Uma vez que tenham sido feitas as perguntas certas, as respostas certas costumam ser óbvias. (Aviso: as respostas certas não são necessariamente as respostas que você quer. Pode haver uma grande diferença entre o que você quer ouvir e o que você precisa ouvir!)

Descobrir quais perguntas precisamos fazer pode ser difícil. Ficamos confusos tentando antecipar respostas, tentando manipular reações e deixando que noções preconcebidas influenciem nosso raciocínio.

A despeito da escassez de diálogos no Evangelho, é claro que as perguntas de Maria eram sempre corretas e relevantes. Ela fazia as perguntas que lhe davam as respostas de que precisava – por exemplo, quando perguntou a Gabriel: "Como é que vou ter um filho se não fiz sexo?" Quando encontrou Jesus no Templo, ela perguntou: "O que você está fazendo aqui? Você não sabia que eu ia ficar preocupada?" Ela não se desviou do assunto. Fez uma pergunta direta e conseguiu respostas diretas: "Você terá um filho porque Deus vai fazer com que isso aconteça." "Estou cumprindo a missão do meu Pai."

Embora ela pudesse não ter gostado das respostas que recebeu e pudesse não ter entendido todas as suas implicações, Maria pelo menos obteve respostas – e as obteve porque fez as perguntas certas. A exemplo dela, precisamos aprender a fazer as perguntas que nos darão as respostas de que precisamos.

Até que ponto sou capaz de fazer perguntas diretas?
Procuro sempre formular perguntas de tal modo
que conseguirei as respostas que acho que quero ouvir?

NÃO TENHO MEDO DE OUVIR A RESPOSTA A NENHUMA PERGUNTA SINCERA.

Renúncia

Parece que o verbo *renunciar* significa desistir, deixar acontecer, parar de se preocupar. Na realidade, contudo, renúncia significa transferir responsabilidades. Uma vez que renunciamos à necessidade de estar no controle, à necessidade de ter razão, de estar no comando, abrimos as portas para que a graça de Deus assuma a direção.

Maria renunciou ao controle sobre a sua vida quando disse: "Faça-se em mim segundo a tua palavra." Apesar dessa renúncia, ela não se entregou, não desistiu, não se escondeu no quarto dos fundos, nem esperou humildemente pelas conseqüências. Continuou a ser responsável pela sua vida, embora percebesse que agora Deus tinha absoluto controle. Ela foi para a casa de Isabel. (Não há nenhum indício de que ela tivesse pedido permissão a alguém para ir; simplesmente fez as malas e foi embora.) Casou-se com José. Teve seu filho. Viveu sua vida de modo pleno, completo e autêntico — apesar do fato de que havia cedido o controle a Deus.

Podemos fazer a mesma coisa. Podemos deixar que Deus tenha absoluto controle, embora ainda vivamos uma vida responsável. Embora isso seja possível, ninguém está dizendo que é fácil. Temos de estar dispostos a ir a lugares aonde jamais esperaríamos ir; temos de estar dispostos a mudar de rumo a qualquer momento; temos de estar dispostos a desistir de ideais acalentados a fim de abrir espaço para novos objetivos.

Se você acha que Deus não está respondendo às suas preces, talvez seja porque você ainda esteja tentando dizer a Ele como as coisas devem ser, em vez de deixar que Deus o guie pelos caminhos que Ele sabe que são os certos para você. Talvez isso esteja acontecendo porque você está mantendo o controle, em vez de cedê-lo a Deus.

Sinto como se Deus neste exato instante
estivesse respondendo às minhas preces.
Estou dando espaço para que Deus atue na minha vida?

ENTREGO MINHA VIDA A DEUS, COM A CONFIANÇA
DE QUE DEUS SÓ ME DARÁ COISAS BOAS.

O Futuro

Quando o profeta Simeão revelou a Maria, por ocasião da Apresentação de Jesus no Templo, o que o futuro lhe reservava, não é de admirar que ela e José ficassem espantados. A maioria de nós ficaria espantada se alguém nos revelasse o futuro com tanta convicção e autoridade.

Muitos de nós acham que gostaríamos de vislumbrar o futuro. Essa é uma razão pela qual leitores paranormais, cartas de Tarô, bolas de cristal e adivinhos têm sido muito procurados há milhares de anos. Nós imaginamos que, se pudéssemos apenas dar uma espiada no futuro, estaríamos mais bem preparados para lidar com ele.

Não é verdade. Conhecer o futuro representa um fardo. Saber o que acontecerá amanhã priva o dia de hoje de suas alegrias. Com efeito, é bom que a maioria de nós não conheça o futuro, ou não estaríamos dispostos a suportá-lo. Prevendo o futuro, pensaríamos que não teríamos força para suportar dificuldades e sofrimentos. No entanto, a maior parte dos problemas se parecem um pouco com uma tempestade distante. No horizonte, as nuvens parecem impenetravelmente negras; mas quando, por acaso, se ouve a tempestade diretamente, em geral se percebem reflexos prateados e pedacinhos de um céu cinza claro. Da mesma forma, ver os problemas futuros é ver apenas seus aspectos mais sombrios. Assim que o problema ocorre realmente, quase sempre temos força e capacidade para enfrentá-lo.

Maria teve um vislumbre do que a vida lhe reservava no futuro pela boca de Simeão. Igualmente, de vez em quando temos breves revelações do nosso futuro. Quando isso acontece, devemos meditar sobre essas revelações no nosso âmago, assim como Maria fez, mas não deixar que elas causem preocupação ao nosso presente.

Já tive alguma revelação do futuro?
Como isso me fez sentir? Se eu pudesse optar por ver o futuro,
eu faria essa opção?

ESTOU DISPOSTO A VIVER UM DIA DE CADA VEZ.

Nada é Pequeno Demais

O modo como Jesus agiu na festa de casamento em Caná prova que nada na nossa vida é pequeno demais para merecer a atenção e o interesse de Deus. Jesus opôs-se ao pedido de Maria para que resolvesse o problema da falta de vinho não porque achasse que ficar sem vinho – uma séria gafe – não fosse importante, mas porque ainda não era hora de revelar seu poder e sua missão. Não lhe estava sendo pedido que fizesse algo que ele não estivesse disposto a fazer; estavam-lhe pedindo que fizesse algo antes de estar pronto para fazê-lo.

Nada na nossa vida é pequeno ou insignificante demais para ser levado até Deus. Mesmo as coisas que achamos que não são suficientemente importantes para incomodar o Criador do universo são importantes para Deus. Deus não é apenas o Todo-Poderoso; Deus é também o nosso pai amoroso, que quer que nós partilhemos todos os momentos íntimos de nossa vida. Deus quer que indaguemos a respeito de coisas de todo dia (tal como manter as aparências num evento social) e também de coisas extraordinárias (como curas médicas).

Muitas vezes, é difícil acreditar que Deus se importa conosco como pessoas. É bastante fácil achar que Deus se importa com as grandes coisas – guerra, injustiça, fome, miséria, e assim por diante. Mas, vinho num casamento? Nosso bom senso diz "Ora: vamos. Deus não tem tempo para ser importunado com pequenas coisas triviais como essa".

Mas Deus tem tempo, *sim* – toda a eternidade, para ser exato. E Deus se interessa profundamente por cada um de nós. Como nosso pai, Deus quer que vivamos uma vida abençoada e abundante; mas Ele não pode nos dar todas as alegrias a nós reservadas a não ser que O abordemos dizendo: "Não temos vinho."

Conto a Deus todos os detalhes da minha vida, ou guardo minhas preces para ocasiões especiais?

ACREDITO QUE DEUS SE INTERESSA POR MIM E PELOS DETALHES DA MINHA VIDA.

Velhice

O que sabemos a respeito de Maria poderia caber num dedal. O que não sabemos a respeito de Maria poderia encher um reservatório. Uma das muitas coisas que não sabemos é a idade de Maria quando ela morreu. Alguns relatos dizem que ela morreu alguns anos depois de Jesus; outros dizem que ela morreu vinte e cinco anos depois, mas não sabemos ao certo. Sabemos de fato, porém, que ela chegou à velhice, pelo menos pelos padrões da época.

Em outras épocas e culturas, a velhice tem sido respeitada pela sua sabedoria, paciência e força. Na nossa cultura, por outro lado, a velhice é o inimigo. Fazemos todo o possível para fugir dela – se não de fato, pelo menos exteriormente, através de cirurgia plástica e de exercícios. Todavia, por mais que procuremos ignorar o nosso envelhecimento, não conseguimos impedir que os anos passem. Um corpo de setenta e cinco anos, bem tratado, conservado e bronzeado ainda assim é um corpo de setenta e cinco anos.

Em vez de procurar negar e contestar a idade, talvez a atitude mais sábia seja aprender a celebrá-la. Apesar de suas evidentes desvantagens, envelhecer tem algumas vantagens sobre a juventude – entre elas, a sabedoria que provém da experiência, uma preocupação decrescente com o que as pessoas pensam (e uma preocupação cada vez maior com o que Deus pensa) e a capacidade de ser, em vez da compulsão constante de fazer.

Visto que nenhum de nós tem alguma alternativa para o envelhecimento, vamos olhar para aqueles que envelheceram bem – como Maria – como um exemplo para a jornada.

Tenho medo de envelhecer? Com que idade eu acho que se fica velho?

EU ESTOU NA IDADE PERFEITA PARA MIM.

Amor Palpável

Pouco antes de iniciar sua obra pública, Jesus rumou para o deserto para uma quarentena de prece e de jejum. Quando contou à mãe seus planos, ela tentou embrulhar algum alimento para que ele pudesse sobreviver a esse período de provação? Talvez um ou dois pedaços de pão ou um odre de leite de cabra?

Ainda que Maria e Jesus sejam hoje vistos como colaboradores para um bem comum, Jesus ainda era o filho de Maria – e ela deve ter-se comportado em relação a ele como as mães geralmente se comportam em relação a seus filhos. Ela deve tê-lo mimado, uma vez ou outra; deve ter-lhe preparado seus pratos favoritos; deve ter embrulhado um lanche para a peregrinação dele ao deserto. Como toda boa mãe, ela deve tê-lo feito saber o quanto o amava fazendo coisas para ele.

Damos grande ênfase às palavras "Eu amo você", mas não basta *dizer* às pessoas que amamos que as amamos; temos também de *mostrar* isso a elas. Temos de tornar nosso amor palpável.

Quando se trata de amor, o velho axioma "Ações falam mais do que palavras" é muito verdadeiro. Uma pessoa que deprecia ou maltrata outra e depois tenta abrandar as coisas dizendo "Mas você sabe que eu te amo" é uma mentirosa. Amor é mais do que palavras. É também ação.

O que faço por aqueles a quem amo? Há alguma coisa palpável que eu poderia fazer hoje por alguém que amo?

MOSTRO MEU AMOR DE FORMA CONCRETA.

O Rosário

De todas as devoções associadas a Maria, a mais famosa é o Rosário. A lenda diz que Maria deu o Rosário a São Domingos. Embora São Domingos e seus seguidores sejam com certeza responsáveis pela divulgação dessa prece, as origens dela se estendem para além desse grupo.

Em parte, o Rosário se desenvolveu a partir da prática monástica de rezar os Salmos todos os dias. Os irmãos educados costumavam ler as Escrituras, enquanto os irmãos iletrados costumavam rezar 150 Pai-nossos (o que explica por que as contas do Rosário às vezes são chamadas de contas do *Pater Noster* – ou Pai-nosso). Em algum ponto desse desenvolvimento, os Padre-nossos foram substituídos pelas Ave-marias. Os "mistérios" ou meditações associados ao Rosário parecem ter-se formado a partir de várias devoções medievais a Nossa Senhora, apesar de (com exceção da Assunção e da Coroação de Maria na série final dos mistérios "gloriosos") terem sua origem nos acontecimentos das Escrituras.

Independentemente de seus primórdios, o Rosário é uma das preces favoritas da Igreja Católica Romana. O clero e as pessoas leigas igualmente têm encontrado sublime conforto nessa prece. Sua natureza repetitiva oferece uma via de acesso à oração meditativa, e sua dupla ênfase na vida de Cristo e na devoção a Maria proporciona uma introdução aos acontecimentos narrados nas Escrituras.

Ademais, o Rosário é uma prece que você pode fazer praticamente em qualquer momento e lugar, sem nenhum equipamento mais especializado do que seus próprios dedos. Ainda que você ache que não goste de rezar o Rosário, tente dar-lhe uma segunda chance. A exemplo do Papa João Paulo II, você poderá descobrir que essa prece "introduz-nos no próprio âmago da fé".

Qual é a minha forma favorita de oração? Estou disposto a experimentar outros tipos de oração, ainda que às vezes pareçam um pouco estranhas?

EU EXPERIMENTO DIFERENTES FORMAS DE PRECE.

Hiperdulia

De acordo com a teologia católica, existem três diferentes tipos de culto: *dulia*, *hiperdulia* e *latria*. O primeiro é o culto prestado aos anjos e aos santos; o segundo é o culto prestado a Maria; o terceiro é o culto reservado exclusivamente a Deus.

Os termos em si não são tão importantes, mas os conceitos são. A veneração que concedemos a Maria é única, porque ela é única na história da humanidade. Como *Theotokos*, ou "mensageira de Deus", ela deu vida humana a Jesus. Por essa razão, se é que não por mais nenhuma outra, ela é reverenciada acima de todos os outros santos, acima de todos os homens e mulheres piedosos.

Contudo, devemos ter cuidado para não permitir que a *hiperdulia* resvale para a *latria*. Em outras palavras, temos de ter certeza de que a veneração que, com justiça, dedicamos a Maria não prejudique a adoração que só cabe a Deus.

Adorar Maria é tentador, pois ela parece muito mais acessível que Deus. Nós achamos às vezes que ela nos compreende e compreende nossas necessidades mais facilmente do que Deus, que pode parecer remoto e distante. Além disso, visto que ela é mãe, podemos nos sentir mais confiantes vindo até ela com os nossos problemas: afinal de contas, uma mãe sempre nos amará, aconteça o que acontecer.

Todavia, quando caímos na armadilha de adorar Maria, prestamos tanto a ela como a Deus um desserviço. Maria merece o nosso maior respeito (*hiperdulia*), mas ela não quer nem pode aceitar a nossa adoração. Contudo, ela sempre se unirá a nós na adoração a Deus — o que é ainda mais gratificante do que adorá-la.

Como é que eu imagino Deus?
Sou sempre tentado a rezar para Maria, em lugar de rezar para Deus?

VENERO OS SANTOS, VENERO MUITO MARIA E SÓ ADORO A DEUS.

Praticidade

Um grande número de descrições verbais e físicas de Maria representam-na como uma criatura piegas. Da adolescente de olhos arregalados que sorri serenamente para Gabriel até a mulher nada prática e submissa, postada aos pés da cruz (uma única lágrima brilhando-lhe na face), Maria raramente se mostra como uma criatura forte, vigorosa ou prática.

No entanto, Maria é tudo isso. Vejam só o que ela disse a Gabriel:

"Como é que vai acontecer esta gravidez, uma vez que não fiz sexo?" Ora, essa é a pergunta de uma mulher que não está intimidada nem com ninguém nem com nada – nem mesmo com um anjo. E considerem a festa em Caná. Muitas mulheres, se levassem um pito do filho, como Maria levou, entrariam numa crise de autocompaixão. Maria, não. Ela imaginou que Jesus mudaria de idéia e aceitaria o ponto de vista dela, de modo que ela foi em frente e preparou o terreno para que ele transformasse a água em vinho.

O fato de ser santa não exime uma pessoa da necessidade de ser prática. Olhem para Madre Teresa de Calcutá. O mundo inteiro a reconhece como santa; contudo, ela é eminentemente prática. A obra de sua vida inclui rezar pelos doentes e pelos moribundos, mas também abrange atender às suas necessidades físicas de banhar-se, vestir-se, ter um lugar para morar e assistência médica. Se Madre Teresa é capaz de combinar grande santidade e grande praticidade, seguramente Maria também o era.

Vejo a religião como uma coisa prática ou meramente espiritual?
Como posso dar um uso prático à minha fé neste exato momento?

SEMPRE VALORIZO O MEU LADO PRÁTICO.

Casamentos

À primeira vista, parece um pouco estranho que o primeiro milagre de Jesus tenha sido realizado numa festa de casamento. Uma cura não teria sido mais apropriada, visto que ele passou grande tempo da sua missão espiritual pública curando os doentes? Mas não, seu primeiro milagre foi um sinal de pura alegria na mais alegre das ocasiões – um casamento. Ele transformou a água em vinho para que a festa pudesse continuar.

É claro que não podemos negligenciar o fato de que ele fez o milagre a pedido da mãe. E isso traz à baila uma das questões persistentes a respeito do milagre: por que Maria estava envolvida? Há algumas possibilidades. Talvez ela fosse um tanto intrometida e, por simples acaso, tomou conhecimento da situação (uma hipótese certamente possível). Talvez Maria tivesse um interesse especial por casamentos, pois ela própria não teve um casamento a rigor (estava grávida há pelo menos três meses na época em que se casou com José, o que tornava inadequado um grande evento). Ou talvez ela mesma estivesse organizando o casamento de um dos "irmãos" ou "irmãs" de Jesus que são mencionados na Bíblia.

Seja qual for o motivo, Maria tomou particular interesse por essa festa e insistiu para que Jesus fizesse a mesma coisa. Ao "animá-lo" a realizar seu primeiro milagre numa festa de casamento, Maria assegurou que tivéssemos uma prova concreta de que qualquer detalhe de nossa vida tem valor aos olhos de Deus. Além disso, ela nos mostrou que está disposta – e é capaz – de pedir favores a seu filho em nosso nome. Basta pedir.

Faço Maria saber quando está faltando vinho na minha vida?

TENHO A CERTEZA DE QUE MARIA INTERCEDERÁ EM MEU NOME SE EU LHE PEDIR.

O Nascimento de Maria

Embora ninguém saiba ao certo quando Maria nasceu, seu aniversário é comemorado tradicionalmente no dia 8 de setembro. Essa data foi escolhida simplesmente porque representa nove meses depois da festa da Imaculada Conceição – a celebração da concepção de Maria. De modo semelhante, a data da Anunciação é colocada nove meses antes do Natal. (Diga-se de passagem que temos razoável certeza de que a data certa do nascimento de Jesus não foi 25 de dezembro, pois as Escrituras cristãs dizem que os pastores estavam nos campos. Através de outros registros históricos, sabemos que os pastores passavam a noite nos campos apenas durante a primavera e o outono, e não durante o solstício de inverno.)

Segundo a lenda, os pais de Maria eram Ana e Joaquim; seu pai era funcionário do Templo de Jerusalém. Acredita-se que já estavam casados havia cerca de vinte anos quando um anjo lhes apareceu, dizendo-lhes que teriam uma filha cuja vida inteira seria dedicada a Deus.

A lenda diz ainda que Maria viveu e estudou no Templo dos três até os quatorze anos. A essa altura, ela mudou-se para Nazaré com os pais, que combinaram que ela esposaria José, o carpinteiro.

A lenda é encantadora, mas é apenas lenda. Apesar de um grande número de revelações particulares sobre o nascimento e a infância de Maria, o que sabemos com certeza é o que a Bíblia nos conta – e isso é quase nada.

Se a lenda e as revelações particulares ajudam você a apreciar mais plenamente Maria, sinta-se à vontade para desfrutá-las. Se, no entanto, parece difícil demais acreditar nelas, fique com a Maria que conhecemos da Bíblia e deixe a lenda em paz.

O que eu lembro mais vivamente da minha infância?
O que eu mais aprecio em relação à época do meu crescimento?

DE HOJE EM DIANTE, DEIXO O PASSADO PARA TRÁS E SIGO EM FRENTE.

Romanceando a Vida de Maria

A história da vida de Maria tem sido romanceada quase além da imaginação. De fato, quase toda a sua vida tem sido romanceada a partir dessas poucas informações.

Sim, ela teve seu filho numa manjedoura, mas era a mais limpa e mais arrumada manjedoura onde se poderia esperar pôr os pés, com os mais bonitos e dóceis animais que se poderia imaginar. Sim, um grupo de pastores visitou-a logo após o nascimento de Jesus, porém todos eles tomaram banho e usaram desodorante antes de entrar. Sim, ela teve de fugir para o Egito para escapar das ameaças de morte de Herodes; mas, visto que ela e a família voltaram a salvo, não deve ter sido grande coisa. Sim, ela perdeu Jesus no Templo, mas, visto que ela o encontrou, tudo está bem quando acaba bem. Sim, Jesus morreu mesmo na cruz, mas ressuscitou de entre os mortos — então, por que todo esse escândalo?

Com alguns esfregões, limpamos e removemos todas as impurezas da vida de Maria, transformando-a num romance. Mas ela não foi romântica, como assinala o frei dominicano Edward Schillebeeckx:

> A vida dela não segue o modelo de um conto de fadas, como o da Branca de Neve. Não há passarinhos da floresta que seguram nos bicos a ponta de seu vestido e a levam embora, para longe do perigo, ao som de uma música doce, celestial. Se fosse assim, ela não seria um exemplo de força para nós em nossos embates diários com a realidade áspera de uma vida que nada tem de um conto de fadas... [Ela] mostrou-nos, pelo seu exemplo, como a fé no mistério do Deus vivo é mais forte do que a vida humana; mais forte também do que a morte — até mesmo a morte de seu próprio Messias.

Eu gostaria que minha vida fosse mais parecida com um conto de fadas? Tenho inveja das pessoas cujas vidas parecem mais fáceis do que a minha?

SOU GRATO AOS DESAFIOS DA MINHA VIDA.

Uma Face Feminina

Recentemente, a devoção à Virgem Maria sofreu uma reviravolta. Na realidade, isso não é de surpreender: quanto mais rígido, mais irado, mais distante Deus parece; quanto mais assustador, mais alarmante, mais imprevisível o mundo parece, mais as pessoas – até os protestantes – se voltam para Maria. Forrest Church, pastor da Igreja Unitária, diz o seguinte de Maria: "Ela confere à idéia de Deus uma face feminina e torna essa idéia mais disponível, menos excludente."

Apesar da discussão (ou mesmo disputa) sobre o dogma mariano da Igreja Católica, Maria tem um apelo universal. Toda época tem enfatizado e achado alívio em algum aspecto de Maria. Ora ela tem sido vista como uma donzela submissa, que deixou que Deus fizesse tudo o que queria com ela. Ora tem sido vista como uma pré-feminista corajosa que tomou suas próprias decisões. Mas mesmo nos dias de hoje não existe unanimidade: para alguns, Maria é uma frágil moça pequenina; para outros, é uma robusta camponesa. Seja como for que a imaginemos, um fato permanece: ela nos deixa dar uma face feminina à fé.

Na cristandade, com suas imagens fortemente masculinas de Deus, o Pai, e de Jesus, o Filho, dominando a paisagem teológica, Maria proporciona um toque de suavidade. Ao passo que Deus, o Pai, é visto como Criador/Juiz e Jesus como Redentor/Rei, Maria é a mãe humilde que consola seus filhos e enxuga-lhes as lágrimas.

Além disso, na sua sublime humanidade, Maria mostra a todos nós o que é viver uma vida autêntica, santa e integral. Em Maria, doutrina, dogma e discordâncias são extintos por um amplexo materno.

Como eu descreveria Maria? Posso aplicar algumas das características que atribuo a ela à minha própria vida? Quero aplicá-las a mim mesmo?

VEJO DEUS QUANDO OLHO PARA MARIA.

Oportunidade

Se nós, humanos, tivéssemos recebido a tarefa de criar o mundo, provavelmente teríamos feito muitas coisas de maneira diferente. Uma coisa que poderíamos ter alterado é a maneira pela qual tantas oportunidades surgem disfarçadas de problemas. Nós tornaríamos as oportunidades mais, digamos, *oportunas*.

Quer queiram quer não, no mundo tal como Deus o criou, as oportunidades estão freqüentemente escondidas sob o manto de problemas. Umas das lições que Maria nos ensina, tanto na sua vida como nas suas aparições, é que todo problema oferece uma oportunidade para confiar na solução divina.

Porque temos uma percepção limitada, tendemos a ficar limitados na nossa capacidade de ver potenciais soluções para um determinado problema. Digamos, por exemplo, que você está devendo. A solução parece clara: conseguir um aumento de salário. Perder o emprego se afigura decisivamente *contra*producente; mas vamos supor que você perca *realmente* o emprego. O que significa isso em termos do seu problema? Como poderá esse problema ser transformado numa oportunidade?

Bem, talvez Deus tenha um outro emprego reservado para você. Talvez você pretenda usar o seu tempo livre para criar um programa de ressarcimento da dívida. Ou talvez a solução seja algo completamente diferente – algo que Deus revele a você quando estiver desempregado, mas que não lhe teria ocorrido se você tivesse ficado na segurança do seu antigo emprego.

Se você está se sentindo estagnado ou aprisionado, não se restrinja a suas próprias soluções; transfira essa "oportunidade" para Deus e veja que ação criativa lhe será sugerida!

Com o que eu estou preocupado hoje?
Tenho pedido a Deus para me ajudar a encontrar uma solução?

OLHO ALÉM DOS MEUS PROBLEMAS PARA ENCONTRAR AS SOLUÇÕES.

Devoção

Não podemos viver sem um pouco de sal na nossa dieta; contudo, sal demais pode matar. O sal é também um excelente conservante, desde que não usado em excesso.

A devoção religiosa é muito parecida com o sal. Sem algumas práticas de devoção, não podemos viver espiritualmente; mas, se despendermos muito tempo em devoções e não o suficiente para atender às nossas responsabilidades, podemos envenenar toda a nossa vida. Por exemplo, uma mãe que reza o Rosário o dia todo e descuida de seus filhos não está aumentando seus pontos no Céu; um pai que corre de um santuário para outro, ao mesmo tempo que permite que seus negócios sejam prejudicados não é merecedor de graças.

A solução está em escolher uma ou duas práticas de devoção e deixar que elas se tornem uma pitada de sal na nossa vida espiritual, mais do que a base de toda a nossa dieta. Como Santa Francisca de Roma, que viveu no século XV, disse, "É muito louvável numa mulher casada ser devota, mas ela nunca deve esquecer que é uma dona de casa. E às vezes deve deixar Deus no altar para encontrá-Lo nas suas tarefas domésticas". Santa Francisca, ao que parece, praticava o que pregava. Seus biógrafos relatam que numa ocasião, quando ela estava lendo o ofício da Virgem Bem-aventurada, foi interrompida quatro vezes pelos deveres domésticos. Quando finalmente voltou às suas orações, as palavras do ofício estavam escritas em ouro!

Que práticas de devoção são importantes para mim?
Quanto tempo dedico a elas? Isso é suficiente ou mais do que o suficiente?

EU DEMONSTRO EQUILÍBRIO EM TODOS OS ASPECTOS DA MINHA VIDA.

Amor Incondicional

Todos queremos ser amados, completa, total e incondicionalmente; mas, se procurarmos esse amor em outros seres humanos, com certeza ficaremos decepcionados. Nenhum ser humano é capaz de amar incondicionalmente – nem mesmo Maria. Amor incondicional é prerrogativa de Deus; só Deus, que é todo amor, pode amar completamente.

Maria, porém, chega tão perto de amar incondicionalmente como qualquer um de nós pode esperar chegar. Porque ela está tão plena de Deus, ela espelha o amor de Deus tão completamente quanto qualquer ser humano jamais poderia espelhar. Em outras palavras, o amor dela está tão perto do amor de Deus quanto é humanamente possível. De fato, é isso o que Maria incentiva a cada um de nós: esforçar-se para amar como Deus ama, amar sem condições.

O que significa amar incondicionalmente? Essa é uma pergunta difícil de responder. É mais fácil dizer o que isso não significa. Não significa tolerar todo tipo de comportamento. Não significa deixar que os outros nos tratem sem consideração. Não significa renunciar à nossa individualidade para nos dedicarmos aos outros.

Amar incondicionalmente não significa dizer: "Eu amarei você se..." Significa dar o nosso amor sem esperar nada em troca. Quando amamos por amar (não pelo que poderíamos conseguir com isso), quando amamos porque não podemos fazer nenhuma outra coisa – então nos aproximamos do amor incondicional de Deus.

O que eu espero das pessoas que amo?
O que as pessoas que amo esperam de mim?

EU SEI QUE SOU AMADO INCONDICIONALMENTE POR DEUS.

Amor Sufocante

A diferença entre o amor de mãe e o amor que sufoca é a mesma que há entre comprar sapatos novos para os filhos à medida que seus pés crescem e atar-lhes os pés com tanta força que eles não possam se desenvolver.

O que realmente significa ser mãe? Basicamente, é delimitar a linha entre dar liberdade e reprimir. Enquanto os bebês estão no útero materno, as mães não têm outra escolha senão deixar que seus filhos cresçam no seu próprio ritmo. Afinal de contas, uma mãe não faz o bebê crescer. Nada que uma mãe faça pode, na realidade, acelerar a divisão das células ou o desenvolvimento do feto. Uma mãe pode oferecer um ambiente seguro para o bebê – um ambiente não poluído pelas drogas, pelo álcool e por outros riscos – mas deve deixar o crescimento real para o seu filho (se bem que muitas mães, quase no fim dos nove meses de gestação, estariam dispostas a fazer quase tudo para apressar o crescimento de um bebê!).

A mesma coisa vale para quando o bebê deixa o útero. É função de uma mãe proporcionar um ambiente seguro para o crescimento da criança, mas cabe a esta realizar o seu próprio crescimento, e não só fisicamente, senão também mental e emocionalmente. Quando a mãe procura assumir o controle do processo de crescimento, o amor materno torna-se repressivo, e a criança acaba sufocando ou morrendo, em vez de se desenvolver.

Maria obviamente compreendeu seu papel; caso contrário, não nos diriam que "Jesus cresceu [em] sabedoria e idade e graça perante Deus e os homens". Maria compreendeu que seu papel consistia em ser mãe de Jesus, não em sufocá-lo.

Recebi os cuidados e o afeto de minha mãe ou fui sufocado por ela quando estava crescendo? Como posso ser uma boa mãe para as pessoas que são literalmente ou espiritualmente meus filhos?

SEI A DIFERENÇA ENTRE O AMOR MATERNO E O AMOR QUE SUFOCA.

Nossa Senhora das Dores

Sabemos que Maria teve muitas tristezas na vida, mas por que ela se sentia aflita se sabia que tudo acabaria bem? Por que ela não adotou simplesmente *Hakuna matata* como seu mantra e passou sem esforço pelas suas dificuldades, como uma Poliana confiante em que tudo acabaria bem?

Bem, provavelmente ela não sabia que tudo acabaria bem. Hoje, no Céu, ela sabe o que o futuro encerra; mas quando estava vivendo na terra, ela não tinha esse dom. Assim como nós, ela teve de viver com fé, não com segurança.

É sempre fácil olhar para trás e ver a mão protetora de Deus guiando a nossa vida; mas no momento em que estamos passando por dificuldades, isso não é tão fácil. Na realidade, é quase impossível. Deus sempre prometeu atender às nossas preces, mas quando pedimos com insistência e obtemos o oposto daquilo que estávamos pedindo, é imensamente difícil confiar nessa promessa.

O que é verdadeiro para nós também é verdadeiro para Maria. Prometeram-lhe que seu filho seria o Messias; mas no Calvário, essa promessa empalideceu-se diante da cruz. Naquele monte, ela viu apenas o filho — açoitado, ferido, aviltado. Gabriel e sua promessa poderiam muito bem ter sido um sonho, pelo que ela sabia naquele momento.

Saber que Maria teve de reunir coragem quando a dúvida lhe pareceu assustadora deve nos animar a fazer o mesmo. Não é fácil para nós, mas também não foi fácil para Maria.

Eu acho que todas as outras pessoas têm mais facilidade para crer do que eu?

TENHO A CORAGEM DE QUE PRECISO PARA EXPULSAR A DÚVIDA.

16 DE SETEMBRO

Segredos

Guardar o seu segredo é sabedoria; mas esperar que os outros o guardem é tolice.

SAMUEL JOHNSON

Você é capaz de guardar um segredo? Na maior parte do tempo, apesar de nossas melhores intenções, não conseguimos controlar a língua. Então, é claro, não existe mais segredo, pois um segredo revelado (ainda que uma única vez) deixa de ser segredo.

Os segredos têm um especial fascínio para nós, e os segredos que cercam Maria estão entre os mais fascinantes de todos. Na maioria das suas aparições, se não em todas, dizem que ela revelou ao vidente (ou videntes) certos segredos. Alguns desses segredos eram pessoais, particulares; outros destinavam-se à revelação pública num momento específico.

O mais famoso segredo mariano é o Terceiro Segredo de Fátima, que se acredita conter profecias específicas sobre o fim do mundo, embora só a vidente e o papa, que dele recebeu uma versão escrita, saibam ao certo.

Tentar descobrir os segredos que Maria divulgou aos videntes é, para falar com franqueza, uma perda de tempo. Qualquer especulação não passará disso — especulação. Até e a não ser que os videntes revelem seu conteúdo, os segredos não são da nossa conta. Foram-nos dadas todas as informações de que precisamos para viver com dignidade, e quaisquer fatos contidos nos segredos só confirmariam o conhecimento que já recebemos. Caso eles pretendam dar uma nova instrução, então eles não são apenas secretos, mas falsos, pois Deus revela a verdade a todos os que a buscam com a mente e o coração abertos.

Os segredos que Maria revelou aos videntes me intrigam ou assustam?

GUARDO OS SEGREDOS QUE ME FORAM CONTADOS.

Ficar de Boca Fechada

Se a sabedoria é a melhor parte da coragem, então o silêncio às vezes é a melhor parte da sabedoria. Maria devia saber disso porque deixou que Deus e um anjo revelassem a sua gravidez a José. Ela não procurou explicar sua situação; ficou de boca fechada e deixou que Deus resolvesse tudo.

Quantas vezes nos metemos em dificuldade porque não temos juízo bastante para ficar calados quando deveríamos? Quando dizemos alguma coisa de que nos arrependemos, muitas vezes lutamos freneticamente para retirar o que dissemos no instante em que as palavras saem de nossa boca. Mas, uma vez pronunciada, uma palavra jamais poderá ser retratada.

Em vez de nos colocarmos em situações nas quais teremos de engolir nossas palavras, é muito melhor não dizê-las impensadamente. Antes de dizer alguma coisa a alguém hoje, reserve alguns segundos e use a cabeça antes da língua. Reflita nas conseqüências de suas palavras: elas irão magoar a pessoa que as ouvir? Serão de algum modo prejudiciais? São verdadeiras? São carinhosas?

Se a sua intuição lhe diz que você deve permanecer calado, então fique calado. No entanto, o silêncio nem sempre é a melhor política. Ficar calado diante da injustiça é tão errado quanto falar impensadamente. Se você está firmemente convencido de que deve falar, então fale. Mas se acha mesmo que não deve se manifestar, então fique de boca fechada.

Estou disposto a defender as coisas em que acredito?
Escolho as palavras com cuidado?

CONFIO NO MEU INSTINTO PARA SABER
QUANDO DEVO FALAR E QUANDO DEVO FICAR EM SILÊNCIO.

Rejeição

Nós todos já experimentamos a dor da rejeição. Não fazer parte da equipe; não conseguir um emprego; ser rejeitado num relacionamento. Não faz sentido fingir que rejeição é uma coisa engraçada. Não é. Ela machuca – às vezes incrivelmente.

É uma ilusão achar que Maria jamais sofreu rejeição. Na verdade, uma leitura superficial do Evangelho de Mateus nos levaria a crer que Jesus a rejeitou numa determinada ocasião:

> Falava ainda Jesus ao povo, e eis que sua mãe e seus irmãos estavam do lado de fora, procurando falar-lhe. [E alguém lhe disse: "Tua mãe e teus irmãos estão lá fora e querem falar-te."] Porém ele respondeu ao que lhe trouxera o aviso: "Quem é minha mãe e quem são meus irmãos?" E apontando para os discípulos, disse: "Eis minha mãe e meus irmãos, porque aquele que fizer a vontade de meu Pai que está nos Céus, esse é meu irmão, irmã e mãe."

Pouco importa se Jesus estava procurando mostrar a verdade; suas palavras ainda assim devem ter ferido Maria. Não nos é revelado o que Maria fez depois de Jesus ter feito esse comentário, mas aparentemente ela não bateu o pé nem se retirou dali, irritada. Ela continuou tentando entender o que Jesus estava fazendo e por que estava fazendo.

O modo como Maria lidou com essa aparente rejeição diz tanto a respeito dela como a respeito das relações espirituais de parentesco. Jesus nos ensina uma lição em suas palavras ao povo, mas Maria nos instrui com seu comportamento.

Perdôo os que me rejeitaram no passado?

NÃO DEIXO QUE A REJEIÇÃO DESTRUA A MIM OU À MINHA AUTO-ESTIMA.

Honestidade

Pode ser difícil ser honesto. Não se trata daquele tipo de pessoa honesta que devolve o dinheiro que recebeu a mais na loja ou que preenche com exatidão a declaração de imposto de renda. *Esse* tipo de honestidade é relativamente fácil. Na verdade, é muito mais fácil ser honesto nessas situações do que mentir.

O tipo mais difícil de honestidade é ser honesto consigo mesmo.

Maria foi francamente honesta consigo mesma. Embora possamos achar que a descrição que faz de si mesma para Isabel – "Todas as gerações me chamarão bem-aventurada"– pareça orgulhosa, devemos lembrar que a honestidade reconhece tanto o bem como o mal, tanto o sucesso como o fracasso. A falsa humildade não cabe mais na verdadeira honestidade do que a arrogância fora de lugar.

Ser honesto com nós mesmos é difícil, porque exige que enxerguemos a verdade. Obriga a nos vermos a nós mesmos sem as máscaras do auto-engano e da auto-ilusão. Insiste em que removamos o velho verniz da vida para ver a madeira nua que está por baixo.

Quando olhamos para nós mesmos com honestidade, às vezes sabemos de coisas que preferiríamos não saber. Talvez descubramos que somos feitos de pinho nodoso, e não de carvalho. Talvez percebamos que os golpes que a vida nos inflige não são apenas marcas na superfície, mas goivos que arruínam o nosso próprio ser.

Ademais, ser honesto geralmente significa que temos de fazer mudanças na nossa vida. Temos de dar a ela um novo acabamento, por assim dizer.

Essa é a desvantagem de ser honestos com nós mesmos. Mas existe também uma vantagem: sendo honestos com nós mesmos podemos nos tornar pessoas mais autênticas, mais santas. Como um móvel velho ao qual damos acabamento e polimentos novos, estamos aptos a nos tornar um tesouro numa das mansões do Céu.

Já fiz um inventário objetivo, tanto das minhas virtudes quanto dos meus defeitos? Estou disposto a dar uma olhada em mim mesmo para ver quem realmente sou?

ESTOU DISPOSTO A SER HONESTO COMIGO MESMO, POIS SEI QUE O AUTOCONHECIMENTO É NECESSÁRIO PARA O CRESCIMENTO.

A História Completa

Raramente conhecemos a história completa que está por trás dos acontecimentos, mas isso não impede que a maioria de nós pense que sabe exatamente o que está acontecendo. Por conseguinte, nós nos sentimos perfeitamente à vontade quando julgamos as outras pessoas.

Pense em Maria por um momento. Quando ela voltou da casa de Isabel, os vizinhos devem ter notado que ela engordara um pouco na cintura. Eles provavelmente supuseram que ela tivera um pequeno caso amoroso às ocultas enquanto estava visitando a prima. As línguas das pessoas devem ter-se soltado enquanto elas especulavam sobre o que José iria fazer, quem seria o pai e que punição Maria teria de receber. Apesar de elas acharem que haviam descoberto toda a história, não poderiam estar mais erradas se tivessem tentado.

Quando você vê alguém numa situação inexplicável, pensa automaticamente no pior? Se, por exemplo, você vir uma amiga numa conversa íntima com um homem que não é o marido dela, o que de repente lhe vem à cabeça? Que talvez eles estejam tendo um caso amoroso? Pode ser que sim, naturalmente, mas também pode ser que estejam planejando uma festa de aniversário de improviso para o marido dela. Ou pode ser ainda que sejam parentes ou apenas bons amigos. A questão é a seguinte: enquanto não conhecer a história completa, não julgue.

Na verdade, mesmo que você *conheça* a história completa, tenha cuidado com o seu julgamento. Afinal de contas, Jesus disse: "Não julgueis, para não serdes julgados. Pois assim como julgais, sereis julgados, e na mesma medida com que medirdes, sereis medidos."

Já fui julgado injustamente? Qual foi a minha reação? Já julguei uma outra pessoa e, mais tarde, descobri que cometi um grave erro?

EU NÃO JULGO OS OUTROS. E PONTO FINAL.

21 DE SETEMBRO

Falar a Verdade com Amor

A honestidade pode ser a melhor política, porém quando você falar a verdade, fale com amor. É isso o que Maria sempre faz em suas aparições. Apesar da firmeza de suas mensagens, elas vêm sempre protegidas pelo amor. Ela insiste em que nos arrependamos, pois o tempo está acabando e a punição está à espera dos que não se corrigem; mas ela também enfatiza quanto Deus nos ama e nos faz lembrar que Deus quer que cada um de nós viva com abundância e alegria.

Maria surge para nós como mensageira da verdade de Deus. Ela nos diz o que precisamos ouvir, mas percebendo que a verdade às vezes pode ser difícil de aceitar, envolve-a com amor. Ela busca não nos forçar à obediência, mas exortar-nos para que nos tornemos o melhor que pudermos ser. Sabe que não somos perfeitos, mas continua nos incentivando a tentar sempre. Mesmo quando aponta os nossos defeitos, ela também nos lembra do nosso potencial. Ouvimos suas palavras de advertência, mas porque elas vêm envoltas com amor, obedecemos pelo desejo de agradar, mais do que por medo da punição.

Quando precisarmos corrigir ou aconselhar alguém, esforcemo-nos por emular Maria. Que sempre falemos a verdade, mas que também tenhamos o cuidado de apresentá-la de uma maneira que crie confiança, fé e o desejo de mudar.

Como eu reajo quando alguém me diz uma verdade desagradável?

DIGO A VERDADE, MAS EU A DIGO COM CUIDADO.

Esperança

Na maioria das vezes, não usamos a palavra *esperança* corretamente. Temos a tendência de empregá-la como sinônimo de *desejo*. Se alguém diz, por exemplo, que espera ganhar na loteria, o que realmente está dizendo é que *deseja* ganhar na loteria.

A esperança tem uma qualidade de expectativa que o desejo não tem. A esperança vê com os olhos da fé, enquanto o desejo vê principalmente com os olhos da vontade. A esperança tem confiança em que tudo *dará* certo, enquanto o desejo não tem essa esperança.

Maria não desejava; ela tinha esperança. Na sua grande oração, ela disse: "O Todo-poderoso fez grandes coisas por mim, e santo é o seu nome." Na época em que disse isto, essas "grandes coisas" ainda não haviam acontecido. O que acontecera foi que Maria ficou grávida sem o conhecimento de seu futuro esposo – algo que dificilmente chamaríamos de uma "grande coisa". Além do mais, a realização inicial das profecias de Gabriel para seu futuro filho levaria três décadas para acontecer, ao passo que a sua realização final levará milhares de anos para concretizar-se. Todavia, Maria foi capaz de agradecer, até mesmo pelo que ainda não havia acontecido, pois ela depositava esperança em Deus. Ao agradecer antes de ver os resultados, Maria colaborou para a realização das coisas pelas quais esperava.

É estranho, mas verdadeiro: quando depositamos esperança segura na capacidade de Deus dar-nos aquilo que desejamos, possibilitamos que Deus nos dê exatamente essa coisa que desejamos.

O que eu estou esperando para começar imediatamente a agradecer antecipadamente a Deus pela sua realização?

DESEJAR É CONTAR COM O ACASO. EU ESPERO EM DEUS.

Andar a Pé

Embora a maioria de nós imagine Maria viajando no lombo de um jumento enquanto ela e José faziam o caminho de Nazaré a Belém, é mais do que provável que eles fizeram esse caminho a pé (apesar de ser bom pensar que José tivesse providenciado um jumento para Maria). Andar a pé era o meio usual de se viajar naqueles tempos; com efeito, Maria costumava andar a pé para a maior parte dos lugares aonde foi. Como Alban Butler diz em seu livro *Vidas dos Santos*: "[Seus] pés descalços [estavam] sujos de poeira, não do pó perfumado da ficção, mas do áspero e dolorido pedregulho de Nazaré, das trilhas que levavam ao poço, ao jardim das oliveiras, à sinagoga."

Hoje em dia, andamos a pé principalmente como uma forma de exercício, não como meio de transporte. Andar a pé é realmente um bom exercício, mas é também um meio incomparável de entrar em contato íntimo com o mundo. Você tem de diminuir a marcha quando anda a pé. Você tem de se encontrar com a natureza, numa relação imediata e pessoal. Você tem de sentir o sol no seu rosto, a brisa nas suas costas, o chão sob os seus pés.

Em resumo, andar a pé permite que você se religue com o mundo que passa despercebido pela janela de um carro. E, além do mais, o começo do outono é uma das melhores épocas do ano para se andar a pé. O clima ainda é agradável, e a paisagem muda dia a dia enquanto inicia sua inexorável transformação para o inverno. Neste outono, experimente o mundo de uma nova maneira: diminua a marcha e faça um passeio!

Tenho a sensação de que estou passando correndo pela vida?
Sou capaz de dedicar meia hora, amanhã ou depois, para
simplesmente dar um passeio pela vida?

SOU GRATO AOS PÉS QUE CAMINHAM, ÀS MÃOS QUE AGARRAM,
AOS OLHOS QUE VÊEM, AOS OUVIDOS QUE OUVEM.

Parentes

Se Maria, Jesus e José vivessem completamente sozinhos, isolados de seus parentes, seriam uma anomalia; se os três se agrupassem, excluindo todos os outros, os vizinhos com certeza falariam mal deles pelas costas e os evitariam na cisterna da cidade. Em Israel, no primeiro século, as famílias não viviam milhas e milhas distantes dos seus parentes como vivemos hoje. As pessoas nasciam, viviam e morriam na mesma cidade — às vezes na mesma casa — dos seus parentes. De fato, a grande família era altamente valorizada na sociedade judaica; daí a importância das genealogias de Jesus.

Conquanto não disponhamos de muitas informações sobre a família de Maria, acreditamos que ela tivesse pelo menos uma irmã, visto que o Novo Testamento menciona que essa irmã estava na companhia de Maria ao pé da cruz. Acrescente-se um punhado de primos, tias, tios e outros parentes, e Maria teria mais do que um número suficiente de membros da família com que se relacionar.

Como todos sabemos, os parentes podem ser os nossos maiores defensores ou os nossos piores caluniadores. De que forma os parentes de Maria reagiram a ela e ao seu filho? Eles se mostraram solidários, ou lhe lançaram calúnias? Havia parentes dos dois lados da proverbial cerca?

No fim, porém, a forma como nossos parentes nos tratam não é tão importante como a forma como os tratamos. Na medida do possível, devemos procurar viver em harmonia com nossos parentes, respeitando o direito deles de ter suas próprias opiniões, de tomar suas próprias decisões e de escolher seu modo de vida, tratando-os com a mesma cortesia com que trataríamos um estranho. Embora ninguém diga que nossos parentes tenham de ser nossos melhores amigos, eles também não precisam ser nossos piores inimigos.

Quem eu considero parte da minha família? Há algum membro afastado da minha família com quem eu gostaria de restabelecer contato?

EU APRECIO A SINGULARIDADE DA MINHA FAMÍLIA.

Colheita

Numa cultura agrária, o tempo da colheita costuma ser a melhor época do ano. O difícil trabalho de plantar e cuidar da lavoura terminou e os dias gélidos do inverno ainda estão por vir. No momento, há abundância de alimento e de mãos para ajudar no trabalho. Não admira que praticamente toda cultura tenha uma celebração da colheita.

A festa da colheita para os judeus – a Festa de Sukkoth, também conhecida como a Festa dos Tabernáculos (ou Tendas) – vem logo depois do Rosh Hashanah, o Ano Novo judeu. Esta festa do Sukkoth comemora os quarenta anos que os judeus passaram vagando pelo deserto antes de se estabelecer na Terra Santa, mas também celebra a colheita de outono que alimentará as pessoas, as chuvas de outono que cairão e a fé dos ancestrais que sabiam que acabariam chegando à Terra Prometida.

Maria e Jesus sem dúvida costumavam celebrar essa festa, já que era uma das principais festas do calendário judeu (sem falar no fato de que era uma das mais divertidas). Um ponto alto da celebração era a construção de um *sukkah*, ou pequena tenda, em memória das cabanas que os judeus haviam feito no deserto. Durante a festa, as famílias moravam nas tendas. Imagine a sensação de divertimento e de entusiasmo que uma atividade dessas costumava criar! Visto que se sabia que Maria e Jesus gostavam de diversão, parece certo que a Festa de Sukkoth deve ter sido uma de suas épocas do ano favoritas.

Celebro a chegada de cada nova estação?
Qual é para mim a época favorita do ano?

DOU GRAÇAS AO ANO E A TODAS AS SUAS CELEBRAÇÕES.

Provações

Ninguém passa pela vida sem ter dificuldades. Algumas pessoas têm vidas mais fáceis do que outras, mas todo mundo tem a sua parcela de sofrimento.

Quando você olhar para a vida e para os seus conflitos, reflita na história a respeito de um homem que estava sofrendo muitas dificuldades. Ele pediu a Deus que removesse suas provações, de modo que Deus lhe mostrou um grande e bojudo saco e lhe disse que trocasse seus problemas por qualquer um dos outros problemas que havia dentro do saco. O homem tirou cuidadosamente do saco todas as provações e examinou-as uma por uma. No fim, porém, repôs todas de volta no saco e ficou com a sua própria, dizendo que era capaz de suportar suas próprias dificuldades, mas que as outras lhe pareciam difíceis de aceitar. Deus então estendeu a mão e ajudou esse homem a carregar suas provações.

Maria nos diz freqüentemente, em suas aparições, que teremos de sofrer provações. Mas ela também diz que Deus providenciará um meio de passarmos pelo sofrimento. Por exemplo, dizem que ela falou aos videntes em Medjugorje nestes termos: "Quero informar vocês de que Deus deseja enviar-lhes provações; vocês conseguirão superá-las com orações. Deus põe vocês à prova nas suas ocupações diárias. Rezem, pois, para conseguir superar em paz todas as provações."

Deus está sempre disposto a nos ajudar a superar nossas provações, mas cabe a nós pedir essa ajuda. Se não pedimos, não é de espantar que não recebamos.

O que eu considero a minha maior provação no momento?
Estou tentando suportá-la sozinho?

EU SEI QUE PODEREI SUPORTAR MEUS PROBLEMAS SE PEDIR A DEUS QUE ME AJUDE A CARREGÁ-LOS.

Ajuda

No decorrer dos séculos, muitos grandes santos têm requisitado a ajuda de Maria. Se você acha difícil pedir a ajuda de Maria, considere a possibilidade de transformar em suas as palavras deles:

> Virgem Maria, ouvi minha prece: pelo Espírito Santo, tornastes-vos a Mãe de Jesus; a partir do Espírito Santo, possa eu também ter Jesus. SANTO ILDEFONSO
>
> Ó, minha Mãe, vós que sempre ardestes de amor por Deus, dignai-vos dar-me ao menos uma centelha desse amor. SANTO ALFONSO DE LIGUORI
>
> Ah, terna Mãe! Dizei ao seu Filho todo-poderoso que não temos mais vinho. SÃO BERNARDO
>
> Orai sinceramente por nós a Jesus, vosso Filho e Senhor Nosso, para que, pela vossa intercessão, possamos ter misericórdia no dia do juízo. SÃO JOÃO CRISÓSTOMO
>
> Santa Maria, ajudai os miseráveis, fortalecei os desalentados, confortai os aflitos, rezai pelo vosso povo, rogai pelo vosso clero, intercedei por todas as mulheres dedicadas a Deus. SANTO AGOSTINHO
>
> Lembrai-vos de mim, Mãe querida, e não me abandoneis na hora da morte. SÃO FRANCISCO DE SALES
>
> Minha Mãe adorada, permiti... que eu possa amar a Deus com amor tão ardente quanto o vosso. SÃO LUÍS DE MONTFORT

Que pedido tenho para fazer a Maria?
Creio que ela me ama o bastante para interceder em meu favor?

SALVE, MARIA, CHEIA DE GRAÇA.
ORAI POR MIM AGORA E NA HORA DE MINHA MORTE.

Visão

Albert Schweitzer certa vez fez o seguinte comentário sobre o mistério das relações humanas:

> Vagamos juntos por esta vida numa semi-escuridão, na qual nenhum de nós consegue distinguir com exatidão os traços do seu vizinho. Só de vez em quando, através de alguma experiência que temos de nosso companheiro, ou através de alguma observação que ele faz, ele se coloca, por um momento, perto de nós, como que iluminado por um relâmpago. Aí então o vemos como ele realmente é.

Em certo sentido, Maria se assemelha a esse relâmpago. Quando ela aparece, vemos o mundo como Deus o vê, com toda a sua beleza e horror, com toda a sua glória e pecado. Além disso, Maria, a mulher envolta num manto de sol e de estrelas, ilumina nossa vida para que possamos começar a afastar a escuridão e distinguir os traços de nossos vizinhos.

Quando isso acontece, ainda que o mundo não mude, nós mudamos. Nosso foco passa dos objetos para as pessoas. Percebendo que a única coisa que levaremos conosco desta vida são os nossos relacionamentos, não passamos mais pela vida em busca apenas de sucesso e de bens materiais. Começamos a compreender que o amor é tudo o que realmente importa, que sem amor a semi-escuridão da vida pode vir a ser total, um impenetrável negrume. Tão logo nossa visão se aclara, somos capazes de ver desde os limites da terra até os portais do Céu.

Qual é a coisa mais importante no mundo para mim?

VALORIZO OS MEUS RELACIONAMENTOS, NÃO AS MINHAS POSSES.

Imprevisibilidade

Você já notou como Deus é imprevisível? Deus faz coisas de maneiras que não conseguiríamos prever nem em um milhão de anos. Considere a maneira como as espécies se reproduzem. Se fôssemos inventar um método, seguramente não teríamos escolhido os meios que Deus selecionou. Ou considere a maneira pela qual Deus decidiu redimir o mundo. A crucificação do filho único de Deus nunca teria passado pela nossa mente. Ou considere as aparições de Maria. Se fôssemos escolher as pessoas para as quais ela apareceria, não poríamos no alto da lista crianças pobres e incultas. (Vamos ser honestos: não as poríamos nem mesmo na lista!)

Um aspecto da imprevisibilidade de Deus que todos experimentamos reside na resposta divina aos pedidos das orações. Raramente as orações são atendidas da maneira que achamos que deveriam ser. Podemos rezar, por exemplo, para que nossa filha faça parte do time principal de basquetebol universitário, porém ela se sai muito mal nos testes e nem sequer consegue integrar o time reserva da universidade. Isso significa que Deus não atendeu à nossa prece? Ou significa que Deus, na verdade, respondeu, mas com um retumbante não? Ou será ainda que existe uma outra possibilidade?

Quando as preces não são atendidas do modo como achamos que deveriam ser, temos de nos lembrar de três coisas. A primeira, é que Deus é imprevisível. A segunda, é que Deus não diz um não sem motivo. E a terceira, é que Deus pode ter respondido (e, de fato, provavelmente respondeu!) de uma maneira que jamais esperávamos. Como disse Helen Keller: "[Nós] olhamos tanto para a porta que se fechou que não vemos aquela que se abriu para nós."

Quando rezo estou preparado para o imprevisível?
Estou disposto a aceitar a resposta de Deus, seja ela qual for?

EU ESPERO UMA RESPOSTA DE DEUS, MAS NÃO EXIJO UMA RESPOSTA ESPECÍFICA.

Vítimas

Nesta época final do século XX, a condição de vítima é uma justificativa de plantão. *Não posso ser responsabilizado por ser viciado em cocaína porque o meu pai era um alcoólatra. Não posso ser responsabilizado pelo fracasso do meu casamento porque fui criado numa família desajustada. Não posso ser responsabilizado pelo meu fraco desempenho escolar porque a escola não me ensinou a estudar.* Não assumimos a responsabilidade por coisa alguma porque nada é da nossa responsabilidade. A falha é sempre de outrem; somos *apenas* vítimas inocentes.

Isso não é dizer que *não podemos* ser vítimas. O alvo de um pedófilo, assim como a pessoa que teve o azar de cruzar com um criminoso violento, são verdadeiramente vítimas. Mas quando as pessoas buscam ativamente um meio de serem vistas como vítimas, é mais do que provável que elas estejam procurando justificar-se pelas suas próprias fraquezas.

Apesar de ser muito tentadora a condição de vítima – afinal, ser uma vítima nos justifica –, ela nos mutila seriamente. Jesus foi verdadeiramente uma vítima e, no entanto, não reivindicou para ele o *status* de vítima. Na verdade, ele disse: "Pai, perdoai-os, pois eles não sabem o que fazem." Ele escolheu a cruz, não deixou que ela o escolhesse.

Não obstante, rejeitar o *status* de vítima exige coragem. Significa estar disposto a perdoar aqueles que nos feriram no passado e deixar o passado para trás. Significa aceitar a responsabilidade pelos nossos próprios atos, sem procurar circunstâncias atenuantes. Significa reconhecer que coisas ruins acontecem a pessoas boas.

Se você se pilhar arranjando desculpas para a sua vida, peça a Maria e a Jesus ajuda para decidir se você é culpado de reivindicar a condição de vítima. Então, se tiver de admitir a sua culpa, peça a eles para ajudar você a livrar-se desse papel. Finalmente, confie em que eles ajudarão e depois toque a vida para a frente.

Estou disposto a admitir que a maioria das coisas que acontecem comigo são o resultado de minhas próprias escolhas?

SOU UM SOBREVIVENTE, NÃO UMA VÍTIMA.

Suposições

Supor é presumir que algo é verdadeiro. Quando se trata de Maria, supomos muita coisa. Os católicos supõem, por exemplo, que Maria foi concebida sem pecado, que ela foi levada de corpo e alma para o céu, que foi sempre virgem, que apareceu e ainda está aparecendo pelo mundo todo.

Embora suposições a respeito de Maria sejam, em geral, razoavelmente seguras, supor coisas a respeito de outras pessoas nem sempre é prudente. Como já observou uma pessoa espirituosa, supor expõe-nos ao ridículo.

Com efeito, fazer suposições é uma maneira que muitos de nós têm de se meter numa bela encrenca. Por exemplo, supor que o tanque de gasolina está cheio antes de iniciar uma longa viagem é uma maneira de garantir que você irá andar a pé até o posto de gasolina mais próximo. Fazer suposições no que diz respeito aos relacionamentos pode ser igualmente perigoso. Você poderá supor que um relacionamento é muito mais sério do que a outra pessoa supõe. Adivinhe quem vai se machucar quando a verdade for conhecida?

Apesar de podermos fazer certas suposições com segurança – de que o sol surgirá amanhã ou de que a lei da gravidade continuará em vigor –, na maioria das vezes devemos lidar com suposições com a mesma cautela com que lidamos com uma cobra na relva. Ela pode parecer ser inofensiva, mas poderia muito bem ser uma cascavel, esperando apenas para dar o bote quando a nossa guarda estiver abaixada.

Sempre suponho que algo é verdadeiro sem antes verificar o fato?

TOMO CUIDADO COM AS MINHAS SUPOSIÇÕES, ESPECIALMENTE QUANDO SE TRATA DE PESSOAS E DE RELACIONAMENTOS.

Confissão

A confissão faz bem à alma. Ela faz com que reconheçamos nossas faltas, admitamos nossas fraquezas e façamos um inventário de nossa vida. Ainda que a confissão seja necessária para o crescimento espiritual, não precisamos confessar tudo para todo mundo. Isso é exibicionismo, não confissão. Afinal de contas, algumas coisas não precisam ser reveladas ao mundo.

Esse é o motivo pelo qual a Igreja Católica tem feito uma diferenciação entre o ato de confissão com a letra c minúscula e o sacramento da Confissão com a letra C maiúscula. Confissão com a letra c minúscula é revelar alguma coisa a alguém simplesmente para desabafar. Confissão com a letra C maiúscula é contar alguma coisa a Deus por intermédio de um padre para receber o perdão. Essa diferença é importante. Há vezes em que a Confissão com a letra C maiúscula pode restaurar a harmonia, enquanto que a confissão com a letra c minúscula pode destruí-la. Por exemplo, embora uma pessoa pudesse Confessar que tem má vontade e sente rancor com relação ao patrão e, mesmo livre de qualquer hostilidade, confessar esses sentimentos abertamente (especialmente para o patrão) poderia ter conseqüências desastrosas.

Maria nos incita a usar esses dois tipos de confissão com sensatez para crescermos em graça e sabedoria. Os videntes de Medjugorje relatam que ela disse: “Não se confessem por puro hábito, para continuar os mesmos depois da confissão. Não, isso não é bom. A Confissão deve dar vida à sua fé. Deve estimular você e trazer você de volta a Jesus. Se a Confissão nada significa para você, realmente, a sua conversão será difícil.”

Uso os dois tipos de confissão apropriadamente? Confesso minhas fraquezas apenas para me sentir melhor, sem a intenção de mudar minha conduta?

SEI QUANDO CONFESSAR E QUANDO NÃO CONFESSAR.

O Conhecimento do Coração

Não sabemos muito a respeito da educação formal de Maria. (Tudo bem, não sabemos *coisa alguma* sobre a educação formal de Maria.) A tradição religiosa diz que ela foi instruída no Templo, mas não sabemos com certeza. O que sabemos é que na época em que Maria estava crescendo, não devia ser um fato comum uma menina receber educação formal fora de casa. Esperar-se-ia que ela se concentrasse nas habilidades de que iria necessitar como esposa e como mãe, aprendendo essas habilidades com a própria mãe.

No caso de Maria, sua longa oração registrada no Evangelho de Lucas indica familiaridade com as Escrituras hebraicas, mas isso não significa necessariamente que ela soubesse ler e escrever. Afinal de contas, ela fazia parte de uma cultura com forte tradição oral, e devia ouvir a leitura da Escritura em voz alta todos os sábados na sinagoga.

Embora não saibamos se Maria tinha muito conhecimento teórico, o que sabemos é que ela tinha um grau elevado de conhecimento do coração. Ela conhecia e compreendia tanto os mecanismos da natureza humana quanto os meios usados por Deus para lidar com a criação.

O conhecimento do coração não provém de leitura ou estudo. Provém do envolvimento pleno e entusiasmado com a vida. Provém de viver cada dia como se fosse o último. Apesar de a educação formal ser uma coisa boa e muitas vezes necessária, se você for obrigado a escolher entre adquirir mais conhecimento intelectual e alcançar o conhecimento essencial, opte por este último. Essa é a única educação que dura eternamente.

Confio mais na minha educação formal ou no meu conhecimento essencial? Quando preciso tomar uma decisão, uso tanto meu conhecimento teórico quanto meu conhecimento essencial para chegar à conclusão correta?

DEIXO QUE A VIDA ME ENSINE AS LIÇÕES QUE PRECISO APRENDER, AGORA E SEMPRE.

Perguntas

Há um antigo provérbio que diz: "Errar é humano; perdoar é divino." Na verdade, "Perguntar é humano; responder é divino" poderia ser eficaz.

Os antropólogos costumavam chamar-nos de animal criador de ferramentas (o que não é exatamente verdadeiro, visto que outros primatas fazem e utilizam ferramentas, mas essa é uma outra questão). Para ser mais exatos, poderíamos ser definidos como o animal que *faz perguntas.* Os seres humanos são as únicas criaturas sobre a terra que perguntam "quem, o quê, quando, onde e por quê?" E somos as únicas criaturas que se importam com as respostas.

Nas suas aparições nas Escrituras cristãs, Maria é amiúde descrita como alguém que faz perguntas. Ela pergunta a Gabriel como teria um bebê se não praticara o ato sexual, pergunta ao menino Jesus por que ele ficara para trás no Templo e pede ao homem Jesus para sair e falar com ela e com os "irmãos" dele. E quando ela não está fazendo perguntas, alguém próximo dela está. Por exemplo, assim que chega à casa de sua prima, Isabel pergunta o motivo da visita da mãe do Salvador.

O exemplo de Maria demonstra que é perfeitamente aceitável fazer perguntas – até mesmo aos anjos!

O segredo está em esperar pela resposta.

Quase sempre fazemos perguntas, mas na realidade não queremos respostas. Ou fazemos perguntas e ignoramos a resposta se ela não for aquilo que esperávamos. O objetivo de perguntar não consiste em ter a comprovação de nossas próprias idéias preconcebidas; ao contrário, ele consiste em adquirir discernimento e sabedoria. Se não estivermos dispostos a ouvir a resposta, então não deveríamos nos dar ao trabalho de fazer a pergunta.

Quando faço uma pergunta, estou preparado para aceitar a resposta que me é dada, ainda que ela não seja a que eu gostaria de ouvir?

REFLITO SOBRE AS PERGUNTAS QUE FAÇO E ACEITO AS RESPOSTAS QUE RECEBO.

Promessas

Maria sabe o que é viver à sombra de uma promessa. Durante trinta anos ela viu seu filho crescer e trabalhar como empreiteiro, ao mesmo tempo que carregava no coração a promessa de que seria o Messias, o Salvador há muito tempo esperado. Algumas vezes ela deve ter ficado um pouco deprimida. Trinta anos é um longo tempo para se esperar que alguma coisa – qualquer coisa! – aconteça. Contudo, mesmo que ela percebesse muito pouca evidência que demonstrasse que Jesus era o Messias, ela jamais desistiu da esperança. Apegou-se a ela, apesar dos escassos indícios de realização.

Na vida nunca é fácil apegar-nos às promessas de Deus, pois não temos nenhuma idéia de quanto tempo levará para que elas se concretizem. Afinal de contas, um dia equivale a mil anos e mil anos equivalem a um dia para Deus. Quando estamos esperando, temos vontade de enfatizar que, embora Deus possa ter mil anos, nós não temos!

Quando tentamos exercitar a paciência, uma coisa que pode ajudar é lembrar que o sentimento de tempo de Deus é melhor do que o nosso. Deus conhece não só este momento, mas *todos* os momentos da nossa vida. Se Deus adia a realização de uma promessa, não é porque Deus não tenha encontrado tempo para realizá-la, mas porque ainda não chegou o tempo certo. E, como todos sabemos, o tempo é tudo. As sementes das flores que plantamos no outono não florescem imediatamente, não porque não estejam crescendo mas porque não é o tempo certo. Quando for o tempo certo, promessas e flores florescerão.

Fico impaciente com o senso de tempo que Deus dá à minha vida?

EU ACREDITO QUE AS PROMESSAS QUE DEUS ME FEZ SERÃO CUMPRIDAS NO MOMENTO CERTO.

Projeção

A razão da dificuldade que temos de confiar em Deus é que, na maioria das vezes, usamos indevidamente as histórias de vida de outras pessoas, presumindo que sabemos o que essas pessoas pediram em suas preces e projetando nossas reações na relação delas com Deus.

Digamos que temos uma amiga que está morrendo de câncer. Essa amiga nos conta que reza todos os dias pedindo a cura. Quando em vez da cura acontece a morte, podemos ficar muito zangados com Deus, já que Deus evidentemente não atendeu às preces de nossa amiga. O problema é que não conhecemos realmente as preces de uma outra pessoa. Uma mulher disse aos seus filhos que estava pedindo a cura nas suas orações, mas confessou à irmã que na realidade estava pedindo a morte nas suas preces. Quando ela de fato morreu, os filhos a princípio ficaram abatidos, mas a tia deles pôde lhes dizer que Deus realmente ouvira e atendera às preces da mãe.

Se usarmos a vida de outras pessoas como um meio de julgar a lealdade de Deus, com certeza ficaremos desapontados. O único modo de passarmos a conhecer e confiar em Deus reside em entrarmos numa íntima relação pessoal.

Maria conhece Deus de um modo profundamente pessoal. Nós também podemos conhecer Deus pessoalmente. De fato, essa é a única maneira de conhecê-Lo. Ou conhecemos Deus pessoalmente, ou não o conhecemos absolutamente.

Deus alguma vez já deixou de responder a alguma de minhas preces?
Se eu acho que uma prece não foi atendida, pode ser que a resposta seja "ainda não", em vez de "não"?

EU NÃO BASEIO MINHA RELAÇÃO COM DEUS NA EXPERIÊNCIA DE OUTRAS PESSOAS.

Maternidade e Gravidez

Na maioria das vezes em que usamos a palavra *grávida*, estamos nos referindo a alguém que está esperando um filho. Mas pode-se estar grávida também de outras maneiras – grávida de expectativa, grávida de esperança, grávida de desejo. Da mesma forma, podemos dar à luz a outra coisa que não um bebê – a uma idéia, um sonho ou um conceito. A gravidez, no entanto, sempre resulta em *alguma* forma de maternidade.

Na sua encíclica *Mulieris Dignitatem*, o Papa João Paulo II escreveu:

> A maternidade foi introduzida na ordem da Aliança que Deus fez com a humanidade em Jesus Cristo. Todas as vezes em que se repete a *maternidade* na história humana, ela está sempre *relacionada com a Aliança* que Deus estabeleceu com a raça humana através da maternidade da Mãe de Deus.

Maria estava grávida de um filho, certamente, mas estava grávida de mais do que isso. Ela estava grávida da esperança de salvação para todas as pessoas. No seu ventre, ela carregava o futuro da humanidade e da nova aliança que Deus faria com cada um de nós.

Cada um de nós, macho ou fêmea, tem o potencial de parir e dar origem a uma vida nova – não no sentido literal, mas de outras maneiras. Podemos dar origem à criatividade, ao amor, a uma totalidade, à empatia. O que *você* está carregando dentro de si que está clamando urgentemente por nascer?

Estou atento à vida criativa dentro de mim?
Estou disposto a sofrer as dores do parto para trazer vida à vida?

CELEBRO A MINHA CAPACIDADE DE GERAR UMA NOVA FORMA DE VIDA.

Ouro

O ouro é um dos mais preciosos de todos os metais. No tempo de Maria, ele era provavelmente *o* mais precioso, dado que somente seis metais (ouro, prata, ferro, chumbo, estanho e cobre) são mencionados na Bíblia.

Além de ser valioso, o ouro é também maleável. Pode ser malhado e separado em filamentos tão finos como um fio de cabelo, ou transformado em um trono digno de um rei. Com efeito, o ouro é freqüentemente considerado um símbolo de realeza. Esse é um dos motivos pelos quais os Reis Magos trouxeram-no como parte de sua oferenda de presentes. Em busca de um rei, eles trouxeram para o menino Jesus presentes reais.

Ao longo dos séculos, homens (e algumas mulheres) têm sacrificado praticamente tudo, inclusive suas almas, para a aquisição de ouro. Nos dias de hoje, em geral não colecionamos ouro em espécie (a não ser moedas de ouro), mas isso não quer dizer que tenhamos superado a armadilha da aquisição. Mesmo que nosso ouro não passe de um cartão VISA dourado com uma linha de crédito ilimitado, às vezes agimos como se estivéssemos dispostos a sacrificar qualquer coisa por ele.

O mito do rei Midas, que desejava que tudo aquilo em que tocasse se transformasse em ouro, contém uma lição para nós no século XX. Midas teve de sofrer muito para aprender — ao tocar na filha e ao transformá-la numa estátua de ouro — que a vida e o amor são muito mais valiosos do que o frio metal. Quando os deuses viram o sofrimento de Midas com o destino de sua filha, tiveram dó dele e restituíram a vida a ela.

Se estamos sacrificando a nossa vida por alguma coisa semelhante ao ouro, podemos acabar aprendendo a mesma difícil lição. Só podemos esperar que tenhamos uma chance de corrigir o nosso erro, como fez Midas.

Coloco sempre as posses materiais acima das pessoas?
Qual é a coisa mais importante para mim na minha vida?

FAÇO INVESTIMENTOS NAS PESSOAS E NOS RELACIONAMENTOS, NÃO EM POSSES MATERIAIS.

Impossibilidade

Reiteradas vezes as Escrituras, tanto hebraica quanto cristã, nos dizem que para Deus nada é impossível. Uma mulher velha que já passou do período da menopausa gerar um filho? Não tem problema. Uma virgem dar à luz? Não se preocupe. Ressurreição dos mortos? Tudo sob controle. A mensagem é clara: Deus pode fazer qualquer coisa.

Mas será que realmente acreditamos nisso? Talvez acreditemos que Deus pode fazer qualquer coisa; no entanto, quando surge uma complicação, temos dificuldade para achar que Deus fará o impossível *por nós.*

A questão se resume em confiar. Confiamos — confiamos *realmente* — em Deus?

Maria confiava totalmente em Deus. Se não aprendemos nada mais com sua história de vida, aprendemos com a sua confiança. Ela confiava em que Deus lhe daria um filho; confiava em que Deus tornaria sua gravidez de solteira legítima aos olhos do mundo; confiava em que seu filho seria o Salvador. Em resumo, ela confiava em que Deus faria o impossível na sua vida.

"Certo, mas ela era Maria!" — temos vontade de argumentar. "Não foi tão difícil para ela confiar quanto é para nós." Isso não é verdade. Não foram concedidos a Maria poderes miraculosos que lhe possibilitassem confiar que Deus faria o impossível por ela. Ela teve de conquistar confiança do mesmo modo que temos de conquistá-la — entregando-nos a Deus e deixando tudo em suas mãos.

Quando ela se entregou, Deus estava ali, operando o impossível em sua vida. Deus não a decepcionou e não nos decepcionará tampouco, mas precisamos estar prontos para confiar. *Impossível*, diz você? Lembre-se, *nada* é impossível para Deus — nem mesmo aprender a confiar.

Acredito realmente que Deus fará o impossível por mim?
Confio totalmente minha vida a Deus?

A CADA DIA APRENDO A CONFIAR UM POUCO MAIS.

Ensino

Nossas mães são os nossos primeiros professores. Na sua condição de mãe, Maria foi a primeira professora de Jesus. Ela foi quem lhe ensinou tanto coisas espirituais (como, por exemplo, a dizer suas preces) como coisas do dia-a-dia (como, por exemplo, beber de um copo, lavar o rosto e calçar as sandálias).

Como escreve Edward Schillebeeckx:

> A tarefa de Maria na Encarnação não estava completa quando Jesus nasceu. Foi uma tarefa constante, envolvendo a formação humana do jovem, à medida que ele passava da infância para a adolescência e da adolescência para a maturidade... Deus, na sua humanidade, disse sua primeira palavra, e há pouca dúvida de que ela fosse "Mamãe".

Mesmo depois que nos tornamos adultos, ainda podemos aprender com os nossos pais. Jesus não foi nenhuma exceção a essa regra. Na festa de casamento em Caná, Maria ensinou-lhe (ou reensinou-lhe) algumas lições importantes. Primeiro, recordou-lhe a necessidade de prestar atenção às coisas em volta dele. Ela obedeceu a este provérbio: "Se um amigo se encontra em apuros, não o incomode perguntando se há alguma coisa que você possa fazer. Pense em alguma coisa adequada e faça-a." Segundo, ela ensinou-lhe (ou reensinou-lhe) que o Quarto Mandamento ("Honra teu pai e tua mãe") não desaparece quando uma criança se torna um adulto. Por mais velhos que sejamos, nossos pais ainda são nossos pais e merecem nossa estima e respeito. Terceiro, Maria ensinou a Jesus que pequenas coisas, como providenciar vinho em casamentos, podem ser tão decisivas para a vida quanto curar os enfermos ou ressuscitar os mortos. Por fim, ela lembrou-lhe de que as Mães (quase sempre) Sabem Mais!

Se os meus pais ainda estão vivos,
como posso demonstrar-lhes estima e respeito?

SOU GRATO ÀQUELES QUE ME ENSINARAM,
SOBRETUDO À MINHA MÃE E AO MEU PAI.

Reconciliação

Existe alguém na sua vida de quem você tenha se afastado? Uma das mensagens de Maria, que se repetem nas suas aparições, é a necessidade de reconciliação com todos os que estão próximos de nós. Em algumas de suas aparições, ela tem falado sobre amar aqueles cujas diferenças religiosas têm deflagrado ódio, rancor e guerras. Ela também tem falado da reconciliação no seio das famílias, das nações e do mundo.

Sem reconciliação, tudo está perdido, diz ela. "Meu Filho sofre muito porque os homens não querem se reconciliar", acredita-se que ela tenha dito em Medjugorje. "Eles não me ouviram. Convertam-se, reconciliem-se."

Maria prega insistentemente a reconciliação:

"Reconciliem-se, pois eu quero que haja reconciliação entre vocês e que se amem mais uns aos outros como irmãos."

"Paz. Somente paz! Vocês devem buscar a paz. É preciso que haja paz na terra. Vocês devem se reconciliar com Deus e uns com os outros."

"Eu quero estar com vocês para que o mundo inteiro possa se converter e se reconciliar."

"Busquem depressa a reconciliação!"

A paz e a reconciliação não começam no nível de uma nação. Começam hoje — no nosso lar, em nossas escolas, na nossa vizinhança, nas nossas igrejas. Hoje é o dia criado pelo Senhor. Hoje é o dia da reconciliação.

Existe alguém na minha vida de quem me afastei?
Há alguma coisa que eu possa fazer agora mesmo – como escrever ou dar um telefonema a essa pessoa – que possa dar início à reconciliação?

ESCOLHO A PAZ E A RECONCILIAÇÃO.

Virgindade

Maria era virgem quando deu à luz Jesus. Mas, por quê? Por que é tão importante que Maria seja virgem?

A resposta imediata é porque os profetas haviam previsto que o Salvador nasceria de uma virgem da casa de Davi. Para que a profecia se cumprisse, Maria (que descendia da linhagem de Davi) tinha de ser virgem.

Contudo, Maria tinha de ser virgem não só por causa da profecia, mas também por causa de Jesus. O Messias não poderia ser gerado por um pai natural, pois nesse caso ele não passaria de um homem comum. Para assegurar que sua concepção não pudesse ser considerada o resultado de atividade sexual normal, a mãe do Salvador tinha de ser uma virgem consagrada a Deus.

A virgindade de Maria é uma importante questão teológica, mas é também uma importante questão pessoal. Sendo ao mesmo tempo virgem e mãe, Maria nos mostra que nenhuma condição de vida é superior a outra. Uma virgem não é melhor do que uma mãe, e uma mãe não é melhor do que uma virgem. Ambas as condições de vida têm valor, embora por motivos diferentes. Se Deus escolhe você para permanecer solteiro, então, continuar solteiro lhe trará paz e realização. Se Deus escolhe você para se tornar pai ou mãe, então a sua satisfação deve ser encontrada nessas funções. Além do mais, seja qual for a condição em que (Deus lhe peça para viver, você pode ter a certeza de que Ele lhe dará a ajuda de que você necessita — assim como Deus deu a Maria a ajuda de que ela precisava para ser ao mesmo tempo virgem e mãe.

Lamento sempre as escolhas que fiz na vida?
Peço a Deus que me abençoe, seja qual for a condição de vida em que me encontro neste momento?

EU SEI QUE ESTOU NA CONDIÇÃO DE VIDA CERTA PARA MIM ATUALMENTE.

Fátima

Neste mesmo dia em 1917, Maria apareceu pela sétima e última vez a três crianças em Fátima, Portugal. Ela se identificou como Nossa Senhora do Rosário e pediu orações e penitência como um meio de pôr fim à Primeira Guerra Mundial. "Eu vim para exortar os fiéis a transformar suas vidas, para evitar que ofendam Nosso Senhor pelo pecado, para que rezem o Rosário. Desejo que neste lugar se construa uma capela em minha honra. Se as pessoas se corrigirem, a guerra logo estará terminada." Enquanto ela transmitia sua mensagem, o sol pareceu abalar-se e despencar do céu, indo com estrondo de encontro à terra. Calcula-se que trinta mil pessoas viram o fenômeno.

Como parte de sua mensagem, Maria pediu que a Rússia e o mundo fossem consagrados ao seu Coração Imaculado. Em 1942, o Papa Pio XII obedeceu às suas instruções. Tanto o Papa Paulo VI como o Papa João Paulo II renovaram essa consagração.

Apesar de Fátima ser um dos lugares mais freqüentados pelos peregrinos de todo o mundo, sua importância não reside nas visões de 1917 ou nos segredos fabulosos que ela revelou aos três videntes; ao contrário, está na grande promessa que Maria fez: "No fim, meu Coração Imaculado triunfará, o Santo Pai consagrará a Rússia a mim, e um período de paz será concedido ao mundo." Num mundo que carece tanto de paz, a promessa de Maria é de fato uma boa nova.

Como posso trazer a paz para o meu cantinho do mundo?

VALORIZO A PAZ E FAÇO TUDO O QUE É POSSÍVEL
PARA VIVER EM PAZ COM TODAS AS PESSOAS.

Calvário

A cidade de Belém e o monte do Calvário são os locais mais freqüentemente associados a Maria e a Jesus.

Belém é um sucesso absoluto – um bebê lindo, uma mãe apaixonada, animais graciosos, uma estrela cintilante, pastores curiosos. Não há motivos para não se gostar de Belém.

O Calvário é outro assunto. Local de execução dos criminosos do Estado romano, era apenas um monte fora dos muros da antiga Jerusalém. Devia ser um lugar estéril e desolado; os romanos dificilmente deixariam que a vegetação crescesse num local destinado à máxima exposição às intempéries. Eles não pretendiam fornecer sombra para os condenados nem possíveis esconderijos de onde os cúmplices pudessem planejar uma tentativa de resgate.

O criminoso condenado carregava apenas a trave mestra de sua Cruz; os pilares estavam permanentemente fixados no lugar certo no Calvário. Visto que dois criminosos foram executados junto com Jesus, devia haver pelo menos três cruzes gastas pelo tempo naquele monte, mas podia haver muitas mais. O solo, endurecido pelo constante pisar dos pés dos soldados e dos espectadores, ficava provavelmente respingado com manchas de sangue de execuções anteriores. A área circunvizinha provavelmente era cheia de lixo, já que as execuções eram espetáculos públicos (e as pessoas tendem a deixar cair todo tipo de coisas enquanto assistem em pé a acontecimentos públicos). Em resumo, o Calvário era uma lugar imundo e horrível para se morrer. No entanto, era o lugar onde se alcançaria a salvação.

Poucos de nós conseguem escolher o lugar onde vamos morrer, mas podemos escolher o modo como vamos viver. Escolhamos sempre viver plenamente, lembrando-nos do preço que foi pago no Calvário.

Estou disposto a viver uma vida digna do preço que foi pago por ela?

VIVO PLENAMENTE NO AGORA.

Água

Água limpa e potável é, no sentido literal, um dom da vida. A taxa de mortalidade infantil cai radicalmente quando um povoado ou aldeia obtém uma fonte confiável de água limpa. Em contrapartida, as doenças se propagam sem controle quando as fontes de água estão poluídas.

Visto que a maioria de nós mora em casas onde água tratada está disponível ao simples abrir de uma torneira, esquecemos que a água é um bem valioso, sobretudo em climas desérticos. Sem água, a vida literalmente cessa. Maria obteria a água de que sua família precisava diariamente de um poço – provavelmente muito parecido com o poço de Jacó, onde Jesus encontrou a mulher que tivera cinco maridos. Maria devia ter o hábito de ir ao poço pelo menos uma vez por dia, trazendo para casa um cântaro cheio de água para cozinhar, tomar banho e para outras necessidades domésticas.

Embora a água seja absolutamente imprescindível para a vida física, Jesus nos diz que a água viva da verdade é igualmente necessária para a vida eterna. Quando a samaritana lhe perguntou sobre a água viva, Jesus respondeu: "Todo aquele que beber desta água terá sede novamente; mas quem beber da água que darei nunca terá sede; a água que darei tornar-se-á nele uma fonte de água de onde jorrará a vida eterna."

Hoje vamos agradecer pelo dom e pelo milagre da água. Tomemos alguns minutos para contar as muitas bênçãos que a água nos dá, incluindo a limpeza, a saúde e a vida eterna pelo batismo.

Sempre considero como um fato óbvio a água pura? Alguma vez já parei para pensar sobre o milagre que ocorre cada vez que abro a torneira?

SOU GRATO POR TODOS OS MILAGRES EM MINHA VIDA, INCLUINDO A ÁGUA CORRENTE.

Maria e os Papas

O Papa João Paulo II tem uma devoção especial por Maria. Ele colocou todo o seu papado sob a proteção dela e credita a ela o fato de ter-lhe salvo a vida quando um assassino atirou nele à queima-roupa. Seu lema, "*Totus tuus*", "Sou todo teu, ó Maria", e o seu brasão de armas são uma cruz orlada pela letra *M*.

Mas é improvável que o Papa João Paulo II seja o único papa que já teve amor e dedicação especial a Nossa Senhora. Já no ano de 392 o Papa Sirício falava sobre a perene virgindade de Maria. Em tempos mais recentes, os papas Leão XIII, João XXIII e Paulo VI expressaram todos eles o seu compromisso com a Virgem:

> Maria, mostrai-nos que sois nossa Mãe; que nossa prece seja ouvida por aquele Jesus que escolheu ser seu Filho. PAPA LEÃO XIII

> Ó Maria! Como vós em Belém e no Gólgota, eu também quero estar sempre perto de Jesus. Ele é o eterno Rei de todos os tempos e de todas as pessoas. PAPA JOÃO XXIII

> Ponde vossos olhos com clemência materna, Virgem Santíssima, sobre todos os vossos filhos... Cuidai do sofrimento de inúmeras pessoas, pais e mães de família que estão incertos do seu futuro e cercados de necessidades e aflições. PAPA PAULO VI

> Ó Santíssima Virgem Maria, Mãe de Cristo e Mãe da Igreja, com alegria e admiração buscamos fazer nosso o vosso *Magnificat*, cantando conosco o vosso hino de gratidão e de amor. PAPA JOÃO PAULO II

Se as pessoas têm-se voltado para Maria em todas as épocas, então nós também podemos ter confiança em tomar Maria como nosso guia e exemplo.

Quando encontro mais conforto em Maria?
Quando recorro a ela nas dificuldades?

ALEGRA-ME QUE MARIA SEJA A MINHA MÃE E O MEU EXEMPLO DE VIDA.

Arquétipos

Na literatura clássica, a *mulher*, no sentido mais amplo do termo, se encaixa em vários arquétipos diferentes. Entre eles estão a dama escarlate (a sedutora, a tentadora), a mãe terra (a nutriz, a mensageira da vida) e a anciã (a matriarca sábia e enérgica).

Considerações teológicas à parte, o imaginário de Maria se vale intensamente dos papéis da mãe terra e da anciã, que têm suas raízes nas antigas religiões pagãs.

Se bem que as noções de deusa e das religiões neopagãs não sejam compatíveis com a fé cristã, isso não quer dizer que os antigos hábitos não possuíam nenhuma compreensão da verdade. Eles reconheciam, por exemplo, a existência de um elemento feminino na vida e em Deus, e que esse elemento continua forte, apesar das tentativas de suprimi-lo. Referimo-nos, por exemplo, à Mãe Natureza e não ao Pai Natureza.

No decorrer dos séculos, Maria tem sido usada para representar o aspecto feminino de Deus. Essa representação é ao mesmo tempo boa e ruim. Embora nos permita ter acesso ao divino de uma maneira que imagens estritamente masculinas não permitem, ela diminui Deus ao atribuir traços femininos de Deus (como a compaixão) a Maria, masculinizando-a. Ademais, limitar Deus ao gênero masculino é uma postura incorreta do ponto de vista teológico, pois Deus não é macho nem fêmea.

Se você tem dificuldade para se referir a Deus no masculino, não hesite em usar Maria como um meio de ter acesso à natureza feminina de Deus. Ou, melhor ainda, peça a Maria que ajude você a descobrir o feminino que é Deus.

Penso em Deus como um ser masculino? De que forma pensar em Deus como um ser feminino muda a imagem que faço Dele?

SEI QUE DEUS NÃO É MACHO NEM FÊMEA. DEUS É.

Imaginação

A imaginação é um dos maiores dons que Deus deu à humanidade. Imaginar é o primeiro passo para concretizar alguma coisa. Thomas Edison imaginou um método de iluminar a escuridão, por exemplo, e a luz elétrica foi desenvolvida. Wilbur e Orville Wright imaginaram voar como um pássaro, e as viagens espaciais tornaram-se possíveis. Maria imaginou ser a mãe do Messias, e teve início a salvação no mundo.

A todos nós foi concedida a capacidade de imaginar, mas às vezes deixamos que esse Dom se atrofie. Quem sabe fomos reprimidos quando crianças quando imaginávamos um pretenso companheiro de brincadeiras, ou quem sabe fomos estimulados a dirigir nossa capacidade mental para coisas mais "práticas".

O que você está imaginando atualmente? Se você pudesse soltar as rédeas da sua imaginação, o que imaginaria? Se soubesse que não poderia falhar, o que você imaginaria fazer? Você acha que Deus pode ajudar a concretizar os sonhos que você imagina?

Algumas vezes nossas orações não são atendidas simplesmente porque não oramos de verdade; não imaginamos uma situação melhor nem pedimos a ajuda de Deus para alcançá-la. E outras vezes nossos grandes pedidos não são atendidos porque não fizemos grandes pedidos. Se não pedimos com grandeza, como é que podemos receber na mesma medida? No entanto, que mal faria pedir que os nossos sonhos – grandes e audaciosos – se concretizem? Se não se concretizarem, não perderemos coisa alguma. Mas se eles se concretizarem, pense quanto teremos ganho!

Nas minhas orações faço pedidos "seguros", pequenos porque acho que serão mais fáceis de Deus responder? O que é que eu tenho a perder se fizer um pedido grande, "arriscado"?

ACREDITO QUE CONSEGUIREI O QUE PEÇO A DEUS.

Reflexões

Repetidas vezes, a Bíblia diz que Maria refletia sobre os acontecimentos de sua vida interiormente. Ela era nitidamente uma mulher de introspecção.

Todos nós precisamos nos tornar pessoas introspectivas. Todos nós precisamos reservar tempo para refletir sobre os acontecimentos de nossa vida e para examinar o impacto e o significado deles. Uma vida sem reflexão não é vida absolutamente. Contudo, nossos ocupados e exigentes horários muitas vezes não nos dão o tempo de que precisamos para fazer uma boa reflexão. Se for esse o caso, devemos arranjar ou dedicar tempo (o que for mais apropriado) para essa importantíssima atividade espiritual.

Não permita que ninguém trate você como criança. Isso não é fácil. No momento em que decidir devotar tempo e energia à atividade espiritual, mil e uma outras coisas incrivelmente urgentes ocorrerão precipitadamente, exigindo toda a sua atenção. De repente, tudo irá se desintegrar, tanto em casa como no trabalho. Você se encontrará ocupado demais para se virar de lado, quanto mais para ponderar sobre as coisas no seu íntimo.

Esse é o momento em que é vital interromper essa corrida maluca. Existem muito poucas coisas tão essenciais que não possam esperar algumas horas. Procure encontrar um lugar tranqüilo onde possa deixar que sua alma se revigore. Se puder, procure um parque ou uma igreja – qualquer lugar onde possa sentar-se e apenas existir. Se não puder se distanciar fisicamente, crie um oásis no caos. Escolha o canto mais sossegado que puder encontrar, apague as luzes, acenda uma vela e deixe que o silêncio alivie sua alma. A princípio, pode parecer que você está perdendo tempo, mas logo você vai descobrir que o tempo desperdiçado dessa maneira é o mais bem gasto.

Uso o tempo de que preciso para viver uma vida ponderada?
Gasto tanto tempo com a minha vida interior quanto
gasto com a minha vida exterior?

USO O TEMPO DE QUE NECESSITO PARA REALIZAR MINHAS ATIVIDADES ESPIRITUAIS.

O Cenáculo

Tendo entrado na cidade, subiram à sala superior onde ficavam habitualmente. Eram Pedro, João, Tiago e André; Filipe, Tomé, Bartolomeu e Mateus, Tiago, filho de Alfeu, Simão o Zelote, e Judas, filho de Tiago. Todos unânimes eram assíduos à oração, com algumas mulheres, entre as quais Maria, mãe de Jesus, e os irmãos dele.

ATOS 1: 13

O autor dos Atos escreve como se o leitor estivesse completamente familiarizado com o Cenáculo. Infelizmente, dois mil anos depois, não temos tanta certeza do que trata a passagem.

Como era o Cenáculo? O que Maria estava fazendo e sentindo? Estaria confortando as pessoas, ou estaria guardando coisas no seu coração? Não sabemos. Sabemos, no entanto, que pelo menos duas coisas estavam acontecendo no Cenáculo: espera e oração.

Muitas vezes nós nos encontramos na mesma situação dos apóstolos e de Maria: não temos absoluta certeza do que esperar; não sabemos muito bem por que rezar.

A reza produz, com efeito, transformação em nossa vida e na vida daqueles que estão próximos de nós. Mas não basta apenas pensar em rezar; temos de rezar de verdade. Temos de abrir nossa mente, nosso coração e nossa boca. Temos de pedir a Deus orientação, conhecimento e força — tudo aquilo de que necessitarmos no momento — pois, se não pedirmos, não poderemos nos queixar quando não recebermos.

Uso a oração como o meu primeiro ou último recurso?
Gasto mais tempo rezando ou pensando em rezar?

DEVOTO-ME À ORAÇÃO.

O Narcótico da Religião

Numa frase muito citada, Karl Marx descreveu certa vez a religião como "o ópio do povo". Embora sua afirmação tenha sido freqüentemente depreciada, de certo modo ela é verdadeira. Se deixarmos que a religião nos afaste da vida real, então ela age de fato como um narcótico. Podemos ficar tão viciados em freqüentar a igreja que esquecemos que o verdadeiro propósito da religião não é substituir a vida real, mas sim tornar real a nossa vida.

E não podemos ser ingênuos. A religião às vezes nos afasta, sim, da vida real. Executar tarefas na igreja, ensinar a Bíblia ou dar aulas de catecismo, trabalhar em retiros espirituais, ajudar nos trabalhos da paróquia – facilmente a vida inteira de uma pessoa fica repleta de atividades "religiosas" em detrimento de outras coisas – a família, os amigos e o trabalho.

Com efeito, a menos que encaremos Maria realisticamente, ela pode tornar-se um narcótico. Se as virmos como uma fuga para o trabalho por vezes difícil da fé ou como uma saída para esse mesmo trabalho, então ela poderá se tornar um narcótico, impedindo o verdadeiro crescimento espiritual.

Se Maria não tivesse vivido uma vida verdadeira, essencial, ela seria realmente um narcótico e, ao segui-la, ficaríamos com a pesada sensação de uma ressaca, em vez da infusão vibrante de uma nova vida que a verdadeira fé proporciona.

É meu desejo achar um caminho fácil para a fé? Já me vi tentado a usar Maria como desculpa para não precisar fazer uma inspeção rigorosa na minha própria vida?

NÃO PERMITO QUE NADA ME ENTORPEÇA PARA AS MARAVILHAS DA VIDA.

Poesia

No correr dos séculos, muitos dos maiores poetas do mundo, alguns deles não particularmente religiosos, escreveram sobre Maria e suas virtudes.

Henry Wadsworth Longfellow exaltou as virtudes de Maria:

E, se a nossa fé não nos tivesse dado nada mais
Do que este Exemplo de todo o Caráter Feminino,
Tão paciente, tranqüilo, leal, amoroso, puro –
Já seria o bastante para mostrar que ela é mais sublime e verdadeira
Do que todas as doutrinas que o mundo já conheceu.

Oscar Wilde ficou deslumbrado diante do mistério de Maria:

E agora me posto, com os olhos e o coração cheios de admiração,
Diante desse supremo mistério do Amor:
Uma jovem ajoelhada, de rosto pálido e calmo,
Um anjo com um lírio na mão,
E sobre ambos as asas brancas do Espírito Santo.

Percy Bysshe Shelley também sentiu o mesmo êxtase:

Serafim celestial! suave demais para ser humano,
Velando sob essa radiante forma de Mulher
Tudo o que em ti é insuportável
De luz, de amor, de imortalidade.

Até mesmo Edgar Allan Poe, que costumamos associar com o horror, dirigiu uma prece à Virgem Bem-aventurada:

De manhã, ao meio-dia, no crepúsculo sombrio,
Maria, ouviste o meu hino:
Na alegria e na angústia, no bem e no mal,
Mãe de Deus, fica comigo.

Se eu fosse escrever um poema em louvor de Maria,
que aspectos de sua vida e de sua personalidade escolheria?

ESTOU ESCREVENDO O POEMA DA MINHA PRÓPRIA VIDA.

Respeito pela Vida

A expressão *respeito pela vida* tem sido muito usada, especialmente na área política. De fato, ela assumiu conotações políticas específicas com relação ao aborto. Mas *respeito pela vida* significa muito mais do que pretendem os *slogans* políticos e o movimento pró-vida. *Respeito pela vida* significa reconhecer que toda vida está ligada em e através de Deus. Significa aceitar Deus como o Criador de toda a vida – vegetal, animal e humana.

Assim que nos tornamos conscientes do intricado inter-relacionamento de toda a vida, começamos a vislumbrar nossos laços com todas as pessoas e com todas as coisas. Começamos a perceber que Deus não limita o relacionamento mútuo de nossas espécies, mas está intensa, apaixonadamente envolvido com toda a criação.

A mensagem de Maria, desde a Encarnação até suas aparições nos tempos modernos, é no sentido de respeitar a vida, de celebrar a vida, de permitir que a nova vida de Deus flua através de cada um de nós. Maria nos convida a aprofundar a consciência que temos de nossa própria vida e, ao fazê-lo, a aprofundar a consciência que temos de toda a vida.

Gaste alguns minutos hoje observando a abundância de vida ao seu redor. Quer você more na cidade quer more no campo, a vida jorra e flui por todos os lados. Desde a erva daninha que luta para brotar, numa fenda da calçada, até um bando de gansos que passam voando depois de terminada uma estação, o mistério da vida envolve você completamente. Respeite a vida – e, ao fazê-lo, respeite Deus.

Quando foi a última vez que agradeci pelo dom da vida?
O que estou fazendo para demonstrar meu respeito pela vida?

APRECIO A VIDA EM TODA A SUA MARAVILHOSA ABUNDÂNCIA.

Santidade Irreal

Maria parece santa demais para ser real? Você estará concordando com Mary Lee Bensman, que escreveu: "Maria, você sabe que tenho muita dificuldade para me identificar com você, para vê-la como uma pessoa real. Já tentei muitas coisas diferentes, muitas vezes — orações, devoções, rosários —, mas nada funcionou. Sinto que há uma barreira entre nós que não pode ser rompida. Você é santa demais para se relacionar comigo."

Se essas palavras ecoam na sua alma, você não está só. Muitas pessoas acham Maria santa demais para ser real. Ela é uma delicada figurinha num auto de Natal, uma estátua num altar lateral, um rosto beatífico pintado por um velho mestre da pintura. Removida da aspereza da vida, sempre doce, sempre devota, sempre submissa, sempre bondosa, sempre alegre, sempre todas as coisas boas e maravilhosas — essa Maria é alguém que não conseguimos compreender. Se fôssemos totalmente honestos, nem sequer saberíamos ao certo se gostaríamos dessa mulher perfeita se ela fosse nossa vizinha. Ela seria a mulher com uma casa perfeita, um casamento perfeito, um filho perfeito, uma vida perfeita.

Ou não *seria*?

A vida de Maria parece perfeita somente porque sabemos como as coisas vão acabar acontecendo. Mas ela não viveu dentro de uma bolha sagrada, protegida do mundo. Ela viveu uma vida real — uma vida na qual a casa ficava suja, ela e José discordavam, e seu filho foi preso e julgado como um traidor. Maria é santa demais para ser real? Não, ela é bastante real para ser santa!

Acho Maria santa demais para me relacionar com ela?

EU SEI QUE, QUANTO MAIS REAL EU SOU, MAIS SANTO POSSO ME TORNAR.

Retorno de Entre os Mortos

A Bíblia diz que depois da morte e da ressurreição de Jesus, outras pessoas mortas também ressuscitaram e foram vistas por muitos: "Tremeu a terra, fenderam-se as rochas, se abriram os sepulcros, e muitos corpos de santos, que dormiam, ressuscitaram. E, saindo dos sepulcros depois da ressurreição de Jesus, entraram na cidade santa e apareceram a muitos."

De algum modo essas linhas evocam a imagem de Boris Karloff como a múmia num velho filme em branco-e-preto. A visão de muitas pessoas cambaleando por Jerusalém com suas mortalhas caindo em pedaços não é aquela que costumamos associar com a história da Páscoa. (Ela não parece encaixar-se bem com coelhinhos e ovos coloridos!)

Fazer os mortos retornar à vida (ou a uma espécie de vida) é o cardápio padrão de muitos filmes de terror. De fato, trata-se de uma fórmula de sucesso para aterrorizar os espectadores do cinema. Maria, no entanto, voltou de entre os mortos muitas vezes, em todas as suas aparições, e ela não desperta nenhum medo visceral. Talvez a razão de não termos medo de Maria seja a de que ela volta da *vida* e não da *morte*.

As aparições de Maria nos mostram que a morte não é o fim da vida; é a transformação da vida. Para o bebê que vai nascer, talvez o nascimento se pareça com a morte. Afinal de contas, a vida que o futuro bebê conhece termina por completo no fim do canal do nascimento. O bebê tem de ir para um lugar completamente estranho, um lugar de onde nenhum bebê jamais voltou. Mas quem, uma vez nascido, voltaria ao cativeiro do útero? Talvez aconteça a mesma coisa com a vida depois desta vida. Uma vez que tivermos experimentado essa vida mais plena, no Céu, talvez nos perguntemos por que alguém escolheria voltar ao ventre da terra.

Tenho medo da morte? Já pensei no que acontecerá comigo depois que eu morrer? Creio na vida eterna?

VEJO A VIDA, A MORTE E A PÓS-VIDA
COMO PARTE DE UM CICLO CONTÍNUO DE EXISTÊNCIA.

Assumir Riscos

Você é uma pessoa que assume riscos? Não aquele tipo de pessoa que está pronta para saltar de pára-quedas, escalar uma montanha ou que se lança num bote em corredeiras a qualquer momento, mas sim o tipo de pessoa que está disposta a correr o maior de todos os riscos – a intimidade.

Correr risco físico é uma coisa; correr risco emocional é outra completamente diferente. Este último significa pôr, não só a sua vida, mas também o seu próprio ser em risco; significa estar disposto a morrer não por exposição às forças da natureza, mas por exposição ao seu eu.

Na nossa cultura, nos inclinamos a supor que a única intimidade verdadeira é aquela que acontece entre amantes, cônjuges e entre pais e filhos. Embora seja verdade que esses relacionamentos costumam ser íntimos, eles não o são necessariamente; de fato, podem ser a própria antítese da intimidade.

Intimidade não depende de união sexual. Às vezes o mais íntimo de todos os relacionamentos é puramente intelectual. O que torna um relacionamento íntimo é a profundidade de envolvimento emocional e a disposição de expor nosso verdadeiro eu, com seus vícios e virtudes, a uma outra pessoa. Amizades íntimas podem ter esse tipo de intimidade e, uma vez que amizades íntimas não se limitam a pessoas que podemos ver e abraçar, uma amizade com Maria também pode ser íntima.

Maria está disposta a estabelecer um vínculo muito íntimo conosco – um vínculo no qual ela nos mostra o caminho para seu filho e no qual lhe confiamos nossos segredos. Corra um risco com Maria. O que você tem a perder?

Quais são os relacionamentos mais íntimos em minha vida?
Com quem me sinto mais ligado neste momento?

ESTOU DISPOSTO A ASSUMIR O RISCO EMOCIONAL DA INTIMIDADE.

Cirurgia de Peito Aberto

Para uma pessoa com graves problemas coronários, a cirurgia de peito aberto costuma ser a única alternativa para se safar da morte. Quando se pensa nisso, porém, uma cirurgia de peito aberto é uma coisa terrível. O paciente deixa que uma equipe de cirurgiões abra as paredes do tórax, expondo o coração, e literalmente corte e costure esse órgão. Se não fôssemos sensatos, pensaríamos que esse tipo de cirurgia seria um meio seguro de pôr fim à vida de uma pessoa, não de salvá-la.

Uma das imagens tradicionais (e um tanto repugnante) de Maria mostra seu Coração Imaculado removido do seu peito e incendiado de amor. Embora essa pintura possa não agradar a todo mundo, ela revela uma verdade importante: o amor é a maior cirurgia de peito aberto.

O amor exige que deixemos que nosso peito seja aberto e que seja removido um pedaço do nosso coração. A exemplo da cirurgia física de peito aberto, essa é uma operação arriscada. Se o pedaço que falta do nosso coração não for reparado ou substituído, corremos o risco de ficar com uma cicatriz permanente ou de morrer de hemorragia. Mas há uma chance de que o pedaço que falta seja trocado; a pessoa que amamos tirará um pedaço do nosso coração, sim, mas nos dará em troca um pedaço do seu. Em vez de ficar com um buraco aberto, receberemos um transplante de coração.

A quem eu amo? Quem me ama?

ESTOU PRONTO PARA AMAR.

Dois para um Tango

Nas histórias apócrifas sobre a infância de Maria, diz-se que ela dançou de alegria. De fato, dançar é algo mencionado mais de cem vezes na Bíblia.

Aparentemente, Deus gosta da dança. Não é de se estranhar. O próprio amor é (ou devia ser) uma dança, pois a dança é a alegre reunião de duas pessoas, cada uma mantendo sua parte na composição, mas fazendo juntas o que jamais poderiam fazer separadamente.

Pessoas que se amam devem chegar a perceber que o amor, assim como a dança, não consiste apenas em saber que passos dar, mas também em criar o que se chama uma "moldura". Ambos os parceiros devem ajeitar seus braços de modo a segurar a outra pessoa com firmeza, mas sem constrangimento, abrindo-os para permitir que o seu parceiro faça parte da composição. Só então os dançarinos conseguem mover-se unidos ou girar em liberdade, conforme a música mandar.

Pessoas que se amam também precisam aprender que o amor, assim como a dança, exige parceria. Se uma pessoa está valsando e a outra seguindo os passos de um tango, nenhuma das duas está dançando, por mais que cada uma execute com perfeição seus passos. Concordar em dançar juntos a rumba pode dar certo, mas quando duas pessoas dançam – ou amam – devem estar dispostas a aprender os passos da outra.

Encontrar o parceiro de dança perfeito nunca é fácil, a não ser que você entre no círculo do amor de Deus. Então a dança – e o amor – torna-se possível, pois Deus, afinal de contas, é o Senhor da Dança.

Acho difícil amar? Já dancei com Deus?

DEIXO QUE O SENHOR DA DANÇA GUIE MEUS PASSOS NO SALÃO DE BAILE DA VIDA.

Aparições

Falamos sobre as aparições de Maria, mas o que é exatamente uma aparição?

A *Catholic Encyclopedia* define uma aparição como “a visão ou manifestação perceptível pelos sentidos de Cristo, da Virgem Bem-aventurada, dos anjos ou dos santos”. Diz ainda que “a autenticidade das aparições é um assunto para investigação e avaliação da Igreja ou de um diretor espiritual experiente. A aprovação da Igreja sempre é exigida quando um culto popular surge em resposta a essas aparições”.

Se bem que a maioria das aparições sejam de Jesus, de Maria, de anjos e santos, espíritos diabólicos também podem ser aparições. Sabe-se que o santo pároco de Ars viu o diabo em diversas ocasiões.

Os sinais de encontros autênticos, pelo menos os de natureza religiosa, são definidos fundamentalmente pelos resultados. Orações e devoção crescentes, uma sensação de paz e um aumento da caridade são indícios da autenticidade de uma aparição. Contudo, a Igreja Católica não sustenta a crença numa aparição particular. Depois de cuidadosa investigação, a Igreja às vezes afirma que uma aparição é “plausível” ou “crível”, mas nunca faz uma declaração solene ou infalível de sua autenticidade.

Visto que a Igreja Católica trata as aparições com saudável ceticismo, devemos fazer o mesmo. Com efeito, se você pensar que está vendo uma aparição, pense outra vez. Santa Teresa de Ávila alegava que muitas visões são o resultado de escassez de sono e excesso de mortificação. Ela devia saber o que estava dizendo, pois viveu essa realidade a maior parte de sua vida. Se a aparição for autêntica, você acabará sabendo. Se não for, uma boa noite de repouso e uma refeição decente recolocarão as coisas na sua perspectiva correta.

Desejo ter uma experiência sobrenatural?
O que eu faria se Maria me aparecesse neste instante?

USO O BOM SENSO QUANDO SE TRATA DE ACONTECIMENTOS INSÓLITOS.

Oração

Você tem dificuldade para rezar? Muitas pessoas têm — até mesmo os discípulos tiveram, como revela esta passagem de Lucas:

> De uma feita, estava Jesus orando num certo lugar; ao terminar, um de seus discípulos pediu-lhe: "Senhor, ensina-nos a rezar como João ensinou a seus discípulos."
> Respondeu-lhes: "Quando orardes, dizei: Pai, santificado seja o teu nome; venha o teu reino. O pão nosso cotidiano dá-nos a cada dia; perdoa-nos os nossos pecados, pois também nós perdoamos a todos o que nos devem; e não nos deixes cair em tentação."

Ainda que tenhamos o próprio conselho de Jesus sobre como rezar, muitas vezes não temos absoluta certeza se estamos rezando de maneira correta ou pedindo a coisa certa. Fiamo-nos em fórmulas de oração porque sabemos que elas funcionam, mas o coração nos diz que outros tipos de oração também são possíveis.

Se você tiver dificuldade para rezar, peça ajuda a Maria. Ela teve o relacionamento mais íntimo possível com Deus, pois Jesus é seu filho. Ela o viu crescer e, por isso, o conhece melhor do que qualquer outra pessoa. Por causa de seu relacionamento especial com Jesus, Maria não precisa fiar-se em orações predeterminadas. Ela sabe como conversar com Deus de igual para igual, face a face.

As palavras de um velho hino expressam bem isso: "Graciosa senhora vestida de azul, ensina-me a rezar. Deus já foi seu pequeno filho, ensina-me o que dizer."

Hoje peça a Maria que ajude você a rezar com confiança.

Tenho dificuldade em orar?
Que tipo de oração me sinto mais à vontade para fazer?

SEI QUE MARIA ME AJUDARÁ A APRENDER A REZAR COM CONFIANÇA.

Cristianismo

Maria foi uma mulher judia do século I. Como uma mulher de sua época e cultura, ela teria participado dos rituais, ritos e práticas do judaísmo. Essa afirmação parece dispensar explicação, mas às vezes estamos inclinados a pensar em Maria e em Jesus mais como *cristãos* do que como *judeus*. Esquecemo-nos de que o Cristianismo inicialmente foi considerado uma seita do judaísmo, e não uma religião independente. Omitimos o fato de que Jesus não veio para fundar uma nova religião; ao contrário, ele veio para estabelecer um novo modo de nos relacionarmos com Deus. O próprio Jesus disse que não veio para abolir a lei, mas para cumpri-la.

Ora, o que isso tem que ver com Maria? No seu relacionamento com Jesus, Maria nos mostra que Deus não quer o nosso medo, mas a nossa amizade. Deus quer que nos envolvamos numa relação de amor que se prolongará até a eternidade.

Uma vez que pode ser difícil para nós imaginar Deus relacionando-se pessoalmente com cada um de nós, Maria nos mostra que o nosso Deus é um Deus acessível. Uma mãe não teme aproximar-se de seu próprio filho; portanto, Maria nos dá um exemplo de como podemos nos aproximar de seu filho Jesus.

Penso em Deus como uma divindade distante ou como um amigo íntimo pessoal? Alguma vez já pedi a Maria que me ajude a conhecer e amar a Deus mais pessoalmente?

EU ME ENVOLVO NUMA RELAÇÃO DE AMOR COM DEUS.

Dia de Todos os Santos

Neste dia, a Igreja Católica celebra todos aqueles homens e mulheres que foram declarados Santos, com S maiúsculo. Eles incluem pessoas tão famosas quanto como São Francisco de Assis e Santa Catarina de Siena e tão obscuros como Santo Honorato e São Mamerto.

De todos os santos, porém, Maria, a Virgem Bem-aventurada, é considerada a mais importante. Na sua encíclica *Redemptoris Mater*, o Papa João Paulo II escreve: "Maria foi e é aquela que é 'bem-aventurada porque acreditava'; ela foi a primeira a acreditar. Desde o momento do nascimento de Jesus no estábulo de Belém, Maria o seguiu passo a passo na sua maternal peregrinação de fé."

Maria fez o que todos nós somos chamados a fazer – seguir Jesus passo a passo, numa peregrinação de fé. Isso nunca é fácil. Olhe só para Maria. Sua peregrinação levou-a a se tornar uma estrangeira numa terra estranha, quando ela e sua família fugiram de sua aconchegante pátria para procurar refúgio no Egito; levou-a a se tornar uma mãe incompreendida cujo filho era julgado louco pelos vizinhos e, por fim, levou-a a se tornar a mãe de um criminoso condenado e executado.

Se achamos que nossa peregrinação de fé será mais fácil, então não estamos compreendendo o que dizem as Escrituras Sagradas. A Bíblia nos avisa repetidas vezes que o caminho para a santidade – seja com um s minúsculo seja com um S maiúsculo – é estreito e difícil. Apesar de essa informação ser desanimadora, podemos olhar para Maria e para a sua vida e ficar encorajados pelo fato de que nunca precisaremos fazer a jornada sozinhos. O Deus de Maria – e o nosso Deus – estarão sempre conosco, alentando-nos em nosso caminho para a santidade.

Quero me tornar um santo?
Acho que a santidade é para os outros, mas não para mim?

PROCURO VIVER COM PUREZA.

2 DE NOVEMBRO

Vulnerabilidade

É comum as pessoas acharem mais simpáticos aqueles que estão prontos para mostrar suas fraquezas. Ao ver a vulnerabilidade de outras pessoas, podemos nos identificar com elas e, alternadamente, nos sentirmos livres para expor nossas próprias fraquezas.

Pode ser que isso ocorra. Mas também pode ser que não. A verdade é que tornar-se vulnerável significa abrir-se para a possibilidade de sofrimento. Embora a maior parte de nós prefira evitar o sofrimento a aceitá-lo, um dos fatos da vida espiritual é que, para crescer, temos de nos tornar vulneráveis. Isso significa aceitar a possibilidade do sofrimento.

Não pode haver nenhum crescimento verdadeiro sem algum sofrimento, pois crescimento envolve mudança e mudança cria desconforto. O sofrimento não precisa ser esmagador — na verdade, ele pode ser relativamente pequeno — mas é inevitável.

Isso, com certeza, foi verdadeiro para Maria. Uma vez que se tornou vulnerável, ela se abriu para a vontade de Deus, e sofreu mais do que nunca poderia ter imaginado. No entanto, junto com o sofrimento, veio uma incrível alegria. Esse é outro fato da vida espiritual: embora o crescimento exija vulnerabilidade (e, conseqüentemente, sofrimento), ele também produz alegria.

Dor e alegria podem parecer contraditórios, mas não o são. Na peça *Shadowlands*, C. S. Lewis fala sobre a incrível alegria que sentiu no seu curto e atormentado casamento. No final, ele passa a aceitar o fato de que não teria sido possível ter alegria sem a dor. Com efeito, o sofrimento tornou aquela alegria muito mais doce. O que foi verdadeiro na vida de Maria e na vida de C. S. Lewis é verdadeiro também na nossa vida.

Procuro evitar o sofrimento, ou o aceito como parte necessária da transformação em um ser plenamente humano?

SOU GRATO AO SOFRIMENTO, ASSIM COMO À DOR NA MINHA VIDA.

Pontes

Existe alguma coisa digna de respeito no modo como uma ponte se lança através do espaço para ligar a margem de um rio à outra. Embora fiquemos admirados com pontes criadas pelo homem, a mais magnífica de todas as pontes não foi construída pelas mãos do homem: é a própria Maria.

Maria não só conseguiu construir uma ponte entre Deus e a humanidade colaborando na Encarnação; ela também conseguiu ligar cristãos e muçulmanos nas suas tradições e livros sagrados.

As tradições cristã e muçulmana são surpreendentemente parecidas no que diz respeito a Maria: o Evangelho de Lucas nos diz que Gabriel saudou Maria com estas palavras: "Alegra-te, cheia de graça! O Senhor está contigo", enquanto que o Alcorão afirma: "Deus escolheu-te e te fez pura, e colocou-te acima de todas as outras mulheres."

O Papa Pio IX observou que "Maria, a Virgem Bem-aventurada, foi desde o momento de sua concepção, por excepcional graça e privilégio do Senhor todo-poderoso, conservada intacta de toda mácula do pecado original". Do mesmo modo, de acordo com o Alcorão, Maria, "uma santa mulher, foi destinada, junto com Jesus, seu filho, a ser um sinal para o universo".

Com efeito, a única diferença entre as duas visões de Maria é que existem mais versículos sobre Maria no Alcorão do que no Novo Testamento!

Apesar de guerras e conflitos fronteiriços irromperem por todo o Oriente Médio, Maria continua sendo, calmamente, a ponte entre duas religiões e duas culturas. Não é de estranhar que, com tanta freqüência, ela seja chamada a Rainha da Paz.

De que forma Maria atua como uma ponte na minha vida?
De que maneiras eu poderia pedir a ela que ajude a construir uma ponte entre mim e alguém de quem me afastei?

ESFORÇO-ME PARA CONSTRUIR PONTES, NÃO PARA CAVAR FOSSOS.

Palavras Bem Escolhidas

As verdadeiras palavras de Maria, conforme registradas no Evangelho, são poucas:

"Como será isto, se eu não conheço homem algum?"

"Aqui está a serva do Senhor. Faça-se em mim segundo a tua palavra."

"Filho, por que fizeste isso conosco? Teu pai e eu, aflitos, estávamos à tua procura."

"Eles não têm mais vinho."

"Fazei tudo o que ele vos disser."

Ainda que Maria não diga muita coisa, suas palavras são bem escolhidas e relevantes. Ela não desperdiça tempo ou energia com floreios de linguagem.

Suas elocuções foram breves e sucintas. Já que ela não viu necessidade de confundir as coisas com uma multidão de palavras desnecessárias, nós também não devemos confundi-las — sobretudo na oração. Quando rezamos, muitas vezes pensamos que é preciso ornamentar nosso discurso ou usar as palavras bem escolhidas de uma outra pessoa. Mas, será que realmente pensamos que é possível esconder de Deus nossos pensamentos e sentimentos, revestindo-os de frases ornamentais? Quando rezarmos, tomemos Maria como nosso exemplo, dizendo o que pensamos e pensando o que dizemos.

Rezo com honestidade e confiança, ou procuro falsear minhas idéias por meio das minhas orações?

CONTO A DEUS A VERDADE, POIS SEI QUE DEUS JÁ A CONHECE.

Milagres

Alguma vez você já recebeu um milagre? Suspeita que sim, mas não tem absoluta certeza? Muitos de nós se sentem desse modo. Milagres, assim como a beleza, estão nos olhos de quem vê. Ademais, eles exigem um mínimo de fé. De fato, se não exigissem fé, não seriam milagres: seriam fatos científicos. E se se pudesse reduzir a crença à ciência, não haveria necessidade de fé.

Contudo, não podemos reduzir o mundo espiritual a fatos científicos. Muito mais coisas acontecem além do que os olhos podem ver ou do que poderíamos imaginar. Contos populares de todas as partes deste planeta testemunham esse outro mundo. E reagimos intensamente a essas histórias porque elas são um eco da realidade em nosso coração. Sabemos por intuição que existe um outro mundo onde os próprios milagres são ciência.

Maria é parte desse mundo, e ela nos concede vislumbres dele em suas aparições. Essas aparições são a prova de que o mundo que podemos tocar, provar e cheirar não é o mundo real. Não; o que é real é invisível na maior parte do tempo.

Parte do grande enigma do mundo espiritual consiste no seu paradoxo: para ter, temos que renunciar; para receber, temos que dar; para ser amados, temos que amar. Uma vez que compreendemos a natureza essencialmente paradoxal da espiritualidade, começamos a perceber que estamos cercados de milagres a todo instante de cada dia.

Já recebi um milagre? Quero realmente receber um milagre, ou prefiro apenas ler sobre os milagres de outras pessoas?

SEI QUE RECEBEREI UM MILAGRE SE EU ME TORNAR RECEPTIVO A ESSA POSSIBILIDADE.

Lágrimas

Um dos fenômenos mais comuns em recentes aparições marianas é uma estátua de Maria que chora ou sangue ou lágrimas. Uma multidão de pessoas tem-se reunido em torno dessas estátuas, tentando captar um pouco do fluido misterioso. Nas ocasiões em que cientistas foram convocados para analisar esse fluido, eles constataram que, embora o fluido apresente algumas das características do sangue ou das lágrimas humanas, nenhum dos dois pode ser comprovado oficialmente. Não obstante, as lágrimas têm atraído igualmente enorme atenção tanto dos devotos quanto dos ímpios.

Se você está interessado nesse tipo de coisa, estátuas que choram são muito apropriadas para incitar a piedade e a devoção, mas são as lágrimas verdadeiras de pessoas reais que somos chamados a enxugar. Nem mesmo todas as estátuas que choram no mundo nos comoveriam tanto quanto as lágrimas de uma pessoa real. Se ficamos comovidos até a compaixão por uma estátua, quanto mais comovidos deveríamos ficar com as lágrimas de uma criança morta de fome, de uma mãe sem-teto ou de uma vítima da guerra?

Conquanto não se possa dizer, com segurança, que as estátuas de Maria estão chorando, podemos estar certos de que, se elas estão chorando, é porque estamos ignorando as lágrimas verdadeiras do mundo.

Que visões me comovem mais? Sou mais influenciado por eventos misteriosos ou por pessoas reais? Que ações concretas tomei recentemente para ajudar a enxugar as lágrimas do mundo?

FICO MAIS COMOVIDO COM A INJUSTIÇA DO QUE COM O MISTÉRIO.

Hagion

Na sua grande oração de graças a Deus, Maria diz: "O Poderoso me fez grandes coisas. Santo é o seu nome." Na versão grega deste texto, a palavra para *santo* é *hagion*, cuja raiz se encontra numa expressão que significa "sem terra". Trata-se da mesma raiz que forma a base de um sinônimo para santos – *hagio* – e é usada para dar nome às biografias dos santos – hagiografias.

Em certo sentido, os santos são "desprovidos de terra", pois se deram conta de que somos apenas viajantes neste mundo. Não estamos destinados a viver aqui para sempre; ao contrário, fazemos a jornada por esta vida sem fixar nossas raízes na terra.

Contudo, o esforço para alcançar a santidade não significa que não possamos desfrutar as coisas boas da vida. São Francisco de Assis, o asceta por excelência, pediu biscoitos de amêndoas no seu leito de morte. São Francisco de Bórgia (a ovelha branca do notório clã dos Bórgia) foi um excelente *gourmet*. São Francisco Liguori era um grande conhecedor de música e de teatro.

No entanto, a santidade exige o reconhecimento de que todas as boas coisas da vida são nossas só para o prazer, não para a posse. Sem dúvida alguma, Maria compreendeu esse princípio. Ela desfrutou a vida em toda a sua plenitude (incluindo vinho em casamentos!), mas não buscou riquezas materiais. Em vez disso, reconheceu e louvou um Deus que "derrubou os monarcas dos seus tronos, mas exaltou os humildes. Os famintos, ele os saciou com boas coisas; os ricos, ele os despachou de mãos vazias".

Quero ser santo? E se santidade significa renunciar a algumas das coisas que você mais valoriza?

COM MARIA, EU DIGO: "O TODO-PODEROSO GRANDES COISAS FEZ POR MIM."

8 DE NOVEMBRO

Flores

Nesta época do ano, a maioria dos jardins tem um aspecto pardo e estéril. No entanto, os mostruários de sementes já estão chegando com a promessa de primavera. Para os jardineiros – na verdade, para muitas pessoas em geral –, folhear as páginas desses mostruários é uma maneira de vislumbrar o futuro – sobretudo o esplendor das flores do verão.

Nos templos greco-romanos, era comum colocar uma oferenda de flores nos altares de deuses e deusas – entre eles, Zeus, Afrodite, Atena, Pã e Dafne. À medida que o Cristianismo se espalhou por todo o mundo, as flores – e também o resto da natureza – perderam sua associação com divindades pagãs e passaram a ser um símbolo do amor de Deus por nós. Ainda hoje, nossas igrejas costumam ser adornadas com flores perfumadas, às vezes em pleno inverno.

No decorrer do tempo, centenas de flores passaram a ser associadas especificamente com a vida e os atributos de Maria. No passado, muitas casas e castelos tinham um jardim consagrado, por assim dizer, a Maria, onde flores que refletiam a alegria, a bondade, o sofrimento ou a intercessão de Maria eram plantadas. Algumas catedrais e igrejas ainda têm jardins consagrados a Maria, e de vez em quando ainda se vê um quintal onde uma imagem de Maria reina sobre um outeiro ou canteiro de muitas espécies diferentes de flores.

Em vez de cultivar um jardim de espécies exóticas na próxima primavera, talvez você queira pensar em cultivar um jardim de Maria. Nesse caso, quando suas calêndulas, dedaleiras, delfínias, campainhas-dos-jardins, samambaias e violetas crescerem, você poderá oferecê-las em louvor de Maria – e, através dela, em louvor ao seu filho Jesus.

Uso a natureza como um meio de louvar a Deus?

RECONHEÇO A BONDADE DE DEUS EM TODA A CRIAÇÃO.

Descanso e Diversão

No Japão viciado em trabalho, algumas empresas são obrigadas a mandar que seus executivos viciados em trabalho tirem férias para se "divertir" e considerem descanso e diversão com a mesma determinação que demonstram no emprego.

Embora possamos rir furtivamente da idéia do esforço que algumas pessoas fazem para se divertir, muitos de nós já esqueceram o que significa diversão. Ou ignoramos completamente a diversão, como alguns japoneses, ou nos divertimos de uma maneira tão competitiva que transformamos todo jogo num torneio a ser ganho. Nós nos esquecemos como fazer alguma coisa por diversão que não tenha valor prático, extrínseco.

No quadro "A Infância da Virgem Maria", o artista pré-rafaelita Dante Gabriel Rossetti retratou uma jovem e pensativa Maria sentada sob uma videira com sua mãe bordando um maravilhoso tapete vermelho. O que Maria está fazendo não é algo "prático", no sentido de que seu projeto de bordado não é útil nem funcional. O tapete é pura decoração, feito por diversão.

Aparentemente, Maria ainda tem um senso de diversão. Ora ela é vista numa modesta cidade, num país dilacerado pela guerra; ora é vista como uma imagem tenuemente iluminada na janela de um arranha-céu, ou dançando sobre o telhado de uma antiga igreja no Egito, ou ainda pairando sobre uma singular aldeia irlandesa. Ela aparece vestida como uma camponesa mexicana, uma mulher francesa, uma magnífica rainha ou uma humilde criada.

Não importa onde ela apareça ou o que diga, Maria sempre traz uma sensação de alegria e de paz – sem falar, pelo menos, de uma jocosidade velada.

O que eu faço por diversão? Considero a diversão como uma perda de tempo ou como algo necessário à minha saúde espiritual?

ENCONTRO TEMPO PARA DESCANSAR E RELAXAR.

Sexo

O que Maria sabia e pensava sobre sexo? Parece irreverente considerar que ela pode ter sido um ser dotado de sexo?

Sem dúvida, é muito mais fácil pensar em Maria como uma bonita boneca de cera, criada desde sempre para carregar o menino Jesus no ventre. Pensar nela como uma mulher real, com tudo o que isso implica, parece, digamos, um tanto desrespeitoso, não parece?

O fato é que Maria foi uma mulher real. Ela tinha hormônios e formas anatômicas como qualquer outra mulher. O que a diferenciava, porém, era o fato de que ela foi a primeira, numa longa linhagem de santas e religiosas que foram mulheres normais, sadias, mas que transferiram sua sexualidade para Deus. Ser uma pessoa sexualmente normal não significa que você precise agir com base na sua sexualidade. Maria, obviamente, optou por não ser sexualmente ativa na sua relação com José. Contudo, isso não quer dizer que ela não pudesse tê-lo sido. Ela escolheu livremente sua posição.

O que diferencia Maria, e todos os outros que dedicaram sua sexualidade a Deus, do resto da humanidade não é que eles sabem como dizer não; pelo contrário, é que eles sabem como dizer sim a Deus com todas as fibras de seus corpos perfeitamente normais.

Trato a minha sexualidade como uma dádiva ou como um fardo?

DOU GRAÇAS À DÁDIVA QUE É O MEU CORPO.

Amante e Amado

Alguns psicólogos acreditam que existe um amante e um amado em todo relacionamento. Embora os termos não indiquem um grau de comprometimento ou de profundidade do amor, eles servem para explicar como funcionam algumas relações.

Amante é a pessoa que mostra seu amor com toda a clareza. Ele ou ela é aquele ou aquela que tende a dizer palavras de amor, dar provas de afeto e "ir à procura" da relação.

Por outro lado, amado ou amada é quem tende a receber o amor. Se bem que ele ou ela possam estar tão apaixonados na relação, seu estilo é ser mais contido ou contida, mais hesitante quanto às francas manifestações de afeto. Ele ou ela é que são procurados.

Ainda que esse equilíbrio funcione bem, se um dos parceiros ficar preso ao papel de amante ou de amado, o relacionamento poderá começar a ficar tenso. Se, por exemplo, a pessoa que em geral é amada nunca assumir o papel de amante, o amante talvez passe a se sentir negligenciado e usado. Inversamente, se o amante nunca faz nada para se sentir amado, ele ou ela podem achar que a afeição está começando a acabar.

Às vezes, quando pensamos em Maria, a imaginamos como a amante e Deus como o amado. Deus, porém, tanto é amante como amado para cada um de nós. Deus não só aceita nosso amor, como nos dá ativamente amor em troca. O relacionamento que nós – e Maria – temos com Deus pode ser o único em que somos amante e amado ao mesmo tempo.

Se atualmente tenho um relacionamento, sou o amante ou o amado?

ADMITO QUE AMO E SOU AMADO POR DEUS.

Amor-próprio

Jesus disse que o primeiro grande mandamento é amar a Deus sobre todas as coisas. O segundo grande mandamento é amar ao próximo como a si mesmo. Embora nos esforcemos para memorizar bem *amar a Deus e amar ao próximo*, às vezes deixamos passar despercebida a parte relativa a *amar a si mesmo.*

O que significa amar a si mesmo?

Obviamente, Jesus não estava falando sobre a autoglorificação do "eu" da rainha malvada em *Branca de Neve*, que passava a maior parte do tempo perguntando ao espelho mágico se ela ainda era a mulher mais bonita da terra.

Há uma diferença significativa entre o amor-próprio que é apenas indulgente consigo mesmo e o amor-próprio que é endossado por Deus. O genuíno amor-próprio – o tipo de amor para o qual Jesus nos chama – é sempre dirigido para Deus. Quanto mais uma pessoa está voltada para Deus, mais ela está voltada para a totalidade. De fato, amar a si mesmo consiste essencialmente em reconhecer e apreciar a totalidade. Além do mais, o amor-próprio luta por si mesmo e pelos seus valores. Quando você ama a si mesmo autenticamente, é capaz de reconhecer tanto os seus defeitos (sem autodepreciação) como suas virtudes.

Ninguém nas Escrituras demonstra um amor-próprio mais autêntico do que Maria. Ao receber a mensagem de Gabriel, ela declarou, com confiança e de um modo que concedia todo o merecimento a Deus, que todas as gerações a considerariam abençoada. Ela se mostra igualmente autoconfiante em suas aparições. Ela diz, por exemplo: "Eu sou a Imaculada Conceição!" Ela não fica atrapalhada nem diz, hesitante: "Deus me ordenou que vos contasse que Ele acha que eu poderia ser considerada a Imaculada Conceição." Ela sabe quem ela é – e, conhecendo a si mesma, é capaz de expressar o verdadeiro amor-próprio.

Se você está se perdendo ou se destruindo por causa do "amor", então o que você está sentindo não é amor verdadeiro. Talvez você precise pedir a Maria que ajude você a entender o que significa *amor-próprio.*

Acho difícil ser bom para mim mesmo?
Sinto-me culpado quando "me trato" bem?

AMO AO MEU PRÓXIMO, MAS TAMBÉM ME AMO.

Pedra de Toque

Nos tempos antigos, embora os ourives não tivessem como remover impurezas do ouro, esfregavam-no contra uma pedra preta chamada *pedra de toque* para ver que espécie de impurezas (como o cobre, por exemplo) estavam presentes.

O profeta Zacarias diz que Deus irá pôr seu povo à prova do mesmo modo:

> Farei passar a terceira parte pelo fogo,
> e a purificarei, como se purifica a prata,
> e a provarei, como se prova o ouro.
> Ela invocará o meu nome, e eu a ouvirei;
> direi: "É meu povo",
> e ela dirá: "O Senhor é meu Deus."

Em certo sentido, Maria é a nossa pedra de toque. Comparando a nossa vida com a dela, podemos revelar nossas impurezas. Sua vida, livre do pecado pela Imaculada Conceição e pelo poder salvador de seu filho, faz-nos ver onde ficamos abaixo do ideal. No entanto, a idéia de uma pedra de toque não serve apenas para indicar as impurezas; uma pedra de toque também realça o ouro. Assim também, mesmo quando vemos áreas de nossa vida que precisam ser trabalhadas, também vemos áreas onde é fácil ver o ouro da graça.

Que áreas da minha vida eu sei que precisam ser trabalhadas?
Estou pronto para usar Maria como minha pedra de toque?

PERMITO QUE MINHA VIDA SEJA POSTA À PROVA,
ASSIM COMO O OURO É POSTO À PROVA.

Justiça

Quando falamos em justiça, somos inclinados a limitar o nosso pensamento à ação legal num tribunal de justiça. Acreditamos que a justiça é feita quando criminosos são condenados, assassinos são executados e crimes são punidos.

Por outro lado, quando falamos em caridade, em geral nos referimos a atos de bondade para com os menos afortunados. Pensamos que caridade é fazer uma doação a uma causa digna ou dar esmola a um mendigo.

O Antigo Testamento adota um significado radicalmente diferente para essas duas palavras. O que chamamos de *caridade*, ele chama de *justiça.*

Maria coloca-se como um exemplo vivo dessa interpretação bíblica da justiça. A mulher que anunciou ao seu filho: "Eles não têm mais vinho", não tem medo de ir corajosamente perante o trono de Deus para dizer: "Eles não têm comida, nem casa, nem emprego." Completamente absorta na sua condição e na sua labuta humanas, ela reza agora e sempre por este nosso mundo dividido e confuso. Mas, mais do que isso, ela se dedica a rezar pelo perdão dos pecados. Conforme diz uma oração da Igreja Ortodoxa: "Ó Virgem Maria *Theotokos*, santa e fiel intercessora da raça humana, intercedei por nós perante Cristo, a quem gerastes, para que Ele nos conceda o perdão dos nossos pecados."

Enquanto está tratando dos seus afazeres diários, você encontra pessoas necessitadas de roupas, de comida, de abrigo e de perdão? Se a resposta for sim, não lhes dê um donativo em nome da caridade; dê-lhes tudo o que puder em nome da justiça.

De que maneiras promovo a justiça no mundo?
Eu poderia fazer mais do que estou fazendo?

PONHO EM PRÁTICA A JUSTIÇA – E O FAÇO COM CARIDADE!

Linguagem

Aparentemente, Maria tem grande conhecimento de línguas, pois em todas as suas aparições ela fala a língua das pessoas que a vêem.

Em 1531, um camponês que vivia perto de Tenochtitlán (que é atualmente a Cidade do México) teve a visão de uma bela mulher que se identificou como a Virgem de Guadalupe. Pelo menos é isso o que nos é contado. Contudo, dado que o camponês, Juan Diego, era um índio Nahuatl, é pouco provável que Maria tivesse usado a palavra Guadalupe em espanhol quando conversou com ele. O mais provável é que ela tenha descrito a si mesma com a palavra Nahuatl *Coatlaxopeuh*, que se pronuncia "cuat-la-so-pei".

A análise semântica da palavra indígena revela algo fascinante a respeito da própria Maria. *Coa* significa "serpente", *tla* é uma desinência nominal interpretada como "a", ao passo que *xopeuh* quer dizer "esmagar ou pisotear". Se esta *é* a palavra que Juan Diego ouviu de Maria, ela se identificou, pois, como "aquela que esmaga a serpente".

Essa denominação faz lembrar tanto a promessa feita no Gênesis – "Porei inimizade entre ti e a mulher, entre a tua descendência e o seu descendente. Este te ferirá a cabeça, e tu lhe ferirás o calcanhar" – como estas palavras do Apocalipse:

> Viu-se um grande sinal no céu; uma mulher vestida com o sol, tendo a lua debaixo dos pés e sobre a cabeça uma coroa de doze estrelas. Estava grávida e gritava entre as dores do parto, sofrendo tormentos para dar à luz. Viu-se também outro sinal no céu: um grande dragão, cor de fogo, com sete cabeças e dez chifres, e sobre as cabeças, sete diademas. Sua cauda arrastava um terço das estrelas do céu, lançando-as para a terra. O dragão colocou-se diante da mulher que estava para dar à luz, a fim de lhe devorar o filho, tão logo nascesse. Ela deu à luz um filho, um varão, que irá reger todas as nações com um cetro de ferro.

Que denominações de Maria têm maior significado para mim?

EU SEI QUE TANTO MARIA QUANTO DEUS
SEMPRE FALAM NUMA LINGUAGEM QUE EU ENTENDO.

16 DE NOVEMBRO

Inveja

Ao lado do orgulho e da luxúria, a inveja é um dos chamados sete pecados mortais. Embora Maria não seja culpada de inveja (ou de orgulho, ou de luxúria ou de qualquer outro pecado), é muito possível que alguns de seus vizinhos tivessem ficado com inveja dela – pelo menos até que seu filho fosse preso e executado como um criminoso.

Afinal de contas, por muitos anos ela viveu uma vida muito bonita. Tinha um filho extraordinário, que era visivelmente brilhante, e um esposo talentoso (Deus não teria escolhido um incompetente para ser o pai adotivo de Jesus), e ela era sem sombra de dúvida amada e respeitada por muitas pessoas. Em algum momento, alguém deve ter lançado algumas faíscas por inveja dela.

Como Maria tratou os que a invejavam? Naturalmente, não sabemos ao certo, mas podemos considerar que ela deve ter feito todos os esforços para dissipar a inveja, pois a inveja não controlada pode ser fatal. (Não é à toa que a inveja é considerada um pecado *mortal*!)

Já que não somos Maria, é muito mais provável que tenhamos a tendência de invejar (e não de ser invejados). O que fazer, então, para combater essa tendência natural?

A solução é reconhecer que Deus mede o amor não pelo que possuímos, mas pelo que somos. Assim que pararmos de nos concentrar no que temos (ou não temos) e começarmos a focalizar aquilo que podemos vir a ser – reconhecendo que realmente temos tudo de que precisamos para nos tornarmos as pessoas que Deus quer que sejamos –, a inveja pouco a pouco irá desaparecendo.

Invejo alguém? Em caso afirmativo, o que mais invejo nessa pessoa?

SINTO GRATIDÃO PELO QUE TENHO E NÃO SINTO INVEJA DO QUE NÃO TENHO.

17 DE NOVEMBRO

Confiança

Às vezes, certos grupos fazem o que chamamos de "exercícios de confiança". Como exemplo, uma pessoa pode ficar no centro de um círculo e cair para trás, na confiança de que haverá alguém ali para segurá-la antes que atinja o chão.

O propósito desses exercícios consiste claramente em demonstrar confiança nos outros. Se bem que alguns de nós talvez estejam dispostos a acreditar que nos segurariam se caíssemos de costas num círculo, é bastante menos provável que tenhamos muita confiança nos outros no mundo real. Por experiência, aprendemos que, se a gente se inclinar muito para trás, cairá no chão.

Um dos maiores presentes de Maria à humanidade é que ela nos mostra que a única Pessoa digna da nossa confiança é Deus. Embora estivesse "muito perturbada" quando Gabriel lhe apareceu para anunciar que ela daria à luz o Messias, ela estava pronta para confiar no desígnio divino e dizer – embora só conhecesse vagamente os detalhes: "Tudo bem, eu o farei."

A maneira de emularmos Maria é tendo confiança em Deus mesmo quando não nos tenham sido esclarecidos todos os detalhes. Talvez o "vazio que assume a forma de Deus" que o filósofo Blaise Pascal, do século XVII, disse que havia em todo ser humano seja, na verdade, apenas o desejo de confiar no único Ser digno da nossa completa confiança.

Tenho dificuldade para confiar nas pessoas? Tenho fé para confiar em Deus?

EU SEI QUE DEUS NUNCA ME ABANDONARÁ.

18 DE NOVEMBRO

Emoções Humanas Naturais

Quase sempre supomos equivocadamente que a santidade constitui um empecilho para as emoções humanas naturais – especialmente as emoções mais sombrias. É difícil imaginar Maria tão frustrada a ponto de quase chorar, por exemplo, ou tão perturbada a ponto de precisar tomar fôlego longa e profundamente antes de falar.

As emoções, porém, são uma das maiores dádivas de Deus à humanidade, e Maria era plena e maravilhosamente humana. Ela deve ter sentido todas as emoções que sentimos – as positivas e as negativas.

Na verdade, quanto mais próximos estamos de Deus, mais profundamente sentimos tanto a dor como a alegria. Todavia, até os animais, à medida que subimos na escala da evolução, sentem emoção. Estudos de chimpanzés realizados por Jane Goodall indicam que eles têm sentimentos "humanos" como tristeza, alegria, raiva e contentamento.

Sem dúvida, freqüentemente atribuímos reações emotivas aos nossos animais de estimação, sobretudo a nossos gatos e cães. E o que constatamos como indícios de emoção é parte daquilo que consideramos tão atraente nos mamíferos. É, em parte, a falta de emoção visível em répteis e peixes o que faz com que a maioria de nós não sinta afeição por eles.

Hoje, observe cada emoção que sentir. Não avalie nem julgue seus sentimentos. Apenas sinta-os. E depois dê graças a Deus por você poder possuir uma gama tão ampla de sentimentos.

O que eu estou sentindo neste exato momento?
Tenho o hábito de julgar os meus sentimentos?

EU SEI QUE OS SENTIMENTOS NÃO SÃO BONS NEM RUINS.

Depressão

A depressão ainda carrega um estigma em grande parte da nossa sociedade. Ainda que muitas pessoas famosas, incluindo Winston Churchill e Abraham Lincoln, tenham sofrido enormemente de depressão, ainda tendemos a pensar nela como um distúrbio mental e tratá-la com cautelosa desconfiança.

Contudo, crescentes provas médicas indicam que a maior parte dos (se não todos) casos de depressão tem uma base biológica e pode ser eficazmente tratada com remédios. E, apesar de a medicação não ser capaz de anular ou de curar os acontecimentos que por vezes deflagram a depressão – por exemplo, tristeza, doença ou perda –, ela pode ajudar uma pessoa deprimida a lidar mais eficazmente com esses acontecimentos dramáticos da vida.

Pondo tudo isso de lado, ainda temos uma tendência a nos repreender severamente por coisas sobre as quais não temos muito controle (como ficar deprimidos) e justificar-nos por coisas a respeito das quais podemos fazer alguma coisa (como mesquinhez e autoconcentração).

Todavia, uma coisa que novas evidências científicas demonstram é que a depressão não é uma falha moral. De fato, Jesus talvez tenha provado o gosto da depressão quando estava rezando no Jardim de Getsêmani na noite anterior à Crucificação. Sua oração desesperada “Se possível, afaste de mim este cálice!” tem em si mais do que um toque de desespero. Se o próprio Jesus podia ficar deprimido, então não precisamos nos castigar quando formos igualmente afetados pela depressão; em vez disso, peçamos a Jesus e a Maria que nos ajudem a encontrar uma saída para aquilo que Churchill chamou de “melancolia”.

Conheço alguém que está deprimido (talvez eu mesmo)?
O que estou fazendo a respeito? Já pedi ajuda por meio da oração?

EU SEI QUE DEUS ESTÁ COMIGO TANTO NOS BONS COMO NOS MAUS MOMENTOS.

Espelho

Espelhos aparecem com certo destaque em muitos contos populares. Na história de Branca de Neve, por exemplo, a madrasta/rainha perversa conta com seu espelho mágico para mantê-la informada de sua condição de a mais bela do reino. Em *Rainha da Neve*, de Hans Christian Andersen, um duende travesso exibe um espelho no qual tudo o que é belo diminui e tudo o que é feio aumenta. Em nenhum dos dois casos o espelho, que deveria refletir a verdade, realmente o faz.

Muitas vezes passamos a vida olhando-nos em espelhos que deformam. Em vez de nos vermos como realmente somos, deixamos que as projeções e idéias de outras pessoas formem a nossa auto-imagem. Se temos sorte, vemo-nos iguais à nossa imagem real, mas em geral temos nossa beleza diminuída e nossa feiúra aumentada (como no espelho do duende) ou, então, nossas boas qualidades ficam tão exageradas que não prestamos atenção ao nosso coração endurecido.

Maria mostra que a melhor maneira de realmente nos vermos consiste em não olharmos absolutamente para nós mesmos. Maria nunca chama a atenção para si mesma; ela se faz transparente para que possamos enxergar Jesus através dela. Da mesma forma, quando nos fazemos transparentes para Jesus, começamos a ver, não a nós mesmos, mas sim a vida de Deus dentro de nós. E quando fazemos isso, não temos mais necessidade de espelhos, pois nesse momento somos capazes de nos ver com os próprios olhos de Deus.

Vejo-me como realmente sou ou como as outras pessoas dizem que sou?

VEJO-ME ATRAVÉS DOS OLHOS DE DEUS.

Paz no Mundo

Durante certo período da década passada, começaram a circular adesivos com a frase "Visualize a Paz no Mundo". Já que a paz mundial é algo que quase todo mundo deseja, esse *slogan* teve grande repercussão durante algum tempo. Mas depois, certo dia, um cínico colou no seu carro um adesivo que dizia "Visualize a Pá no Fundo".* Alguém podia imaginar que esse motorista esperava muito cravar a pá no fundo da terra onde estivera escavando!

(Uma coisa que os dois adesivos têm em comum é a idéia de que podemos fazer as coisas acontecerem simplesmente imaginando-as. Embora a visualização seja um instrumento importante para estimular várias habilidades — atletas utilizam-na para se imaginarem vencendo uma corrida, por exemplo — a visualização por si só não é capaz de criar a realidade. Você pode visualizar-se vencendo uma maratona dia e noite, mas, se você não calçar seus tênis de corrida e começar a treinar, nada de concreto acontecerá.

Nas suas aparições, Maria pleiteia a paz, pedindo a seus seguidores que imaginem um mundo sem guerras ou conflitos. No entanto, ela também assinala que apenas pensar sobre a paz não fará com que ela aconteça. Ela nos diz constantemente que devemos não só rezar pela paz, mas também buscar ativamente a paz vivendo em harmonia com os que estão ao nosso redor.

Estou "em guerra" com alguém no momento?
Há alguém com quem eu precise fazer um tratado de paz?

NA MEDIDA DO POSSÍVEL, VIVO EM PAZ COM TODAS AS PESSOAS.

---

* No original, a autora faz um jogo de palavras, intraduzível, com as expressões *Visualize World Peace* (Visualize a Paz no Mundo) e *Visualize Whirled Peas* (Visualize as Ervilhas Rodopiando) (N.T.).

Ausência de Pecado

De acordo com a teologia católica, Jesus e Maria são as únicas duas pessoas que viveram uma vida inteira sem pecar. Há, no entanto, uma diferença entre os dois. Jesus nunca pecou porque era Deus e, na condição de Deus, era incapaz de pecar; Maria, por sua vez, foi concebida sem a predisposição para o pecado com que o resto da humanidade nasce e, por causa dessa bênção especial, foi capaz de viver uma vida sem pecados.

A distinção pode parecer sutil, mas na realidade não é. Jesus *não poderia* ter pecado. Ponto final. Maria *poderia* ter pecado, mas não pecou. Essa distinção faz toda a diferença para nós, que não só podemos pecar, como de fato pecamos.

Maria foi capaz de viver uma vida livre do fardo do pecado, pois colaborou totalmente com a salvação oferecida por Deus. Apesar da dificuldade de se entender a situação de Maria – com efeito, um número significativo de grandes santos tiveram dificuldade com relação ao conceito; portanto, se isso o deixa intrigado, você está em boa companhia –, a doutrina católica diz, basicamente, que a Maria foi aplicada a ação salvadora de Cristo enquanto ela ainda estava no útero materno.

Embora os teólogos possam refletir sobre a complexidade do processo, para nós isso significa que Maria representa um exemplo de fé. Sabendo que ela foi capaz de colaborar totalmente com a vontade de Deus, podemos nos empenhar em viver com mais plenitude na graça que Deus oferece a cada um de nós.

Procuro construir a minha vida por conta própria, ou aceito a ajuda de Deus para vivê-la?

SOU GRATO PELO EXEMPLO, DADO POR MARIA, DE UMA VIDA CHEIA DE GRAÇA.

Ação de Graças

A maior parte dos feriados nacionais norte-americanos comemora algum evento com implicação política. O dia 4 de julho, por exemplo, nos lembra a independência dos Estados Unidos com relação à Inglaterra. A data de 30 de maio é reservada para lembrar as pessoas que morreram a serviço da pátria.

O dia de ação de graças constitui uma exceção. Se bem que suas raízes remontem aos primeiros colonos puritanos que fundaram, em 1630, a colônia de Plymouth, seu propósito é o de simplesmente fazer com que todos os norte-americanos dêem graças pelas bênçãos recebidas. Inerente à celebração é a hipótese de que existe alguém a quem os agradecimentos podem ser dirigidos. Assim, ainda que de maneira indireta, o dia de ação de graças reverencia Deus (e é o único feriado americano que faz isso).

Contudo, não devemos limitar nossa gratidão a um único dia. Maria agradeceu em todos os dias de sua vida. Precisamos cultivar essa mesma atitude de agradecimento diariamente.

E precisamos dar graças até mesmo às nossas dificuldades e adversidades. Ser grato pelos problemas não quer dizer que devemos dar pulos de alegria quando as coisas não dão certo na nossa vida; significa, isto sim, que devemos reconhecer a providência divina em tudo que acontece conosco e agradecer pelo cuidado de Deus. Em outras palavras, embora não tenhamos que sentir felicidade o tempo todo, precisamos efetivamente cultivar a postura mental de dar graças todos os dias.

Quais as três coisas pelas quais eu sou mais grato hoje?
Sou capaz de me lembrar de uma dificuldade que
revelou ser uma sorte na desgraça?

SOU GRATO POR TUDO O QUE ACONTECE COMIGO HOJE.

Aposentadoria

No ano 431, líderes da Igreja cristã reuniram-se para debater questões candentes, uma das quais era decidir se Maria devia ser identificada como a "mãe de Cristo feito Deus" ou como "a mãe do Cristo feito homem". Os participantes não conseguiram chegar a um consenso sobre que designação era correta, mas concordaram em que, segundo o Evangelho de João, Maria foi entregue por Jesus, quando ainda estava na cruz, aos cuidados de João, e que João e Maria foram residir na cidade portuária de Éfeso, na atual Turquia. Ainda hoje ruínas da casa onde se diz que ela viveu podem ser vistas no fim do caminho que vai da porta de Magnésia para o monte Bulbul (conhecido atualmente como monte Koressos).

Como ela teria passado esses últimos anos de sua vida? O trabalho de Jesus estava terminado, porém Maria viveu durante vários anos mais – talvez até vinte. O que fazia ela na sua "aposentadoria"?

Conforme havia feito a vida toda, provavelmente ela trazia água do poço e preparava as refeições diárias, que consistiam de legumes e de ocasional pequena porção de carne e cereais como cevada e trigo. É provável que ela secasse em cima do telhado as fibras de linho que seriam transformadas em fios e negociadas com comerciantes no mercado ao ar livre, em troca de mantimentos. À noite, talvez ela e João se sentassem no telhado e conversassem sobre os velhos tempos, quando Jesus ainda estava com eles. Provavelmente, eles jamais previram o futuro, quando a história de João sobre Jesus seria a maior biografia já escrita e Maria seria a mãe da humanidade. E é provável que Maria nunca tinha imaginado que, assim que se juntasse a Jesus no Céu, trabalharia mais do que nunca para levar toda a humanidade à salvação!

O que eu quero fazer quando me aposentar?
Estou esperando um dia no futuro para começar realmente a viver?

EU NÃO ESPERO ATÉ AMANHÃ PARA VIVER O HOJE.

Haveres

Os levitas (ou sacerdotes do Templo) do Antigo Testamento não possuíam terras; como sacerdotes, suas riquezas eram espirituais, não materiais. O próprio Jesus reproduziu esse sentimento quando concordou com a opinião de seus adeptos de que era um rei, fazendo, porém, a seguinte ressalva: "Meu reino não é deste mundo."

As pessoas que dedicam a vida a Deus muitas vezes renunciam a bens materiais e fazem voto de pobreza, não porque terra ou bens sejam ruins em si mesmos, mas porque isso pode se tornar um estorvo para uma vida livre. Podemos achar que somos donos de nossos bens, mas, na verdade, nossos bens é que são nossos donos.

Se São Paulo tivesse possuído plantações de vinhas e oliveiras, ele não teria abandonado por tanto tempo suas propriedades para fazer suas viagens como missionário nem para escrever suas notáveis epístolas. Ele estaria ocupado demais em administrar suas propriedades, controlar seus empregados e embarcar seus produtos.

Se Madre Teresa tivesse feito grandes investimentos em imóveis na cidade de Calcutá, ela estaria ocupada demais com aluguéis, arrendamentos e com administração para atender aos pobres e necessitados.

Se Maria tivesse sido uma importante proprietária da Galiléia, não estaria disponível quando Gabriel foi visitá-la com uma mensagem de Deus; ela estaria fora de casa, cobrando seus aluguéis e verificando a condição de seus imóveis.

A maioria de nós precisa ter certa quantidade de bens, mas, se para conservá-los começamos a despender muito tempo, a ponto de não conseguirmos mais nos dedicar a coisas realmente importantes da vida – como, por exemplo, fazer orações e praticar boas obras –, precisamos voltar os olhos para Maria e reexaminar a nossa vida.

Sou dono do que possuo, ou o que possuo é dono de mim?

GOSTO DO QUE TENHO, MAS NÃO DEIXO QUE
O QUE TENHO SE TORNE MINHA RAZÃO DE VIVER.

26 DE NOVEMBRO

Embaraço

Você alguma vez ficou tão embaraçado que desejou que o chão se abrisse e o fizesse desaparecer? Muitos de nós já sentiram grande embaraço pelo menos uma vez na vida. (E, para a maioria de nós, uma vez é mais do que suficiente!)

Às vezes, no entanto, temos de estar prontos para correr o risco de ficar embaraçados a fim de realizar um grande bem. Maria, por exemplo, correu o risco de embaraço total quando mandou que os criados fizessem tudo o que Jesus lhes dissesse para fazer. E se Jesus não tivesse feito nada? E se os criados tivessem ido até ele e ele dissesse: "Do que vocês estão falando?" E se ele tivesse transformado a água em suco de uva, e não em vinho? E se...?

Pode-se argumentar que Maria sabia o que Jesus ia fazer, mas isso pode não ser verdade. As palavras dela aos criados deixam claro que ela não tinha certeza do que iria acontecer. Do contrário, ela provavelmente teria dito alguma coisa mais ou menos nestes termos: "Não se preocupem com o vinho. Meu filho cuidará disso."

Sempre que nos arriscamos pelos outros, corremos o risco de ficarmos embaraçados. Mas, quando estamos dispostos a nos expor à humilhação, damos a Deus a oportunidade de fazer milagres. Se comparamos o benefício de um milagre com a possibilidade de alguns momentos de embaraço, a escolha não parece tão difícil, apesar de tudo.

Alguma vez fiquei embaraçado?
Deus alguma vez já me deixou embaraçado?

EU SEI QUE DEUS NÃO ME DEIXARÁ
EMBARAÇADO QUANDO EU DEPOSITAR MINHA CONFIANÇA NELE.

Partilha

Quando perguntaram a um grupo de crianças pequenas o que significa partilhar, uma delas respondeu: "Significa que se você consegue uma coisa primeiro, tem de ficar com ela." Uma outra criança disse: "Partilhar significa que, se uma outra pessoa tem uma coisa que você quer, ela tem de dar essa coisa a você." Apesar de rirmos ironicamente do modo como as definições pueris de partilha dependem de quem seja o possuidor ou a coisa possuída, agimos muitas vezes como se concordássemos com essas definições; agimos como se o que é meu fosse meu e o que é seu fosse meu também, pois você tem de partilhar.

Mas, como todos sabemos, partilhar não significa possuir; significa dar. Significa soltar, em vez de segurar. Significa pegar o que é nosso por direito e dá-lo livre, voluntária e generosamente a outrem.

Maria coloca-se diante de nós como um excelente exemplo do verdadeiro modo de partilhar. Ela não só partilhou sua vida conosco para que obtivéssemos a salvação, ela ainda hoje continua a partilhar coisas conosco. Por meio de suas aparições, ela partilha suas profundas revelações. Por meio de suas preces, ela partilha seu poder. Por meio do seu amor, ela partilha seu filho.

Se você tiver dificuldade em partilhar (e muitos de nós têm essa dificuldade, seja qual for a nossa idade), peça a Maria que o ajude a se tornar mais generoso, mais receptivo, mais condescendente. Assim, você descobrirá que as palavras atribuídas a São Francisco de Assis são, de fato, verdadeiras: "É dando que se recebe."

O que eu acho mais difícil de partilhar – meus bens,
meu tempo ou a minha pessoa?

EU PARTILHO.

Outono

A essa altura do calendário, o ano está chegando ao fim. Só falta mais um mês antes que tenhamos de escrever uma nova data em nossas cartas e em nossos cheques. Todavia, assim como por trás de cada olá existe um último adeus, assim também por trás do outono existe a promessa da primavera. Mesmo quando a terra está se fechando para o inverno, uma nova vida jaz à espera, no fundo do solo.

Neste exato momento estamos no outono da vida na terra. Sabemos disso, mas isso é tudo o que sabemos. Não temos certeza se estamos a alguns dias de distância da primeira nevada ou se as últimas semanas quentes de outono ainda estão por vir. Tudo o que sabemos, a partir de Jesus e de Maria, é que estamos no outono da vida na terra. O fim está próximo. Não sabemos exatamente quando, mas sabemos que ele está a caminho.

Saber que estamos nos últimos estágios da vida na terra não significa que devemos nos apavorar. Significa efetivamente que devemos começar a nos preparar para o inverno que sabemos que virá. Ainda temos tempo de desfrutar uma das mais belas estações do ano, embora não devamos nos comprazer com os alegres dias de outono. Conscientes de que o inverno chegará a qualquer momento, devemos viver a vida, não com medo, mas com uma expectativa otimista.

Estou pronto para o inverno da vida, quer seja o inverno da minha própria vida quer seja o inverno da vida como um todo?

VIVO NO PRESENTE, MAS NÃO PARA O PRESENTE.

Mãe e Filho

Imagine a cena. É tarde da noite. Maria acabou de abafar o fogo da lareira e está se preparando para dormir quando ouve uma batida na porta. *Quem poderia ser a esta hora da noite?*, ela se pergunta. Ela abre a porta e vê quem, senão Jesus e um punhado de discípulos.

"Oi, mãe!", diz Jesus alegremente. "O que há para comer?"

Se você acha que esse fato nunca aconteceu, então não tem muita experiência com mães e filhos, incluindo filhos adultos. A primeira coisa que a maioria dos filhos faz quando chega em casa é ir direto à cozinha para ver o que há para comer.

O que Maria teria feito num caso desses? Muito provavelmente, ela teria posto lenha no fogo (ou dito a Jesus que o fizesse!), tirado do armário pão, queijo e frutas, e dado ao grupo algo para comer. Ela sabia, como todas as mães sabem, que é preciso alimentar o corpo antes de começar a sondagem da alma. Depois, quando todos estavam satisfeitos, ela teria começado a importunar Jesus com perguntas: "Onde você esteve pregando?" "Como as pessoas reagiram?" "Você está atraindo muitos seguidores?"

Finalmente, quando tanto o corpo como a alma estivessem satisfeitos, ela teria certamente se assegurado de que todos estavam à vontade e, em seguida, teria ido se deitar, contente em saber que seu filho estava mais uma vez seguro debaixo de seu teto.

Se tenho filhos, que tipo de relacionamento mantenho com eles ou gostaria de manter no futuro?

SEI DA IMPORTÂNCIA DE ALIMENTAR TANTO O CORPO COMO A ALMA – NA DEVIDA ORDEM!

Luz do Sol

Visto que o sol nasce tão tarde e se põe tão cedo nesta época do ano, muitas pessoas que vivem no hemisfério norte têm dificuldade para obter luz suficiente a fim de desempenhar seus papéis de modo adequado. Elas podem se sentir sonolentas durante todo o inverno, irritadas e mal-humoradas, ou apresentar as manifestações gerais de uma depressão relacionada com o inverno. De fato, algumas pessoas ficam seriamente debilitadas com essa deficiência de luz, deficiência própria do inverno. Os médicos chamam essa condição de distúrbio emocional sazonal e muitas vezes prescrevem terapia de luz para ajudar a superá-lo.

Contudo, toda a luz artificial do mundo junta seria insignificante, se comparada com o sol. E a luz do sol é fraca, se comparada com a luz intensa das supernovas. No entanto, até estas são desprezíveis, se comparadas com a luz que emana de Deus.

As aparições de Maria são quase sempre acompanhadas de um resplendor fugaz dessa luz radiante – uma luz que faz o sol parecer inferior. Efetivamente, em muitas de suas imagens, Maria é retratada com um halo brilhante ou com uma auréola de radiação dourada, representando a luz divina que emana de seu interior. Como escreveu Santo Antônio de Pádua: "Diz-se que ela é a luz porque dissipa as trevas." Quando vemos Maria, vemos também um vislumbre da luz que ilumina eternamente o firmamento.

Talvez Deus envie Maria ao mundo para nos lembrar que quando chega o inverno, a primavera – a estação de Maria e a época em que a luz do sol retorna – não pode estar muito longe.

Permito-me ser iluminado pela luz da verdade que Maria traz ao mundo?

REFLITO A LUZ DE DEUS PARA TODAS AS PESSOAS QUE ENCONTRO.

Regozijo

Quando o anjo Gabriel apareceu para Maria, ele anunciou, como diz a Bíblia: "Alegra-te, muito favorecida!" Quando se pensa nela, essa frase soa um tanto estranha. O anjo deu a Maria uma ordem direta, a que teria sido muito difícil obedecer. Afinal de contas, o que significa alegrar-se? E pode alguém alegrar-se sob imposição?

A palavra *regozijo* implica mais do que um mero sentimento de felicidade. Ela tem conotações de glória, exultação, triunfo e até de festa. Regozijo é uma fonte que inunda todo o ser de alguém.

O interessante é que, ao contrário da felicidade, que é uma emoção sobre a qual temos pouco ou nenhum controle, o regozijo é algo que podemos decidir expressar. Podemos decidir expressar glória ou triunfo, independentemente do que estejamos sentindo no momento.

Se precisamos da prova de que sempre podemos nos regozijar apesar de nossos sentimentos, basta olharmos para Maria. É evidente que Gabriel esperava que Maria se regozijasse, embora devesse saber que ela certamente iria sentir-se angustiada. Ele não esperava que ela se sentisse feliz por imposição, mas esperava que ela se regozijasse.

Da mesma forma, podemos nos regozijar sempre e em todas as circunstâncias, não porque nos sentimos levianos, mas porque a vida em si é uma celebração. Respirar o ar, olhar para o céu, estar simplesmente vivo é mais do que motivo suficiente para regozijo, por imposição ou não de um anjo.

Tenho uma atitude de gratidão para com a vida?
Regozijo-me, mesmo quando não me sinto particularmente feliz?

REGOZIJO-ME COM O FATO DE QUE ESTOU VIVO E SOU AMADO POR DEUS.

2 DE DEZEMBRO

Belém

"Ó cidadezinha de Belém, como ainda te vemos repousar." A melodia desse querido cântico de Natal cria, como que por encanto, a imagem de uma aldeia serena e tranqüila.

As cidades, à noite – principalmente quando vistas a distância –, sempre parecem silenciosas, mas quando se olha de mais de perto, descobre-se que elas estão fervilhando de atividade.

Belém não era nenhuma exceção. Como sabemos, o povoado estava cheio de gente à espera do recenseamento decretado pelo governo. Não é preciso muita imaginação para visualizar a cena nas tabernas, nas hospedarias: risadas em voz alta, gritos bêbados, o retinir de pratos, o latido de cães, viajantes pedindo um lugar para ficar.

Até mesmo num estábulo, com as ovelhas, cabras, vacas e burros, dificilmente seria um lugar silencioso. Ali, no frio e no escuro, uma criança estava nascendo. Quem já assistiu ao nascimento de um bebê sabe que não se trata de um momento particularmente silencioso. Ainda que, como os antigos escritores cristãos sugeriam, Maria tivesse sido poupada das dores e sofrimentos normais do parto, tanto ela como José, forçosamente, teriam ficado agitados. Afinal de contas, nenhum dos dois sabia o que esperar. Além do mais, depois que o bebê nasceu, o céu noturno ficou cheio de anjos, que cantavam "Glória a Deus nas alturas!"

Belém silenciosa? Rá!

Às vezes, nossa vida se parece um pouco com Belém: silenciosa de longe, mas agitada e tumultuada de perto. Nessas ocasiões, convém lembrar daquele antigo provérbio que diz "Águas quietas são profundas." Aquela noite em Belém, quando um bebê estava nascendo e o mundo estava sendo recriado, até mesmo a agitação era abençoada com uma calma celestial.

Sou calmo interiormente ou apenas exteriormente?
Deixo que a agitação da vida me faça desviar
a atenção do que realmente é importante?

ESTOU EM PAZ, INDEPENDENTEMENTE DO QUE ESTÁ ACONTECENDO AO MEU REDOR.

Mensageiros Angélicos

De uns anos para cá, os anjos têm conquistado enorme popularidade. Livros, peças de teatro, filmes e seriados de televisão têm representado anjos que interagem regularmente na vida da humanidade. Os anjos amiúde são mostrados prestando assistência – tirando as pessoas de encrencas ou apenas pairando no ar, prontos para salvar as pessoas de si mesmas. Embora os anjos possam fazer essas coisas, a palavra anjo significa simplesmente mensageiro – nada mais, nada menos.

Em todas as partes, tanto do Antigo como do Novo Testamento, os anjos fazem exatamente isso: trazem mensagens. Um anjo pergunta a Maria se ela consentirá em ser a mãe de Jesus; um anjo informa ao marido de Isabel que o filho deles será chamado João; um anjo revela a José que Maria está grávida; um anjo avisa a José para fugir da ira homicida de Herodes; um anjo aparece para Jesus com palavras de consolo antes da Crucificação; um anjo saúda as mulheres no túmulo e um anjo diz aos discípulos para pararem de fitar o firmamento e voltarem para casa depois de Jesus ter subido aos céus.

Em algumas de suas aparições, Maria é vista acompanhada de um ou mais anjos. Na verdade, um companheiro angelical é muito apropriado para Maria, pois ela é a principal mensageira de Deus ao mundo. Todos os dias – por meio de orações, quando não de aparições – Maria nos lembra do amor de Deus, do plano divino para o mundo e da necessidade de conversão. De fato, Maria é uma mensageira tão eficiente, que talvez seu segundo nome devesse ser Angélica!

Já recebi alguma mensagem dos anjos?
Peço sempre ajuda e orientação ao meu anjo da guarda?

ESTOU ATENTO AOS SINAIS DOS ANJOS.

Foco

Você alguma vez já ergueu os olhos, à noite, para o céu e procurou em vão fixar os olhos numa determinada estrela, fazendo com que ela saltasse para a claridade no momento em que você deslocou sua visão um pouco para o lado? A ciência nos diz que esse fenômeno tem que ver com os bastonetes e cones em nossos olhos e também com a maneira pela qual nossa visão noturna se desenvolveu, mas nada disso interessa quando estamos tentando ver uma estrela. O que importa é aprender a olhar um pouco para o lado do corpo celeste que queremos ver e focalizá-lo com a nossa visão periférica.

Afastar os olhos diretamente de um objeto para vê-lo com mais clareza quase sempre funciona na nossa vida espiritual e também no nosso relacionamento com Deus. Se estamos tendo dificuldade para descobrir a vontade divina em relação à nossa vida, pode ser que precisemos afastar um pouco o nosso olhar – digamos, para Maria –, em vez de procurar fitar diretamente o rosto de Deus.

É irônico, mas, se olharmos para Maria e para o seu exemplo, talvez consigamos perceber com mais clareza o que Deus gostaria que víssemos. É como se Deus, de repente, aparecesse com nitidez, assim como uma estrela surge à vista quando paramos de procurá-la. Quando desistimos de nos esforçar tanto para ver, conseguimos efetivamente enxergar com mais clareza.

*Tenho dificuldade para discernir a vontade de Deus em relação à minha vida?
Não estarei me esforçando demais para isso?*

ESTOU CERTO DE QUE VEREI AQUILO QUE DEUS QUER QUE EU VEJA.

Consagração

Depois que Davi foi ungido rei de Israel, e enquanto Saul ainda ocupava o trono, Davi e seu exército faminto entraram no Tabernáculo e comeram o pão consagrado. Isso constituiu uma infração à lei de Moisés, mas impediu que o maior rei de Israel morresse de fome. Além disso, Deus qualificou Davi como "um homem de acordo com o meu coração".

O que é consagrado é reservado a Deus, mas pode ser usado pelos homens. Um bispo, por exemplo, é consagrado, mas permanece completamente a serviço dos homens. O pão e o vinho que recebemos na Comunhão são consagrados, mas nós os consumimos normalmente. E se bem que Maria fosse destinada, consagrada a Deus, ela viajou pelas estradas empoeiradas da Judéia e da Galiléia, comeu comida comum, provavelmente dormiu no teto plano de sua casa em Nazaré e lavou as roupas da família na beira de um córrego.

Nem todas as pessoas que são consagradas à vontade de Deus, como os místicos e os contemplativos, vivem em claustros silenciosos. Muitos estão no mundo, atuando como caixas bancários, redatores e professores. O que os diferencia, o que os torna consagrados, é sua vida de oração. São pessoas que, como Maria, têm constantemente uma prece nos lábios ou no coração. Essa é a essência da verdadeira consagração: reservar sua vida espiritual interior só para Deus, pois o que é consagrado a Deus pode ser usado para o bem do mundo, mas não pode ser maculado por ele.

Vivo uma vida consagrada? Reservo-me para Deus, ou reservo-me para mim mesmo, para a minha família ou para o meu trabalho?

CONSAGRO-ME A DEUS E SOMENTE A DEUS.

Emanuel

O nome Emanuel, um dos nomes tradicionais de Jesus, vem de uma passagem de Isaías no Antigo Testamento, na qual Deus falou com Acaz:

> Pede ao Senhor teu Deus um sinal, ou nas profundezas ou nas alturas. Acaz, porém, disse: "Não pedirei nada, nem tentarei ao Senhor!" Então disse o profeta: Ouvi, ó casa de Davi! Parece-vos pouco fatigardes os homens, e quereis fatigar também ao meu Deus? Pois sabei que o Senhor mesmo vos dará um sinal: a virgem conceberá e dará à luz um filho, e pôr-lhe-á o nome de Emanuel.

Essa profecia, revelada muito antes do nascimento de Jesus, foi reafirmada no Novo Testamento, que relata esse nascimento: "Eis que a virgem conceberá e dará à luz um filho, e ele será chamado pelo nome de Emanuel, que quer dizer 'Deus conosco'."

Mesmo quando não temos consciência disso, nunca estamos realmente sós. Vivemos na comunhão dos santos. Deus está conosco, Maria está conosco, e estamos ligados com todos os que vieram antes de nós. De um modo maravilhoso, milagroso, partilhamos a nossa vida com toda a humanidade.

O milagre divino é que Deus viveu como homem entre nós, Deus está realmente conosco agora, e somos amados pelo Senhor Deus Emanuel.

Lembro-me de rezar pelas pessoas que morreram antes de mim?
Peço aos santos que se lembrem de mim nas suas preces?

EMANUEL! DEUS ESTÁ CONOSCO!

Presentes

A essa altura, a época de compras do Natal já está a todo vapor. Seria difícil não perceber a contagem regressiva para o Natal, com seu inexorável refrão: "Faltam apenas ____ dias para as compras!" Somos empurrados, acotovelados, logrados e coagidos a comprar presentes caros para todos os que estão na nossa lista a fim de demonstrar nosso amor.

Mas os melhores presentes não são os que compramos; são os que vêm do coração, e eles sempre envolvem uma dádiva de si mesmo.

Maria tem dado alguns presentes palpáveis em suas aparições. Ela encheu, por exemplo, de rosas o manto de Juan Diego. Ela presenteou Santa Catarina Labouré com a Medalha Milagrosa. Dizem até que deu o próprio Rosário a São Domingos. Embora esses presentes sejam importantes, a maior parte dos presentes de Maria são palpáveis – porém, não menos reais, apesar de sua intangibilidade.

Haja vista o fato de que muitos videntes que dizem ter visto Maria falaram sobre os presentes duradouros de paz, serenidade, confiança e esperança que ela lhes deu. Até peregrinos que simplesmente visitaram os lugares onde Maria apareceu partiram com duradouros presentes de paz e de união – dons que atribuíram a Maria. O que é comum em quase todos os presentes de Maria é que eles contêm uma parte dela mesma. Ela dá uma porção de sua própria paz, serenidade, confiança e esperança a qualquer um que queira receber. Nesta época de dar presentes, que parte de si mesmo você está dando aos outros?

Sempre procuro comprar amor?
Sou tentado a gastar mais do que deveria nesta
época do ano para mostrar minha dedicação?

ASSEGURO-ME DE QUE EM TODO PRESENTE QUE DOU ESTÁ CONTIDO UM PEDAÇO DO MEU CORAÇÃO, E NÃO APENAS O VALOR DO MEU DINHEIRO.

A Imaculada Conceição

A doutrina da Imaculada Conceição é, provavelmente, o ensinamento mais malcompreendido da Igreja Católica. Quase todos os não-católicos (e também um grande número de católicos) acham que essa festividade se refere à concepção de Jesus. A incompreensão clássica é a de que, por ter sido gerado sem que Maria tivesse mantido relações sexuais, Jesus foi concebido "imaculadamente".

Isso parece plausível, mas está totalmente errado. A Imaculada Conceição nada tem que ver com Jesus. E nada tem que ver com a ausência de relação sexual.

Para entender essa doutrina, é preciso concordar em dois pontos importantes. O primeiro é o de que Deus existe fora do tempo e do espaço; futuro e passado são a mesma coisa para Deus, que vive num perpétuo presente. O segundo é o de que Deus é capaz de fazer qualquer coisa.

Com base nesses pontos, a doutrina da Imaculada Conceição afirma que a ação salvadora de Jesus (que ocorreria no que chamaríamos futuro) foi aplicada a Maria enquanto ela ainda estava no ventre de sua mãe. Ela foi concebida normalmente, mas existiu desde o princípio no estado de graça que o resto de nós alcança graças ao batismo; por isso, ela foi concebida de modo imaculado.

Se você tem algum problema com essa doutrina, não se aflija. Você está em boa companhia. Vários santos, incluindo Santo Tomás de Aquino, também se debateram com esse conceito. Lembre-se apenas da afirmativa de Santo Agostinho de que nem mil dúvidas fazem uma só descrença, e você ficará bem.

Alguma vez pensei que, depois do batismo, tenho as mesmas graças concedidas a Maria desde a sua concepção?

TENHO A CERTEZA DE QUE DEUS É CAPAZ DE FAZER QUALQUER COISA.

Direção

Uma das mais populares agendas diárias oferece páginas pré-rotuladas, avulsas, para os seus projetos. A idéia é anotar os projetos, depois criar uma página separada para cada um deles, fazendo uma lista dos detalhes: todos os equipamentos materiais e atitudes de que você vai precisar para alcançar o sucesso. Quando tiver estabelecido a direção que irá tomar, você não deverá olhar nem para a esquerda nem para a direita, mas rumar direto para o seu destino. Se você for uma pessoa voltada para o trabalho, talvez goste de administrar sua vida dessa forma. Caso contrário, estabelecer um curso tão rígido poderá resultar mais em frustração do que em realização.

Pessoas muito criativas freqüentemente não conseguem estabelecer um ponto final para os projetos, pois não sabem para onde estão indo. Por exemplo, Sidney Sheldon, o criador de várias séries de TV (incluindo *Jeannie é um gênio*) e autor de diversos romances de suspense, que são um sucesso de vendas, diz que começa um livro novo imaginando uma personagem. Em seguida, escolhe um cenário: talvez uma prisão, um palácio ou uma cidade exótica. Depois, quando se põe a escrever, a história vai se revelando a ele. Evidentemente, nesse caso, o método de criar um projeto por página não funcionaria.

Quando Maria começou sua jornada para o primeiro Natal, ela levava as palavras do anjo Gabriel no coração; mas, até que chegasse realmente ao estábulo em Belém, ela não tinha nenhuma idéia de como Deus cumpriria as promessas. Ela não sabia no início que moraria por algum tempo no Egito, criaria seu filho em Nazaré, nem que um dia ficaria em pé sobre uma colina fora de Jerusalém e assistiria à morte de seu filho. Ela deixou que Deus estabelecesse a direção para ela, e foi totalmente criativa na sua aceitação, permitindo que sua história de vida fosse sendo revelada enquanto vivia.

Sou flexível o bastante para mudar de direção se
Deus me mostrar um caminho melhor?

DEIXO QUE DEUS ME AJUDE A ESTABELECER AS MINHAS METAS.

O Nascer do Sol

Uma mulher que vivia acima do círculo ártico certa vez escreveu que ela e seus filhos faziam uma celebração enquanto assistiam ao nascer do sol na manhã de cada solstício de inverno – o primeiro nascer do sol em muitos meses. Não importava se o sol só raiasse no horizonte por volta do meio-dia e se pusesse meia hora depois; para essa família, a maldição da escuridão completa acabara. Logo o gelo começaria a derreter, minúsculas flores brancas e amarelas do ártico floresceriam, e os pássaros voltariam do sul – e, finalmente, a região estaria iluminada pelo sol da meia-noite.

Neste mesmo instante sua vida talvez pareça tão escura como os dias que antecedem o solstício de inverno, com situações desalentadoras que a fazem parecer um inverno perene. O sol, no entanto, está surgindo no horizonte na pessoa de Maria. Quando você deixar que ela entre no inverno da sua alma, o gelo começará a derreter, o vento passará de frio a tépido e você poderá se livrar do manto de infelicidade.

Maria pode trazer luz à sua escuridão porque ela está repleta da luz e do amor que só surgem para quem se entrega totalmente a Deus. A Bíblia chama Cristo de "Sol da Justiça", e é a luz dele que brilha através de Maria e ilumina também a nossa vida.

Quando faço um balanço das estações da minha alma,
descubro que estou vivendo no inverno ou na primavera?
Deixo que a luz de Maria ilumine a minha escuridão?

EU SEI QUE TODO INVERNO É SEGUIDO POR UMA ESPLÊNDIDA PRIMAVERA.

Desejo

Maria teve desejos não-realizados? Ela, por exemplo, desejou ter tido netos? Ou algumas vezes lamentou que José não tivesse vivido o bastante para ver a Ressurreição?

Se Maria alguma vez *realmente* desejou que as coisas pudessem ter sido diferentes, isso não quer dizer que ela não aceitasse completamente a vontade de Deus para a sua vida e para a vida daqueles a quem amava. Desejar e até mesmo esperar que as coisas pudessem ser diferentes faz parte da natureza humana. O próprio Jesus parece ter desejado que não fosse preciso morrer numa cruz quando caiu prostrado em oração, pedindo que seu cálice fosse afastado.

O segredo para manter nossos desejos e vontades em perspectiva é inerente à última parte da oração de Jesus: "Faça-se não a minha, mas a sua vontade."

Está perfeitamente correto – na verdade, é mais do que correto – pedir que Deus nos dê aquilo que o nosso coração deseja, desde que nos lembremos de que Deus não é um distribuidor de mágicas. Não podemos fazer nossas orações e esperar que nossos desejos saltem para fora como latas de uma máquina automática de refrigerantes. Devemos estar sempre dispostos a aceitar a resposta de Deus aos nossos pedidos, ainda que essa resposta seja negativa. Temos de estar prontos para aceitar a resposta, mas não somos obrigados a gostar dela; podemos desejar que ela tivesse sido diferente – contanto que estejamos dispostos a aceitar a vontade de Deus para a nossa vida.

O que o meu coração deseja?
Peço a Deus que realize esse desejo?

ESTOU DISPOSTO A ACEITAR A VONTADE DE DEUS.

Nossa Senhora de Guadalupe

Uma das mais famosas — e mais queridas — aparições de Maria ocorreu em 1531, nos arredores da atual Cidade do México. Ali, Juan Diego, um índio Nahuatl, teve a visão de uma encantadora donzela indígena que lhe disse que subisse um morro e colhesse as rosas que ele encontraria florindo naquele lugar. Depois, ela pegou as flores, atou-as no *tilma* (capote) dele, e ordenou-lhe que visitasse o bispo da cidade. Quando ele abriu seu *tilma* diante do bispo, as rosas caíram em forma de cascata no chão, e ali, no capote do índio, havia um retrato de Maria, vestida como uma rainha asteca.

Embora os devotos não necessitem de provas de que Maria ofereceu o seu retrato, os céticos têm de admitir que o próprio *tilma* apresenta um pequeno problema. Feito de fibra do cacto *ayate*, seu período normal de vida teria sido de aproximadamente vinte anos, mas passados mais de 450 anos, ele parece tão novo como no dia em que foi feito. Além do mais, a imagem não desapareceu, apesar de ter sido exposta, sem proteção, a fumaça, velas, incenso e outros elementos poluidores durante séculos.

Nossa Senhora de Guadalupe mostra que a fé não é algo que adquirimos por meio de um raciocínio científico. Se fosse esse o caso, a evidência científica do *tilma* seria suficiente para convencer quase todo mundo de que algo milagroso acontecera. Ao contrário, a fé exige um salto no desconhecido, um mergulho no reino da mística. Antes que esse salto seja dado, nenhuma prova seria adequada; depois desse salto, nenhuma prova é necessária.

Sou cético quando se trata de milagres? Por outro lado, mostro-me apressado demais em acreditar em todas as histórias que ouço?

TENHO TANTO UM CETICISMO SAUDÁVEL COMO UMA FÉ ARDENTE.

Fracasso

Gurus do pensamento positivo dizem-nos que devemos nos vestir para o sucesso, planejar para conseguir sucesso e lutar pelo sucesso. Devemos eliminar de nossa mente o pensamento de fracasso e visualizar a nós mesmos constantemente como impávidos sucessos.

Apesar de ser verdade que o pensamento positivo tem grande efeito em nossa vida, ele sozinho não garante o sucesso. E o pensamento positivo não é de muita valia quando fracassamos.

O fato é que todos nós, cedo ou tarde, fracassamos em alguma coisa. Pode se tratar de alguma coisa importante, como um casamento ou um emprego, ou pode ser algo relativamente secundário, como o cumprimento de um prazo final — todo mundo fracassa alguma vez na vida.

Ainda que fracasso e sucesso costumem ser considerados mutuamente excludentes, o fracasso às vezes é apenas um precursor do sucesso. Thomas Edison fez sucessivas tentativas para desenvolver a lâmpada elétrica e fracassou repetidas vezes. Todavia, basta olharmos em volta da nossa casa para vermos a prova do seu sucesso.

Maria talvez tenha sido tentada a achar que fracassara quando Jesus morreu na cruz. Deixando de lado todas as promessas e profecias, quando ela segurou nos braços o corpo morto do filho, isso deve ter-lhe parecido um fracasso. Contudo, como agora sabemos, o que então parecia ser um fracasso eram, na verdade, os antecedentes da maior história de sucesso que o mundo já conheceu — a salvação da humanidade e a restauração da aliança com Deus.

Sou capaz de ter vislumbres do plano de Deus até nos meus fracassos?

DEIXO PARA DEUS O JULGAMENTO FINAL DO SUCESSO OU DO FRACASSO DE MEUS ESFORÇOS.

Meditação

Os médicos estão começando a prescrever aquilo que os mestres espirituais têm defendido há séculos: a meditação diária. A meditação traz não só benefícios espirituais, mas também benefícios médicos. Pessoas que meditam regularmente têm em geral pressão sangüínea mais baixa, menos *stress* e melhor saúde geral do que as pessoas que não incorporam essa prática na sua vida cotidiana.

A meditação tinha uma má reputação há vários anos, quando foi relacionada com uma determinada prática chamada de meditação transcendental. Os cristãos, principalmente os mais fundamentalistas, denunciaram a prática como pagã e anticristã. Mas, na verdade, nada poderia ser mais cristão do que a meditação. Ao longo dos séculos, a maioria dos grandes santos (se é que não todos) tem praticado a meditação de um modo ou de outro.

Embora não tenhamos nenhuma prova de que Maria e Jesus meditassem, fica claro, a partir dos relatos bíblicos, que eles rezavam; e reza e meditação estão intimamente relacionadas. Quando esvaziamos a mente e não permitimos que nada, a não ser Deus, entre, estamos meditando e rezando ao mesmo tempo. Dado aquilo que sabemos sobre Maria e Jesus, parece seguro supor que eles usassem a meditação como parte essencial de sua vida de oração.

Já meditei regularmente?
Que tipo de experiências tive?
Medito atualmente? Por que sim ou por que não?

RESERVO ALGUM TEMPO TODOS OS DIAS PARA A RENOVAÇÃO ESPIRITUAL.

Amor

O amor que esta boa mãe nos traz é tão grande que assim que ela percebe a nossa necessidade, ela nos socorre. Ela vem antes mesmo de ser chamada.

RICHARD DE ST. LAURENCE

Todos os pais conhecem esta situação. Você acorda no meio da noite. Nenhuma criatura se move (nem mesmo o proverbial camundongo). E, no entanto, você sabe instintivamente que alguma coisa está errada. Vai até o quarto de seu filho e descobre que ele está doente. Seu filho nem precisou chorar; o seu amor por ele era tão grande, que você já sabia qual era a necessidade dele antes mesmo que ela fosse enunciada, e foi até ele antes de ser chamado.

O amor de Maria por nós é o amor de uma mãe por um filho. Ela gosta tanto de cada um de nós, que nos socorre assim que percebe a nossa necessidade.

Se você está necessitado, procure rezar o *Memorare*, esta grande oração de súplica a Maria:

> Lembrai-vos, graciosíssima Virgem Maria, que nunca se soube que alguém que procurasse a vossa proteção, implorasse a vossa ajuda ou buscasse a vossa intercessão tenha ficado desamparado. Inspirado por essa confiança, dirijo-me a vós, Virgem das virgens, minha Mãe. Chego até vós e diante de vós me coloco, cheio de pecados e de tristeza. Mãe do Mundo Encarnado, não desprezeis minhas súplicas, mas em vossa misericórdia, ouvi-me e atendei-me.

Quando estou necessitado, dirijo-me
a Maria como uma criança se dirigiria à própria mãe?

TENHO A CERTEZA DE QUE MARIA, EM SUA MISERICÓRDIA,
IRÁ ME OUVIR E ME ATENDER.

Felicidade

Neste dia comemora-se o aniversário de Ludwig van Beethoven, um dos maiores compositores do mundo. O pai de Beethoven era um homem imprevisível, que batia no filho, obrigando-o a praticar piano muitas horas por dia, chegando algumas vezes a arrancá-lo da cama no meio da noite para sentá-lo diante desse instrumento.

A crueldade do velho Beethoven poderia talvez ser creditada ao fato de que ele sofria de sífilis. Não sabemos se a surdez do jovem Beethoven deveu-se aos genes de segunda geração da sífilis, que seu pai lhe transmitiu, ou a uma das muitas pancadas que o pai lhe dava na cabeça.

O que sabemos de fato é que o compositor de nove sinfonias e de muitas adoradas peças para piano, incluindo *Para Elisa*, não teve uma vida particularmente feliz. Ele nunca se casou, não ousando ter filhos; sua personalidade introvertida o impediu de fazer muitos amigos, e a surdez, a pior coisa que poderia acontecer a um músico, começou a dominá-lo quando ainda era bem jovem.

Beethoven poderia ter desistido. Talvez alguém dissesse que ele deveria desistir. Em vez disso, ele escreveu músicas que nunca chegou a ouvir, compondo sua maior sinfonia, a nona, quando já estava vivendo em completo silêncio. Poder-se-ia esperar que a música fosse triste ou amarga, mas seus jubilantes movimentos concluem com o quarteto vocal "Alegres, alegres, nós te adoramos...".

Hoje, em vez de esperar que a felicidade venha de fora até você, busque a alegria dentro de si mesmo. Talvez você pudesse começar a buscar a alegria meditando sobre as cinco alegrias de Maria celebradas no Rosário: a Anunciação, a Visitação, o Nascimento de Jesus, a Apresentação no Templo e o Encontro no Templo.

Que coisa prefiro ter: felicidade ou alegria? Sei qual a diferença entre as duas quando as sinto?

BUSCO A ALEGRIA HOJE E SEMPRE.

Aromas

Algumas das nossas mais fortes lembranças podem ser despertadas por um determinado cheiro ou aroma. Podemos associar alguém que amamos com uma marca de perfume ou loção pós-barba, por exemplo, e toda vez que sentimos o cheiro dessa fragrância, lembramo-nos da pessoa amada.

Nesta época do ano, é provável que sejamos transportados de volta ao passado mais freqüentemente do que o normal, por causa do excesso de aromas da estação. Desde o aroma penetrante da árvore de Natal até o cheiro gostoso de biscoitos recém-assados, somos envoltos em fragrâncias que nos trazem lembranças.

Um fato interessante com relação a aromas é que muitos santos tiveram aromas particularmente insinuantes associados a eles no momento de sua morte (e, às vezes, até postumamente). Santa Teresa de Lisieux, por exemplo, é amiúde associada com rosas.

Embora a tradição não atribua nenhuma fragrância especial a Maria, não há nenhuma razão para que você não possa fazer a sua própria correlação. Uma das possibilidades seria comprar uma vela com um aroma inconfundível e acendê-la sempre que você rezar o Rosário ou meditar sobre a vida de Maria. Se você acender sistematicamente a vela quando estiver pensando em Maria, você acabará associando Maria com essa fragrância. Então, toda vez que sentir esse cheiro, se lembrará que Maria está sempre pronta a unir-se a você em oração e a levar suas preces até o trono de seu filho Jesus.

Qual é a minha fragrância favorita?
Que cheiros despertam em mim fortes lembranças?

DOU GRAÇAS PELO MEU SENTIDO OLFATIVO.

Ausência

A ausência enternece ainda mais o coração.

Longe dos olhos, longe do coração.

Na sua opinião, qual dessas duas afirmações contraditórias é mais correta?

Para os que sentiram a presença de Maria numa aparição, a primeira parece a mais convincente. Videntes têm dito reiteradamente que sentem muita falta das visitas de Maria depois que elas cessaram e que anseiam muito por vê-la mais uma vez.

Já que a maioria de nós jamais verá Maria a não ser através dos olhos da fé, talvez achemos que a segunda afirmação está mais próxima da verdade. Por não vermos Maria, tendemos a esquecê-la.

Se bem que a devoção a Maria não seja essencial para a salvação, ela pode, no entanto, ser uma das melhores maneiras de aprofundar a nossa compreensão da mensagem do Cristianismo. Ademais, ela poderá resultar, não em bons sentimentos utópicos, mas numa relação autêntica com uma mãe amorosa que nos consola e protege.

Lembrando-se do atentado contra a sua vida — ele foi baleado três vezes à queima-roupa em 13 de maio de 1981 — o Papa João Paulo II afirmou:

> Mais uma vez fico grato à Virgem Bem-aventurada e a todos os Santos Padroeiros. Como eu poderia esquecer que o incidente na Praça de São Pedro ocorreu no dia e na hora em que as primeiras aparições da Mãe de Cristo aos pequenos camponeses pobres tenham sido lembradas por mais de sessenta anos na cidade de Fátima, em Portugal? Apesar de tudo o que aconteceu comigo nesse mesmo dia, eu senti essa extraordinária proteção e desvelo que se mostraram mais fortes do que a bala fatal.

Que papel Maria representa na minha vida diária?

CONVIDO MARIA A ENTRAR NA MINHA VIDA.

Advento

É curioso como o significado de algumas palavras é deturpado na linguagem cotidiana, enquanto a definição contida nos dicionários permanece estática. Tome-se como exemplo a palavra *commencement.** Ficamos tão acostumados a pensar em cerimônias de formatura – ou, em outras palavras, de colação de grau – como o final de uma fase da educação que quase obliteramos o verdadeiro significado de *commencement*, que é "início".

O mesmo é válido para o tempo litúrgico do Advento, que é celebrado no período de quatro semanas antes do Natal. Embora a palavra *advento* signifique "vinda" ou "chegada", convencionamos que significa "espera". Pergunte a qualquer criança. Um calendário do Advento não tem muito que ver com chegada; em vez disso, é uma maneira de contar os dias de espera até a chegada do Papai Noel.

Todavia, apesar dessa mudança de ênfase, o Advento é realmente tempo de chegada. Nesta época do ano, nós, junto com Maria, nos lembramos do primeiro Advento, quando uma jovem adolescente antecipava a chegada do seu filho primogênito. Ao mesmo tempo, porém, também vivemos num segundo Advento, quando o mundo antecipa a Segunda Vinda daquele mesmo filho primogênito da criação.

Neste ano, enquanto aguarda a chegada do Natal, reserve algum tempo para refletir sobre a Segunda Vinda. Além de pensar no bebê que nascerá numa manjedoura, pense também no Rei que há de voltar com seus exércitos, pronto para assumir o trono que tem sido dele por toda a eternidade.

Se Jesus voltasse amanhã, eu estaria pronto?

ESTOU PRONTO PARA A VOLTA DE JESUS.

---

* *Commencement*, em inglês, pode significar tanto "início, começo" como "dia de formatura, colação de grau". (N.T.)

Caridade

O Natal está chegando, os gansos estão engordando.
Por favor, ponha uns trocados no chapéu do pobre homem.
Se não tiver uns trocados, um centavo também serve.
Se não tiver um centavo, Deus o abençoe.*

Durante esta estação, o sentimento de culpa tende a nos dominar, e procuramos compensar um ano não muito bom no que se refere à prática de caridade, acumulando nossas boas obras e melhores intenções em algumas semanas. Se você está nessa situação, está em boa companhia. Asilos, albergues e outras instituições de caridade estão abarrotados de doações e de voluntários neste momento; mas daqui a algumas poucas semanas, suas despensas estarão como a da Mamãe Hubbard – completamente vazias!

Maria sempre nos estimula a fazer atos de caridade e de bondade, mas ela (junto com os administradores de albergues, os funcionários de asilos e outros) prefere que distribuamos melhor nossas obras de caridade.

Se você está se sentindo no dever de levar uma poinsétia para o asilo local ou de preparar um bando de crianças para cantar canções natalinas numa instituição de caridade, ignore esse sentimento. Haverá muitas outras pessoas para comprar poinsétias e cantar canções de Natal. Em vez disso, salte um ou dois meses adiante no seu calendário do próximo ano e escreva – a tinta! – algo que você poderia fazer durante esses meses estéreis e solitários quando seus atos de caridade serão não só apreciados, mas também mais necessários.

Pratico atos de caridade por um sentimento de culpa ou por amor?

PRATICO ATOS DE CARIDADE O ANO TODO,
E NÃO APENAS DURANTE OS DIAS SANTOS.

* *"Christmas is coming, the geese are getting fat.*
Please to put a penny in the poor man's hat.
If you haven't a penny, a halfpenny will do.
If you haven't a halfpenny. Gol bless you."

Canções de Natal

Uma maneira de gravar a teologia em nossa mente é através dos hinos que cantamos. De fato, o que aprendemos nos hinos muitas vezes perdura mais do que o que aprendemos em qualquer livro de catecismo. Por exemplo, a maioria das pessoas poderia dizer a você que "Deus é a nossa poderosa fortaleza" e que é "a graça que me libertou".

Além disso, dizem que, cantando, oramos duas vezes – o que pode ser mais animador para os que sabem acompanhar uma melodia do que para os que não sabem.

No entanto, neste mês, quando ouvirmos e cantarmos os hinos específicos da estação, não pronunciemos apenas as palavras; dediquemos tempo para ouvir e apreciar essas palavras de louvor:

"Ouça! Os anjos arautos cantam 'Glória ao Rei que acabou de nascer'."

"Essa maravilhosa canção antiga surgiu por acaso numa noite clara."

"Nós somos os três reis do Oriente. Trazendo presentes, fizemos uma longa travessia."

"Ó, noite santa, as estrelas estão brilhando intensamente. É a noite do nascimento do querido Salvador."

"Lá, sobre uma manjedoura, sem um berço que lhe servisse de cama, o pequenino Senhor Jesus repousou suavemente sua cabeça."

"Ó, vinde todos vós, cheios de fé, alegria e triunfo."

"Quem é esta criança que, adormecida, repousa no colo de Maria?"

Que canção de Natal é a minha favorita? Toco canções que refletem o significado do Natal, ou toco músicas que enfatizam os aspectos mais profanos da estação?

CELEBRO O TEMPO DE NATAL COM CANÇÕES.

Estábulos

Em geral, narra-se que a natividade ocorreu num estábulo – um estábulo muito limpo e anti-séptico onde havia um par de ovelhas, uma vaca e um jumento. Apesar de essa imagem estar profundamente enraizada na nossa tradição coletiva, Maria provavelmente deu à luz numa gruta que ficava sob uma estalagem ou casa ou estava ligada a elas.

O local do nascimento de Jesus não é o único aspecto da natividade sobre o qual podemos estar enganados. Geralmente, nós também imaginamos que Maria deu à luz na presença apenas de José e, talvez, de um ou dois anjos (ainda que as Escrituras não digam uma só palavra sobre quem estava ou não presente).

Quando se pensa nisso, o fato de Maria dar à luz sem a presença de uma parteira ou de alguma mãe experiente parece muito pouco provável. Em primeiro lugar, Belém era a cidade natal de José, e é por isso que ele e Maria tiveram de ir para lá. Já que aquela era a sua cidade, é mais do que provável que alguns dos seus parentes ainda morassem lá. Mesmo que não houvesse na casa deles espaço onde o casal pudesse ficar, parece provável que pelo menos uma das mulheres tivesse percebido o adiantado estado de gravidez de Maria, ficando de sobreaviso para ajudar. Ademais, se a esposa do estalajadeiro soubesse que Maria estava prestes a dar à luz, ela sem dúvida alguma teria acorrido para prestar ajuda – como as mulheres têm-se ajudado mutuamente desde o início dos tempos. Por fim, é improvável que José tivesse sido muito útil.

É claro que Maria pode ter dado à luz sozinha ou só com a ajuda dos anjos; mas, se ela realmente teve uma ou duas outras mulheres para assisti-la, essa ajuda não reduz em nada a importância do acontecimento. Com efeito, é uma espécie de consolo achar que Deus tivesse providenciado para que Maria recebesse ajuda durante esse momento difícil e assustador.

Estou disposto a ajudar alguém a dar à luz, seja a uma verdadeira criança seja a uma vida ou a uma idéia nova?

ESTOU DISPOSTO A SER O PARTEIRO DE UMA NOVA VIDA.

Preparação

Durante esta época do ano, dizem-nos que precisamos nos preparar para as festas que vêm. De fato, isso nos é dito com tanta freqüência, que às vezes passamos mais tempo nos preparando do que celebrando.

Se você se vir apanhado na agitação de comprar presentes, decorar, cozinhar, limpar e tudo o mais – se você está começando a achar que o Natal envolve muito mais trabalho do que merece – talvez seja a hora de parar e perguntar a si mesmo para o que exatamente você está se preparando.

Muitas pessoas passam anos agindo como se o fato de preparar-se a fim de começar a viver fosse a *razão de ser* da existência. No entanto, como diz um provérbio com uma certa frivolidade, embora de forma concisa: "A vida não é uma prova de roupa." Temos só uma chance na vida; se desperdiçarmos essa chance, não haverá outra.

Maria evidentemente mergulhou na vida com entusiasmo. Ela se dispôs a arriscar tudo para acreditar na promessa de um anjo, celebrou despreocupadamente, chorou apaixonadamente e amou com todo o seu coração. Maria não se preparou para a vida; *viveu-a*. E nós precisamos fazer o mesmo.

Se eu falhar, qual é a pior coisa que poderia acontecer?

ESTOU DISPOSTO A ME ENVOLVER TOTALMENTE E SEM RESERVAS COM A VIDA.

Noite Feliz

Apesar do fato de o Cristianismo tratar muito da alegria, muitos cristãos são extremamente sérios. Se a vida deve ser um banquete, eles agem como se estivessem eternamente fazendo regime.

Não que a fé seja um assunto de somenos importância. Ao contrário, é a coisa mais importante da vida. Mas só porque uma coisa é importante não quer dizer que ela tenha de ser morbidamente maçante.

Muito do que tem sido escrito sobre Maria no decorrer dos séculos nos inspira, enaltece e alenta espiritualmente, mas boa parte também é penosamente enfadonha. Lendo alguns dos maciços volumes escritos sobre ela, poder-se-ia pensar que só estudiosos e santos a achavam interessante.

Uma história muito conhecida envolvendo Maria baseia-se no cântico "Noite Feliz"– talvez a mais apreciada de todas as canções de Natal. Diz a história que um menininho estava cantando com entusiasmo quando de repente parou e perguntou à mãe: "Eu sei tudo sobre a mãe e o filho na canção, mas quem é o João Redondo Virgem?"

Se levarmos Maria muito a sério, podemos achar que ela ficaria perturbada ou ofendida com a piada, mas se estivermos prontos a aceitar como verdadeiro o fato de que Maria talvez tivesse um excelente senso de humor, então podemos imaginar que ela dá uma risadinha cada vez que ouve esse cântico. Em ambos os casos, a história é um bom lembrete de que a fé e a espiritualidade não devem ser extremamente sérias. No banquete da vida, todos somos convidados a repetir a sobremesa!

Quando foi a última vez que ri até não agüentar mais?

EU CONSIDERO QUE O RISO É UM BOM REMÉDIO PARA A ALMA.

Nascimento

Algum tempo atrás, alguém apareceu com este provérbio: "Nunca é tarde demais para ter uma infância feliz." Quando o ouvimos pela primeira vez, embora o provérbio pareça tolo, ele contém uma verdade importante: nunca é tarde demais para desfrutar a vida, para viver com o entusiasmo e o deslumbramento que caracterizam uma infância feliz.

Contudo, ter uma infância feliz exige um novo nascimento, não em termos literais, mas espirituais, e é isso o que o próprio nascimento de Jesus nos revela.

Descendo à terra, tornando-se humano, vivendo com sua mãe Maria, pregando, ensinando e, finalmente, morrendo por nós, Jesus nos mostra que podemos renascer – não voltando a entrar no útero materno, mas aventurando-nos num novo modo de vida. A glória e o mistério do Natal estão justamente no fato de que podemos nascer de novo.

Se pudéssemos começar a vida toda de novo, o que faríamos de diferente? Comeríamos mais sobremesa e menos espinafre? Passaríamos mais tempo observando o pôr-do-sol e menos tempo vigiando nossas posses? Riríamos mais e fecharíamos menos a cara?

Independentemente do que faríamos se pudéssemos viver a vida novamente, você pode começar a fazê-lo já. O primeiro dia do resto de sua nova vida é hoje.

Estou vivendo o tipo de vida que realmente quero viver?
O que eu mudaria se pudesse? O que está me impedindo?

HOJE É O PRIMEIRO DIA DA MINHA NOVA VIDA.

Faixas

Ela o enfaixou e o deitou numa manjedoura porque não havia lugar para eles na hospedaria.

LUCAS 2: 7

Quando lemos os relatos do nascimento de Jesus, ficamos com a idéia de que as faixas eram algo especial, pois Lucas se empenha em mencioná-las. Atualmente, no entanto, é mais provável que ele as mencione para informar aos leitores como tudo foi muito comum no nascimento de Jesus. Todos os bebês eram enrolados em faixas. Mencionar o fato é muito semelhante a dizer hoje em dia: "Ela pôs fraldas no seu filho." Esse é um modo inteligente de mostrar que Jesus era verdadeiramente um bebê — um bebê normal, que precisava usar roupas de bebê.

Por um momento, pule adiante na história e imagine São Lucas pedindo que Maria lhe contasse sobre a noite em que Jesus nasceu. Talvez Lucas estivesse pensando que Jesus houvesse sido extraordinário desde o momento em que foi gerado. Talvez ele quisesse saber se Jesus era tão desenvolvido a ponto de não ser realmente um bebê.

Uma pessoa quase pode ver Maria dando risinhos e meneando a cabeça. "Não, não! Ele parecia exatamente um bebê comum. Tive de colocá-lo em cueiros exatamente como qualquer outra criança."

Lucas ficou tão impressionado ou tão surpreso com o fato que o escreveu na sua narrativa da vida de Jesus. Agora, dois mil anos depois, podemos ler esse relato e nos darmos conta de que, ao reconhecer a divindade de Jesus, não devemos nos esquecer da sua humanidade. Jesus começou a vida usando fraldas (isto é, faixas) assim como todos nós.

Em que aspecto da natureza de Jesus — sua humanidade ou sua divindade — estou mais inclinado a me concentrar?

DOU GRAÇAS POR JESUS TER SIDO VERDADEIRAMENTE HUMANO, COMO EU.

Pastores

Depois que os anjos os deixaram e voltaram para o céu, falaram os pastores uns aos outros: "Vamos até Belém e vejamos o que se realizou e o que o Senhor nos manifestou." Foram com grande pressa e acharam Maria e José, e o menino deitado na manjedoura.

LUCAS 2: 15-16

Os pastores que visitaram a Sagrada Família provavelmente costumavam fazer parte da plebe rude, ignara e malcheirosa. Afinal de contas, eles passavam dias e noites fora com as ovelhas, e provavelmente decorreria um tempo muito longo entre os banhos e as trocas de roupa. Mas eles foram e entraram com passos pesados e ruidosos no estábulo para ver a criança — foram os primeiros de que se tem notícia a visitar Jesus.

Em que Maria estava pensando quando eles apareceram? Terá tido vontade de dizer "Não toquem no bebê!" quando eles foram perscrutar a manjedoura? É provável que estivesse cansada por causa do parto, um pouco atordoada com a experiência toda e sem disposição para receber hóspedes inesperados (muito menos um bando de pastores com suas ovelhas). Contudo, certamente foi cordial e gentil, permitindo que os homens olhassem o seu filho, talvez até mesmo tocassem as bochechas suaves dele com seus dedos calosos.

Como você se sente quando as pessoas fazem uma visita inesperada à sua casa? Abre a porta e as deixa entrar, ou se posta desajeitadamente na entrada, esperando que eles entendam a insinuação e vão embora? O Antigo Testamento nos incita a oferecer hospitalidade a todos (até aos pastores!), pois, assim fazendo, podemos estar recebendo anjos sem o saber.

As pessoas se sentem à vontade na minha casa?
Sinto-me bem recebendo pessoas na minha casa?

FAÇO DO MEU LAR UM LUGAR ONDE TODOS SÃO BEM-VINDOS.

Deslumbramento

A aparição daquela estrela no céu, na noite daquele primeiro Natal, nunca foi bem explicada pelos astrônomos. Muitas possibilidades foram sugeridas, que vão desde um cometa até uma rara conjunção de certas constelações, que dariam a impressão de se tratar de uma única estrela. No final das contas, porém, não sabemos o que era essa estrela de Belém. Ficamos tão deslumbrados quanto Maria, José e os pastores ficaram quando fitaram o céu naquela noite clara.

Quase sempre procuramos racionalizar as maravilhas do mundo. Mas é o deslumbramento o que torna a vida digna de ser vivida. Reduzir o mundo a explicações científicas é eliminar sua magia.

As crianças parecem saber disso instintivamente. Pense nesta história: um pai com inclinação científica estava uma noite no quintal de casa com a filha de três anos. Quando ela lhe fez uma pergunta sobre as estrelas, ele se pôs a dar-lhe uma prolixa explicação sobre gases cósmicos, sobre a teoria do *big-bang* e o fenômeno do deslocamento para o vermelho. A garotinha ouvia atentamente. Quando o pai terminou, ela olhou para ele e perguntou: "Elas brilham porque estão piscando pra gente?"

A vida não é um problema científico a ser cuidadosamente pesquisado e resolvido; é um mistério a ser celebrado. Hoje, alegre-se com a maravilha da vida.

Abordo a vida como se ela fosse uma equação com uma única resposta correta, ou a vejo como uma festa à qual se deve estar presente?

DEDICO-ME A CELEBRAR O UNIVERSO.

Os Homens Sábios

Tendo Jesus nascido em Belém da Judéia, no tempo do rei Herodes, eis que vieram magos do Oriente a Jerusalém... e ao entrar na casa, viram o menino com Maria sua mãe. Prostrando-se, homenagearam. Em seguida, abriram seus tesouros, e ofereceram-lhe presentes: ouro, incenso e mirra.

MATEUS 2: 1, 11-12

Quem eram os Magos que foram visitar o menino Jesus e sua mãe? Ainda que tradicionalmente pensemos neles como os três reis, na realidade eles constituíam um número desconhecido de astrônomos do Oriente – provavelmente do atual Irã – que viram a estrela e a seguiram. (Como já observamos antes, costumamos achar que havia três deles porque levaram três presentes.)

No entanto, os Magos são mais do que apenas figuras estranhas na história do Natal. Eles são símbolos que nos mostram que Cristo veio para todas as pessoas, não só para um grupo seleto. Além disso, está claro que Maria deu-lhes as boas-vindas em sua casa, da mesma forma que dá as boas-vindas a todos. Ela deixa patente que não é representante somente dos católicos ou mesmo dos cristãos; ela é protetora de todos os que reconhecem a sabedoria e a verdade nos ensinamentos do filho.

Estou disposto a fazer tudo o que é preciso para seguir a minha estrela? Que Deus me guiará, assim como guiou os Magos?

CONFIO EM QUE MARIA HÁ DE ME AJUDAR A ENCONTRAR A MINHA ESTRELA.

Poder

Maquiavel afirmou que "o poder corrompe e que o poder absoluto corrompe de modo absoluto". Apesar de a história costumar provar que Maquiavel tinha razão, o poder em si e por si só não representa um mal. Com efeito, não existe nada de intrinsecamente errado em usar nossa autoridade legítima — o poder que Deus nos conferiu.

Por exemplo, os pais têm, por direito, poder sobre os filhos. Os professores têm poder sobre os estudantes. A humanidade tem poder sobre o mundo. É a maneira como usamos nosso poder que faz a diferença.

Maria sabia com clareza como usar de forma justa o seu poder. O exemplo disso é que ela fez seu filho de doze anos deixar o Templo (onde obviamente ele estava se divertindo) e voltar para casa — naquele mesmo instante! Ela não abdicou do poder sobre seu filho, ainda que ele fosse Deus.

Mais tarde na vida, ela entendeu que tinha autoridade (afinal de contas, era a mãe dele) para mandar que Jesus (sob o pretexto de uma simples afirmação: "Eles estão sem vinho.") fizesse algo a respeito de uma situação social nada agradável. Ainda hoje Maria sabe como usar o seu poder. Quando pedimos a ela alguma coisa, ela sabe que não pode concedê-la por conta própria. Todavia, ela vai corajosamente até o trono de seu filho com nossas solicitações, com toda a esperança de que ele fará o que ela pede. E sabe de uma coisa? Ele faz!

O que está faltando na minha vida neste momento?
Tenho pedido a Maria que leve o meu pedido ao seu filho?
Em caso negativo, por que não?

ACEITO AS RESPONSABILIDADES INERENTES
AO PODER QUE DEUS ME CONFERIU.

Destino

Há algo que você faz melhor do que qualquer outra pessoa no mundo.

Diga isso em voz alta: Há algo que eu faço melhor do que qualquer outra pessoa no mundo!

Você crê nisso? Deveria, pois é verdade. Você pode não ter todo o talento, todos os dons e todas as habilidades de que gostaria, mas você tem, de fato, todo o talento, todos os dons e todas as habilidades de que precisa para fazer a única pequena (ou grande!) coisa que você foi criado para fazer. Deus criou você para realizar uma tarefa, e Deus lhe deu os instrumentos necessários para cumprir essa tarefa. Esse é o seu destino — um destino que lhe foi dado desde o princípio.

Maria também tinha um destino. O destino dela pode parecer mais óbvio e impressionante do que o nosso, mas, porque era humana, não divina, ela teve de descobrir e cumprir o seu destino, assim como o resto de nós.

Qual é o seu destino? Se você não tiver certeza, peça a Maria que ajude você a descobri-lo. Depois, acredite fervorosamente que ela há de fazê-lo. Como Thomas a Kempis escreveu: "Maria pedirá por você com toda a boa vontade, e o Filho com toda a certeza concederá tudo o que a sua mãe lhe pede."

Qual é o meu destino?

EU SEI QUE EXISTE ALGO QUE EU SEI FAZER MELHOR DO QUE QUALQUER OUTRA PESSOA NO MUNDO.